高铁对中国旅游业绿色生产效率的影响研究

魏　丽◎著

RESEARCH ON THE INFLUENCE OF HIGH-SPEED RAILWAY ON THE GREEN PRODUCTION EFFICIENCY OF TOURISM IN CHINA

经济管理出版社
ECONOMY & MANAGEMENT PUBLISHING HOUSE

图书在版编目（CIP）数据

高铁对中国旅游业绿色生产效率的影响研究/魏丽著．—北京：经济管理出版社，2022.11
ISBN 978-7-5096-8805-2

Ⅰ.①高…　Ⅱ.①魏…　Ⅲ.①高速铁路—影响—旅游业—生产效率—研究—中国
Ⅳ.①F592.3

中国版本图书馆 CIP 数据核字（2022）第 215061 号

组稿编辑：谢　妙
责任编辑：谢　妙
责任印制：黄章平
责任校对：董杉珊

出版发行：经济管理出版社
（北京市海淀区北蜂窝 8 号中雅大厦 A 座 11 层　100038）
网　　址：www.E-mp.com.cn
电　　话：(010) 51915602
印　　刷：唐山玺诚印务有限公司
经　　销：新华书店
开　　本：720mm×1000mm/16
印　　张：13.25
字　　数：238 千字
版　　次：2022 年 12 月第 1 版　　2022 年 12 月第 1 次印刷
书　　号：ISBN 978-7-5096-8805-2
定　　价：68.00 元

联系地址：北京市海淀区北蜂窝 8 号中雅大厦 11 层
电话：(010) 68022974　　邮编：100038

前　言

在中国社会主要矛盾发生转变、经济新常态以及全面建设社会主义现代化国家的三重背景下，旅游业的高质量发展不仅关乎经济增长，也关乎民生福祉，然而，实现旅游业的高质量发展面临着“低效率”与“高碳排”两大阻碍。高铁给旅游业带来了诸多积极影响，已有文献从多个方面充分研究了高铁对旅游业的影响。同时，高铁对地区生产效率与绿色发展的影响开始引起学术界的关注，但相关文献较少研究高铁对旅游业生产效率或绿色发展的影响。本书将生产效率与绿色发展相结合，研究高铁对旅游业绿色生产效率的影响。

首先，本书采用2003~2016年中国31个省份（不含港澳台地区）的面板数据，使用考虑碳排放的SBM-Undesirable模型测算了旅游业及其主要细分行业的绿色生产效率；其次，使用面板Tobit模型检验了高铁对旅游业及其主要细分行业绿色生产效率的影响；再次，分别使用面板Tobit模型与分位数回归检验了高铁对东、中、西部与旅游业及其主要细分行业绿色生产效率处于不同水平地区的异质性影响；最后，使用中介效应模型检验了经营环境在高铁影响旅游业及其主要细分行业绿色生产效率过程中的作用机制。

研究结果表明：第一，不考虑环境因素会高估旅游业生产效率的测算结果，即忽略环境因素将不能反映旅游业的真实绩效。分地区来看，东部省份考虑碳排放的绿色生产规模效率高于不考虑碳排放的，说明其旅游业集约式发展已初见成效。分行业来看，景区的测算结果受环境因素影响最大，说明景区在能源浪费与环境污染问题上最为突出。第二，高铁对旅游业及其主要细分行业绿色生产综合效率和纯技术效率的影响显著为正，对绿色生产规模效率则不存在显著积极影响，对星级饭店与景区绿色生产规模效率的影响甚至显著为负。可见，高铁时代下旅游业应更注重提质增效，而非盲目扩张。高铁对旅游业规模效率不存在促进作用的原因主要在于高铁带来的“过度竞争”“错配效应”“过道效应”。第三，高铁对不同等级星级饭店的绿色生产效率的影响是不同的，如高铁对五星级饭店的绿色生产综合效率不存在促进作用，原因主要在于高铁乘客以中等收入人群为主，较少选择价格昂贵的五星级饭店。第四，高铁对中、西部旅游业绿色生产效率存在积极促进作用，但对东部地区不存在。这一方面是因为高铁对东部地区旅游业绿色生产效率的促进作用已出现边际效益递减；另一方面是因为高铁使得东部地区的部分客源市场与产业要素转移到了中、西部地区。但是，旅行社业的实证结果显示高铁对其东、中部绿色生产综合效率与纯技术效率存在积极影响，但对西部地区不存在，这一方面是因为高铁主要是对组团社有影响，尤其是市场环境较为良好的东、中部地区的组团社；另一方面是因为高铁对东、中部地区旅行社业发展环境的优化存在促进作用，而对西部地区不存在。第五，从旅游业总体来看，高铁对旅游业绿色生产效率的影响与其原本水平的关系呈倒“U”形，原因主要在于高铁对旅游业绿色生产效率的影响存在“极化效应”，同时旅游业发展存在“瓶颈”，随着旅游业绿色生产效率水平的上升，高铁的“极化效应”会出现边际效用递减，旅游业自身发展“瓶颈”会逐渐凸显，所以高铁对旅游业处于高效率水平与低效率水平地区的促进作用小于处于中等效率水平地区的。这种现象在三个主要细分行业绿色生产纯技术效率上均得到了体现。第六，在旅游业总体上，高铁可以通过对经营环境（包括市场环境、服务环境以及创新环境）的改善来提高旅游业绿色生产效率。但分行业来看，服务环境、市场环境以及创新环境分别在高铁影响旅行社业、星级饭店业以及景区业绿色生产效率的过程中不存在中介作用。

本书的创新之处主要包括以下四个方面：第一，探究了高铁对旅游业绿色生产效率的影响，不仅拓展了旅游学相关领域的研究范畴，也丰富了旅游业生产效率的影响因素研究；不仅以绿色生产效率为落脚点为高铁对绿色发展的影响提供了产业层面的经验证据，也为地区旅游业高质量发展与高铁规划布局的优化提供了借鉴。第二，揭示了经营环境在高铁影响旅游业绿色生产效率过程中的作用机制，即高铁可以通过改善地区旅游业经营环境进而影响旅游业绿色生产效率，这不仅深化了高铁与旅游业关系的相关研究，也为各地在高铁时代下发展旅游业提供了更为具体的方向。第三，确定了高铁对不同行业、不同区域以及处于不同效率水平地区的影响是不同的，可以回答高铁对旅游业绿色生产效率的影响是否具有普适性的问题，有助于合理有效地促进旅游业发展。第四，对旅游业生产效率测算进行了优化，采用同时考虑了生产碳排放与生活碳排放的 SBM-Undesirable

模型来测算旅游业及其主要细分行业的绿色生产效率，并且发现未考虑环境因素将高估旅游业的生产效率水平，这不仅有助于政府与企业做出更为精确有效的决策，而且符合旅游业的绿色发展趋势。

目　录

第一章　绪论

随着中国经济增长方式与社会主要矛盾的转变，旅游业在国民经济与社会发展中发挥着重要作用。但随着旅游业的快速增长，“低效率”与“高碳排”问题日益凸显。作为现代交通基础设施的代表——高铁给地区绿色发展与旅游业生产效率的提升带来了重要契机。因此，本书将碳排放纳入生产框架以测算旅游业及其主要细分行业的绿色生产效率，在此基础上，研究高铁对旅游业及其主要细分行业绿色生产效率的影响及其异质性，并探讨经营环境在高铁影响旅游业及其主要细分行业绿色生产效率过程中的作用。通过对上述问题的探讨，在理论上，本书拓展了旅游学相关领域的研究范畴，丰富了旅游业生产效率的相关研究，深化了高铁与旅游业之间关系的认识，为高铁对绿色发展的影响提供了产业层面的经验证据；在实践上，为地区旅游业绿色发展与高铁规划布局优化提供了借鉴。

第一节　研究主题、目标与意义

一、研究主题

在经济新常态下，如何加快构建以国内大循环为主体、国内国际双循环相互促进的新发展格局，优化产业结构，增加服务业在国民经济中的比重已成为迫切需要解决的现实问题。旅游业是许多国家和地区实现经济增长和结构调整的有效切入点和重要突破口，具有综合性强、关联度大、产业链长、涉及行业广等特点。正因如此，国务院于 2009 年发布《国务院关于加快发展旅游业的意见》（国发〔2009〕41 号），提出要将旅游业培育为国民经济的战略性支柱产业和让人民群众更加满意的现代服务业。2014 年 8 月，国务院出台《关于促进旅游业改革发展的若干意见》（国发〔2014〕31 号），进一步指出“旅游业是现代服务业的重要组成部分”。各地方政府也将旅游业置于经济发展战略的核心。早在 2016 年，全国 31 个省（自治区、直辖市）（不含港澳台地区）均已把旅游业定位为“支柱产业”①。2017 年，党的十九大报告作出了“中国社会主要矛盾已经转化为人民日益增长的美好生活需要和不平衡不充分的发展之间的矛盾”的重大论断。在 2018 年的全国旅游工作会议上，旅游业被列为“五大幸福产业”之首②，旅游业的发展成绩即是衡量人们美好生活的指标，促进旅游业发展质量的提升，是当下旅游业的重要发展目标（夏杰长，2018）。因此，加快旅游业发展也是推动产业转型升级，提升人民生活获得感、幸福感的重要助力。

2019 年 10 月，党的十九届四中全会提出：“坚持和完善社会主义基本经济制度，推动经济高质量发展。”高质量发展是以满足人民日益增长的美好生活需要为目标的高效率、公平和绿色可持续的发展（张军扩等，2019）。作为集支柱性战略产业、现代服务业、幸福产业于一体的旅游业，其高质量发展不仅关乎经济增长，也关乎民生福祉。实现旅游业高质量发展，是新时代赋予旅游业发展的重要使命。但是，实现旅游业的高质量发展面临着“低效率”与“高碳排”这两大阻碍。

一方面，在各地加快发展旅游业、不断加大投资力度与开发新旅游项目的同时，有学者诟病中国旅游业正在走一条高投入、低产出的粗放式发展道路（郭悦等，2015；曹芳东等，2015）。根据新经济增长理论，任何一个产业都必须提高生产效率，才能获得持续增长的动力。目前，国内关于旅游业生产效率的研究以地区旅游整体产业发展、旅行社业、饭店、机场以及旅游上市公司等对象的效率现状、时空格局以及地区间差异为主（如胡志毅，2015；杨振山等，2015；王松茂等，2016；王恩旭等，2016；任毅等，2017）。影响旅游业生产效率的因素包括交通条件、经济发展水平、服务业发展规模、旅游产业集聚程度、产业结构、科技信息水平、对外开放程度以及市场化程度等（王凯等，2016；曹芳东等，2015；刘建国和刘宇，2015）。其中，交通基础设施对旅游业生产效率的提高尤其重要（曹芳东等，2014；王兆峰和徐赛，2018）。但是，已有研究以公路、机

① 中国旅游创新发展模式 9 个“地方典范”发展启示［EB/OL］. 网易新闻网，（2016-06-08）［2020-03-02］. http：//news. 163. com/16/0608/15/BP23EFD100014JB6_ all. html.

② 2018 年全国旅游工作会议［N/OL］. 新华网，（2020-11-5）. http：//www. xinhuanet. com/travel/2018lvgzhy/index. htm.

场以及普通铁路等为主，作为现代化交通的代表——高铁对旅游业生产效率的影响尚未被探讨。

另一方面，中国旅游业碳排放逐年快速增加，已严重阻碍了旅游业可持续发展。旅游业碳排放已经成为全球温室气体排放的重要来源，有研究发现国际旅游业的碳足迹占全球温室气体排放的8%（Manfred et al.，2018）。2019年中国入境旅游人数已达1.5亿人次，国内游客已达60.1亿人次[①]，如此大规模的人口流动使旅游业碳排放问题受到国内学者的普遍关注。有研究发现中国旅游业碳排放总量逐年上升，也已成为严重阻碍旅游业可持续发展的重大难题之一，实现旅游业绿色发展具有强烈的必要性和紧迫性（潘植强和梁保尔，2016；王景波等，2019）。目前，关于旅游业碳排放的研究主要包括碳排放的测算（如Becken and Patterson，2006；王景波等，2019）、碳排放的空间分异现象（如黄和平等，2019a）以及碳排放的影响因素研究（如Robaina et al.，2016；黄和平等，2019a）等。关于旅游业绿色发展的研究主要包括旅游业绿色转型（如瞿华和夏杰长，2011；吴国琴，2015）与绿色创新（如Rosario et al.，2017；刘佳和宋秋月，2018），尚未有研究探讨影响旅游业绿色发展的因素。作为一项改善型交通基础设施，高铁是新兴技术的集成，全部使用电力牵引，其开通为地区绿色发展带来了重要契机。高铁对绿色发展的影响也逐渐引起国内学者的关注，相关研究发现高铁在减少污染排放、降低城市雾霾污染以及提高区域绿色全要素生产率方面有着积极促进作用（彭小辉和王静怡，2019；张明志等，2019；张华和冯烽，2019）。但已有研究均停留在区域层面，尚未具体到产业层面。即使是受高铁影响最大的旅游业（Dong，2018），目前也尚未有相关文献研究高铁对其绿色发展的影响。

高铁从本质上讲是交通基础设施的一次极大改善。由于拥有安全、舒适、快捷以及绿色环保等优势，将高铁作为中短途出行首要选择的旅客越来越多。高铁站点周边往往能迅速集聚大规模客流，这将直接促进高铁站附近旅游业、餐饮业、住宿业等服务业的快速集聚与发展，沿线地区服务业就业密度的显著提高（Dong，2018），旅游业尤其会得到大幅推动（张明志等，2019）。但高铁也可能由于“过道效应”不会给沿线区域的旅游业发展带来促进作用，即高铁的快捷

① 中华人民共和国2019年国民经济和社会发展统计公报［EB/OL］.（2020-02-28）［2020-03-02］. http：//www. stats. gov. cn/tjsj/zxfb/202002/t20200228_ 1728913. html.

可能会导致客流与生产要素仅在高铁沿线地区经过，而并未在沿线地区停留，对所经地区旅游业发展的影响不大。因此，高铁不仅显著地影响了旅游者对目的地的选择（汪德根等，2015a；Pagliara et al.，2015a），也极大地影响了旅游业的发展与空间布局（Pagliara et al.，2015b；邓涛涛等，2016；Wang et al.，2018）。高铁对区域旅游业发展的影响机制主要包括交通可达性、旅游行为方式、旅游客源市场格局以及旅游资源开发等（张书明等，2013；杨莎莎和邓闻静，2019）。高铁给区域社会、经济以及产业发展带来了诸多影响。其中，受高铁影响最为显著的居民收入水平（Sun and Yuri，2016）、与地区接待服务能力相关的行业发展水平（Dong，2018）以及区域创新水平（徐旭等，2019），也都是影响旅游业生产效率水平的重要经营环境（Thomas and Wood，2014；韩国圣等，2015；Martins，2017）。但尚未有研究探讨过经营环境在高铁影响旅游业生产效率过程中的作用。

那么，高铁究竟促进旅游业生产效率与绿色发展水平提升了吗？高铁能否通过对经营环境的改善从而提高旅游业生产效率？此外，从全国范围看，高铁对区域经济的时空布局与高级人才流动的影响存在着地区异质性（王雨飞和倪鹏飞，2016；杜兴强和彭妙薇，2017）。那么，肩负着缩小区域发展差异、重塑中国经济空间重任的高铁，对旅游业生产效率的促进作用是否也存在着地区异质性？因此，本书将碳排放纳入旅游业生产框架，将旅游业生产效率与绿色发展相结合，测算旅游业及其主要细分行业的绿色生产效率。在此基础上，研究高铁对旅游业及其主要细分行业绿色生产效率的影响及其异质性，并研究经营环境在高铁影响旅游业绿色生产效率过程中所起的作用。

二、研究目标

本书主要研究高铁对旅游业绿色生产效率的影响及其异质性，并研究经营环境在高铁影响旅游业绿色生产效率过程中所起的作用。它将通过以下具体目标实现：

（1）确定高铁影响旅游业绿色生产效率的机理。

（2）测算各地旅游业总体以及三大主要细分行业（旅行社业、星级饭店业以及景区业）的绿色生产效率，并分析其存在的地区异质性。

（3）确定高铁对旅游业及其主要细分行业绿色生产效率的影响。

（4）确定高铁对旅游业及其主要细分行业绿色生产效率影响的异质性。

(5) 确定高铁能否通过影响地区旅游业经营环境来影响其绿色生产效率水平。

(6) 提出提高旅游业绿色生产效率的对策建议。

三、研究意义

本书对旅游业生产效率测算进行了优化，并在此基础上确定了高铁对旅游业绿色生产效率的影响，拓展了旅游学相关领域的研究范畴，丰富了关于旅游业生产效率影响因素、高铁如何影响旅游业的研究，为高铁对绿色发展的影响提供了产业层面的经验证据，也为各地区旅游业高质量发展提供了借鉴。

1. 理论意义

第一，探讨了高铁对旅游业绿色生产效率的影响，拓展了旅游学相关领域的研究范畴。高铁对旅游业影响最为显著，高铁对旅游业的影响受到了旅游学科的广泛关注。旅游地理学主要关注高铁对旅游业空间结构、旅游目的地可达性、地区之间旅游经济联系与协作等方面的影响，旅游经济学主要关注高铁对旅游业发展规模的影响；旅游心理学主要关注高铁对游客行为方式、旅游目的地选择的影响。但高铁对旅游业生产效率或绿色发展的影响尚待进一步探讨。本书将生产效率与绿色发展相结合，研究高铁对旅游业绿色生产效率的影响，拓展了旅游学相关领域的研究范畴，为今后相关研究提供了理论基础。

第二，以绿色生产效率为落脚点，为高铁对绿色发展的影响提供了产业层面的经验证据。具有绿色环保特征的高铁，对地区绿色发展的影响逐渐引起学者的关注，已有研究已经证实了高铁对地区污染排放、城市雾霾污染以及区域绿色全要素生产率的影响。但是，相关研究均停留在区域层面，尚未涉及具体产业。本书从受高铁影响最为显著的旅游业入手，以旅游业绿色生产效率为落脚点，将高铁对绿色发展的影响研究具体到产业层面，为相关研究提供理论基础。

第三，从交通基础设施方面，丰富了旅游业生产效率的影响因素研究。现有研究对旅游业生产效率的影响因素进行了广泛探讨。其中，交通基础设施是重要的影响因素之一，但已有研究以公路、机场以及普通铁路等为主，忽略了高铁这一现代交通基础设施。本书将研究高铁对旅游业生产效率的影响以丰富相关研究。

第四，从旅游业经营环境改善的视角，丰富了高铁如何影响旅游业或交通基础设施如何影响产业效率的相关研究。已有研究发现高铁影响旅游业的机制包括旅游目的地可达性、旅游者行为方式、旅游客源市场格局以及旅游资源开发等，高铁影响产业效率的机制主要包括市场准入、运输成本等。但是，尚未有研究探讨过经营环境在高铁影响旅游业生产效率过程中的作用。本书研究高铁如何通过改善旅游业经营环境来提升其绿色生产效率，有助于深化对旅游业绿色生产效率提升机制及其自身产业性质的认识，为今后相关研究提供理论借鉴。

第五，对旅游业生产效率的测算进行了优化，可为今后相关研究提供借鉴。近年来已有研究在测算整体旅游业与景区业生产效率时开始考虑碳排放问题，但是仅考虑了生产碳排放，忽略了生活碳排放。而且，旅行社业与星级饭店业的碳排放问题也是近年来的研究热点，在测算这两个行业的生产效率时也不应忽视其碳排放。因此，将生活碳排放与生产碳排放一起纳入旅游业及其主要细分行业的经营框架，将碳排放作为非期望产出来测算绿色生产效率，可为今后相关研究提供借鉴。

2. 实践意义

一是为各地区旅游业高质量发展提供借鉴。改革开放以来，中国经济发展迅速，但高投入、高能耗的粗放式发展模式渐显弊端。尤其是旅游业，其能源消耗与碳排放问题日益凸显。如何实现旅游业的绿色发展是处在经济新常态下的重大挑战。高铁对旅游业发展至关重要，在旅游业提质增效过程中，高铁应当发挥“先行官”的作用。本书不仅验证了高铁对旅游业绿色生产效率的影响，而且从经营环境改善的视角分析了高铁促进旅游业绿色生产效率提高的机制，为各地区如何在“高铁时代”下进一步发展旅游业提供了政策建议，从而促进旅游业绿色生产效率的提升，并最终实现旅游业的高质量发展。

二是为各地区高铁规划布局优化提供借鉴。旅游业与经济增长、人民幸福感息息相关，因此高铁能否促进旅游业绿色生产效率的提高是对高铁发展水平进行评价时的重要依据。本书研究了高铁对旅游业及其主要细分行业绿色生产效率在东、中、西部与效率水平处于不同地区的异质性影响，将为各地区高铁的发展定位与布局提供借鉴。

第二节　研究方法

（1）比较研究法。由于不同细分行业的属性不同，东、中、西部地区间的发展环境不同以及旅游业绿色生产效率处于不同水平地区的发展基础不同，所以高铁对不同细分行业、不同区域以及旅游业绿色生产效率处于不同水平地区的影响是不同的。本书分别研究了高铁对旅游业及其主要细分行业绿色生产效率的影响，并分别研究与比较了这种影响在东、中、西部与旅游业绿色生产效率处于不同水平地区的差异。

（2）面板 Tobit 模型。由于旅游业绿色生产效率均处于（0，1]，因此采用适合受限被解释变量的面板 Tobit 模型以实证分析高铁对旅游业总体及其主要细分行业绿色生产效率的影响及其地区异质性。

（3）工具变量法。变量间可能存在内生性问题，如旅游业绿色生产效率较低的地区，为了提高其绿色生产效率水平，在高铁的建设上将更为积极。这会造成被解释变量对解释变量的反向因果，且因为其产生的内生性问题导致回归结果出现偏误。因此，使用工具变量法中的一阶差分 GMM、系统 GMM 以及 2SLS 方法来做进一步检验，以排除内生性带来的影响。

（4）中介效应检验。借鉴中介效应模型中的逐步检验法（Baron and Kenny，1986；温忠麟和叶宝娟，2014），进一步研究地区经营环境在高铁影响旅游业绿色生产效率过程中的机制作用。中介效应检验主要包括三个步骤：第一步，检验高铁对旅游业及其细分行业绿色生产效率的影响；第二步，检验高铁对地区旅游业经营环境的影响；第三步，检验高铁与地区旅游业经营环境共同对旅游业总体及其主要细分行业绿色生产效率的影响。

第三节 技术路线

第一，从旅游业生产效率、高铁对旅游业的影响、交通基础设施对生产效率的影响以及绿色发展这四个方面对现有研究进行梳理，总结已有研究的不足，并确定本书的创新之处。第二，从理论上分析高铁对旅游业及其主要细分行业绿色生产效率的影响及其异质性，以及经营环境在高铁影响旅游业及其主要细分行业绿色生产效率过程中的作用机制，并提出假设。第三，根据研究问题的性质、数据的特点与可获得性进行研究设计，使用 SBM-Undesirable 模型测算旅游业及其主要细分行业的绿色生产效率，并对考虑碳排放与否的测算结果进行比较分析。第四，使用 Tobit 模型、分位数回归以及中介效应模型对理论假设进行实证检验。

第五，根据实证结果提出结论与对策建议。本书的技术路线如图 1-1 所示。

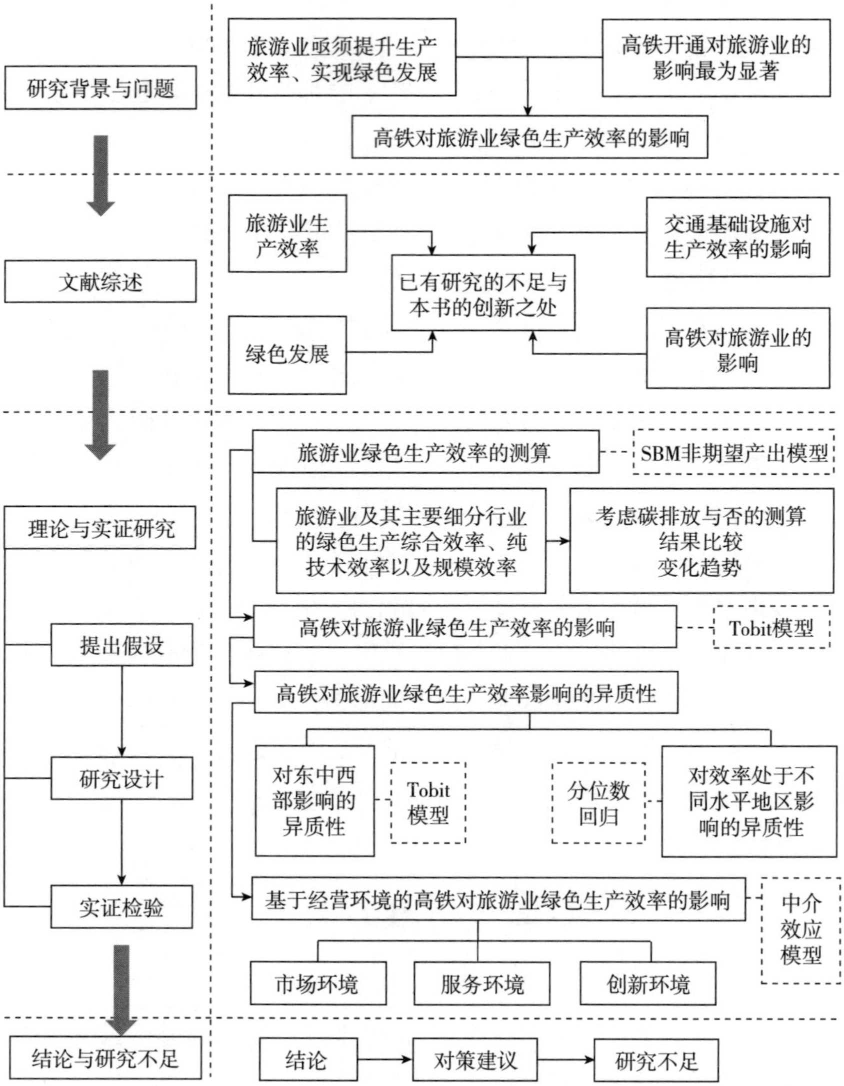

图 1-1　技术路线

第四节　创新之处

本书的创新之处有如下四点。

一是确定了高铁对旅游业绿色生产效率的影响，拓展了旅游学相关研究范畴，为高铁对绿色发展的影响提供了产业层面的经验证据，为各地区旅游业高质量发展提供了借鉴。一方面，交通基础设施对产业效率的影响已被大量证实，高铁作为现代交通工具代表，对产业效率的影响逐渐被学者关注。高铁以客运为主，对旅游业的影响最为显著。虽然已有研究从旅游业发展、旅游业空间结构、地区间旅游业经济联系与协作等方面充分研究了高铁对旅游业的影响，但高铁对旅游业生产效率的影响尚未被探讨。另一方面，由于高铁在节能减排方面的示范效应，高铁对区域绿色发展的影响同样开始受到学术界的关注，但相关研究仅停留在区域层面，尚未涉及具体产业。旅游业不仅受高铁影响最大，而且由于其碳排放已成为环境恶化的主要来源，尽快实现旅游业绿色发展至关重要。

二是揭示了经营环境（包括市场环境、服务环境以及创新环境）在高铁对旅游业绿色生产效率影响中发挥的作用机制，为各地在高铁时代下高质量发展旅游业提供了具体方向。已有文献虽然从旅游目的地可达性、旅游者行为方式、旅游客源市场格局以及旅游资源开发等方面研究了高铁对旅游业的影响机制，也从运输成本与市场准入等方面研究了高铁对制造业生产效率的影响机制，但尚未有文献从经营环境的改善来研究高铁对旅游业或其他产业效率的影响。因此，从旅游业经营环境的改善来分析高铁对其生产效率的影响，不仅深化了高铁与旅游业关系的相关研究，而且为各地在高铁时代下发展旅游业提供了更为具体的方向，具有一定的实践意义。

三是探讨了高铁对不同行业、不同区域以及处于不同效率水平地区影响的异质性，有助于合理有效地促进各地旅游业高质量发展。不同行业的市场定位与管理模式不同，但已有研究在分析旅游业效率的影响因素时，往往忽略了不同行业之间的差异。东、中、西部的经济发展水平、城市化水平以及创新环境等存在较大差距，其本身的旅游业生产效率水平也存在较大差异。同样地，高铁对处于不同效率水平的地区带来的影响是不同的。因此，将不同行业、不同区域以及不同效率水平的地区分别进行研究，可以回答高铁对旅游业生产效率的影响是否具有普适性的问题，有助于合理有效地促进旅游业发展，避免盲目建设。

四是对旅游业生产效率测算进行了优化，使用同时考虑了生产碳排放与生活碳排放的 SBM-Undesirable 模型来测算旅游业及其主要细分行业的绿色生产效率，使得测算结果更为准确，更符合旅游业绿色发展趋势。近年来，已有研究在测算整体旅游业与景区业生产效率时开始考虑碳排放问题，但仅考虑了生产碳排放，忽略了生活碳排放，作为劳动密集型产业，旅游业生活碳排放问题同样不容小觑。并且，旅行社业与星级饭店业的碳排放问题也是近年来的研究热点，尤其是星级饭店业，作为旅游业中碳排放较为突出的部门，绿色发展也是其必然趋势。然而，在不考虑碳排放或考虑不全的情况下测算出的结果均不能反映旅游业生产的真实绩效。本书将生活碳排放与生产碳排放一起纳入旅游业及其主要细分行业的生产框架，将碳排放作为非期望产出来测算旅游业绿色生产效率，测算结果将更为准确，这不仅有助于政府与企业做出更为有效精确的决策，而且符合旅游业的绿色发展趋势。

第五节　结构安排与主要内容

本书共分八章，结构安排与主要内容如下。

第一章，绪论。主要包括研究主题、研究目标、研究意义、研究方法、技术路线、创新之处、结构安排与主要内容等。

第二章，文献综述。对旅游业生产效率、高铁对旅游业的影响、交通基础设施对生产效率的影响以及绿色发展四个方面的已有相关研究进行综述。其中，旅游业生产效率相关研究从测算、异质性分析、影响因素以及提升路径展开；高铁对旅游业的影响相关研究从高铁对旅游业发展、旅游业空间结构、地区间旅游业经济联系与协作三个方面的影响展开；交通基础设施对生产效率的影响相关研究包括了旅游业、服务业以及制造业；绿色发展相关研究包括旅游业碳排放问题、旅游业绿色发展以及高铁对绿色发展的影响。最后，对已有研究进行了评述，并提出了其存在的不足。

第三章，理论分析与假设。首先，分析了高铁对旅游业及其主要细分行业绿色生产效率的影响，并提出相应理论假设。其次，分析了高铁对旅游业及其主要细分行业绿色生产效率影响的异质性，并提出相应理论假设。最后，基于经营环境（包括市场环境、服务环境以及创新环境）分析了高铁对旅游业及其主要细分行业绿色生产效率的影响，并提出相应理论假设。

第四章，研究设计。首先，介绍了本书采用的实证模型，包括面板 Tobit 模型与中介效应模型。其次，介绍了实证分析中变量及数据来源。最后，分析了变量描述性统计情况。

第五章，高铁对旅游业绿色生产效率影响的实证结果与分析。首先，对考虑碳排放与否的旅游业及其主要细分行业绿色生产效率测算结果进行了比较分析，并分析了2008年、2012年以及2016年旅游业及其主要细分行业绿色生产率水平的变化趋势。其次，使用面板Tobit模型实证分析了高铁对旅游业及其主要细分行业绿色生产效率的影响。其中，绿色生产效率包括绿色生产综合效率、纯技术效率以及规模效率。最后，为解决内生性问题，使用工具变量法做了进一步检验，并通过换模型与增加控制变量的方法进行了稳健性检验。

第六章，高铁对旅游业绿色生产效率异质性影响的实证结果与分析。运用面板Tobit模型实证检验了高铁分别对东、中、西部旅游业及其主要细分行业绿色生产效率的影响；使用分位数回归实证检验了高铁对旅游业及其主要细分行业生产效率处于不同水平地区的影响。

第七章，基于经营环境的高铁对旅游业绿色生产效率影响的实证结果与分析。使用中介效应模型实证检验了经营环境，包括市场环境、服务环境以及创新环境是否在高铁影响旅游业及其主要细分行业绿色生产效率的过程中发挥了中介作用。

第八章，结论。本书共得到六点结论，并在此基础上提出了相应的对策建议，最后笔者提出了本书研究存在的不足与进一步研究的建议。

第二章　文献综述

与本书的研究主题紧密相关的文献主要包括旅游业生产效率、高铁对旅游业的影响、交通基础设施对生产效率的影响以及绿色发展等。

第一节　旅游业生产效率

随着中国经济下行压力逐渐加大、社会主要矛盾的转变，作为“幸福产业”的旅游业，担负着拉动消费、发展对外贸易的重担，在当前中国经济与社会发展中的地位日益提高。但是，中国旅游业依然存在资源浪费严重、生产效率较低及地区之间差异较大的问题（孙盼盼和夏杰长，2017；方叶林等，2018）。要想深入研究高铁对旅游业绿色生产效率的影响，对旅游业生产效率进行准确测算，理清其自身的异质性、影响因素以及提升路径至关重要，所以本书从旅游业生产效率的测算、异质性分析、影响因素以及提升路径四个方面对旅游业生产效率的相关研究进行综述。

一、旅游业生产效率的测算

1. 旅游业总体生产效率的测算

目前，旅游业生产效率的测算方法主要有指数法（张洪和吕倩，2018；贺腊梅等，2017）、数据包络分析法（Corne，2015；Halenur，2017；王少华，2019；韩瑛等，2019）以及随机前沿函数（朱承亮等，2009；Assaf，2012）。

旅游业生产效率的初始投入指标包括土地、资本、劳动力以及技术要素。这四大要素是经济增长的主要因素，如果研究时段较短，可以忽视技术因素对旅游业生产效率投入的影响（方叶林等，2018）。土地因素虽对经济增长发挥着重要作用，但对旅游业发展，尤其是对旅游业生产效率的影响有限，所以在国内旅游业发展过程中，土地因素不是旅游业采取粗放型增长或者集约化经营的决定因素（方叶林等，2018）。在资本投入的指标选取上，多为旅游业固定资本存量（郭悦等，2015；刘佳等，2015；谭华云等，2018；韩瑛等，2019）。由于旅游业统计口径问题，城市旅游业效率的相关研究常常会用城市固定资产投资（马晓龙，2014；刘建国和刘宇，2015；张洪和吕倩，2018）、住宿与餐饮业固定资产投资（关伟等，2018）来替代旅游业固定资产投资。由于以城市固定资产投资来替代，严重放大了旅游业真正的资本投入水平，因此有相关研究在衡量城市旅游固定资产投资时使用城市固定资产投资与旅游业产值在地区 GDP 中的比重之积（张舒宁等，2017）。在劳动力投入指标的选取上，多为旅游业从业人数或旅游业三个主要行业（包括旅行社业、星级饭店业以及景区业）的从业人数之和（郭悦等，2015；Halenur，2017；Chaabouni，2019）。相关研究常常用第三产业从业人数来代替旅游业从业人数（魏俊等，2018；徐冬等，2018；刘曙光和尚英仕，2018；韩瑛等，2019），该指标基本上涵盖了所有与旅游业相关的直接与间接就业人数，反映了旅游业的综合性特征，但也存在放大了旅游业实际劳动力要素投入水平的问题（曹芳东等，2012）。

此外，相关研究还把旅游吸引力作为投入要素，并且用旅游资源赋存、旅行社、星级酒店数量来衡量（刘建国和刘宇，2015；张洪和吕倩，2018；徐冬等，2018；韩瑛等，2019）。相关研究在使用三阶段数据包络分析法评价旅游业效率时，会引入环境变量，主要包括区域内居民收入水平、区域居民出游便利程度（交通网络）、居民出游偏好、区位因素（金春雨等，2012）、配套设施、接待能力和旅游倾向、自然环境（郝金磊和尹萌，2017）等。

在产出指标的选取上，国外研究多选取旅游接待人数与旅游收入（Halenur，2017；Chaabouni，2019），国内研究多选取旅游总收入（国内旅游收入与入境旅游收入之和）作为经济产出指标，选取旅游总人数（国内旅游人数与入境旅游人数之和）作为社会产出指标（张舒宁等，2017；游诗咏等，2017；魏俊等，2018；刘曙光和尚英仕，2018）。孙盼盼和夏杰长（2017）在测算省际旅游效率时将旅游质量作为产出指标之一，并用旅游服务评价和旅游投诉来衡量。

近年来，随着环境问题日益严重，学术界对旅游业绿色生产效率的问题逐渐重视起来。将能源投入与环境负效应纳入旅游业生产框架，如用旅游能源消耗量来表征旅游业发展中的能源投入量（路小静等，2019）；将碳排放量作为非期望产出（Gossling et al.，2005；谭华云等，2018）来测算旅游业生态效率或绿色生产率。

2. 旅行社业生产效率的测算

目前，旅行社业生产效率的测算方法主要包括数据包络分析（Fuentes，2011；胡志毅，2015；胡宇娜等，2018）、Malmquist 指数模型（孙景荣等，2014）、Luenberger 生产力指标（Barros et al.，2009）、随机前沿模型（Barros and Matias，2006）以及增加值模型（庞世明，2019）。在投入指标的选取上，多为从业人数、企业数以及固定资产等（Sellers and Nicolau-Gonzalbez，2009；胡宇娜等，2018）；在产出指标的选取上，多为营业收入和服务人数等（Fuentes and Alvarez，2012；武瑞杰，2013；胡志毅，2015）。可以看出，已有研究在测算旅行社业生产效率时还未考虑环境效应。然而，在测算生产效率时，可能会因忽略环境因素而不能揭示真实的绩效，甚至导致错误建议的出现（Hailu and Veeman，2000）。在新时代的中国，与工业部门一样，服务业部门也逐渐将强调绿色环保的新型增长模式作为其发展目标（王恕立等，2015）。作为重要的服务行业，旅行社业的碳排放问题同样不容忽视（Robaina et al.，2016）。同时，由于大众旅游业与环境之间的冲突，不论是在产品开发还是在经营模式上，旅行社业均应逐渐减少对环境的不良影响（Kilipiris and Zardava，2012）。因此，应将环境效应纳入旅行社业的生产经营框架，关注其绿色生产效率。

3. 星级饭店业生产效率的测算

已有研究在测算星级饭店业生产效率时多采用数据包络分析法（Oliveira et al.，2013；地方产业发展课题组，2016；Pulina and Santoni，2018；Marcello and Visani，2019）与随机前沿分析法（Arbelo et al.，2018；张大鹏和舒伯阳，2018；Arbelo et al.，2017）。在产出指标的选取上，多为营业收入（Assaf and Agbola，2011；张大鹏和舒伯阳，2018；Marcello and Visani，2019）、入住人数（Huang，2017；Brida et al.，2015）以及平均房价（地方产业发展课题组，2016；Sellers and Casado-Díaz，2018）等，较少考虑非期望产出，尤其是碳排放。

4. 景区业生产效率的测算

已有研究在测算景区业生产效率时多采用数据包络分析法（曹芳东等，2015；朱磊等，2017；修新田和陈秋华，2016；Xu et al.，2016）与随机前沿分析法（黄安胜等，2018）。在产出指标的选取上，多采用旅游收入来衡量经济效益（曹芳东等，2015）；所接待的游客数来衡量社会收益；黄秀娟和黄福才，2011；

修新田和陈秋华，2016；Xu et al.，2016）；森林公园每年所植树的面积和改造的林相面积来衡量生态效益（黄秀娟和黄福才，2011；修新田和陈秋华，2016）。在投入指标上，多采用从业人数来衡量劳动投入（曹芳东等，2014；黄秀娟，2014）；土地面积作为土地投入（朱磊等，2017）；投入资金来衡量资本投入，包括环境保护投入和非环境保护投入两个指标（黄秀娟，2014；Xu et al.，2016）。相关研究考虑到环境因素，将景区碳足迹作为非合意性产出指标（李志勇，2013；查建平和王挺之，2015），将污染治理投入与碳汇作为环境治理环节投入指标（查建平和王挺之，2015）。

二、旅游业生产效率的异质性分析

中国旅游业存在区域和行业异质性，政府应推进旅游业市场化改革，弱化行政性边界的存在，逐渐形成旅游业发展的“制度红利”。同时，政府要有序引导旅游业要素在地区与行业之间的合理流动，不断缩小旅游业生产效率在地区和行业间的差距（赵金金，2016）。

1. 行业异质性

首先，各主要细分行业水平间存在差距，如景区业的生产效率值要低于酒店业和旅行社业，说明中国景区业的投入产出回报不稳定，有一定的投资风险，应注意规避投资风险，切实做好投资效益分析等前期工作（胡宇娜等，2017）。其次，各行业间效率的增长源泉不同，如技术进步是促进星级饭店业全要素生产率提升的主要源泉，技术效率是促进旅行社业全要素生产率提升的主要源泉（宋瑞，2017）。此外，任毅等（2017）认为综合类和酒店类旅游上市公司的全要素生产率增加幅度较高，主要源于其技术效率变化和纯技术效率变化水平的提升，而制约景区类旅游上市公司全要素生产率的关键因素是技术进步变化的正向影响较弱。

2. 空间异质性

（1）旅游业总体生产效率的空间异质性。在旅游业总体生产率上，各地差异较大，如东部地区高于中部地区且在全国平均效率水平之上，而中部地区又略高于西部地区且在全国平均效率水平以下（朱承亮等，2009；金春雨等，2012；李占风等，2017）。同时，经济水平和地理区位是造成各地区差异较大的原因（曹妍雪和李树民，2018；张洪和吕倩，2018）。在全要素生产效率增长上，呈现出从东到西依次降低的格局（张丽峰，2014）。东部地区累积旅游全要素生产率的增长率低于中、西部地区的。造成这种差异性的主要原因是，东部地区累积技术效率变化在很大程度上要小于中、西部地区的，东部地区旅游市场化程度较高，现有旅游资源要素的利用效率水平在达到一定程度时势必遇到“瓶颈”（赵磊，2013）。近年来，得益于西部大开发战略以及得天独厚的旅游资源，西部地区旅游业发展迅速（王永刚，2012）。在城市旅游效率上，西部地区城市旅游的全要素生产率水平高于东部地区和中部地区的（马晓龙，2014）。从分解效率看，东部地区纯技术效率总体上较高，技术变化则呈现东部、中部和西部依次递减的特征，表明东部地区旅游发展的集约化程度相对较高（马晓龙，2014）；粗放型经营仍是西部地区旅游经济增长的主要方式，西部地区综合效率明显小于纯技术效率，而纯技术效率明显小于规模效率（方叶林等，2018）。在绿色生产效率上，三大区域旅游业能源效率呈现出东部大于中、西部的态势（贺腊梅等，2017；王兆峰和刘庆芳，2019），在对中国旅游业碳排放效率地区差异产生影响的各外部因素中，关联度最高的因素为旅游业规模的地区差异，其余依次为旅游业结构的地区差异、产业结构的地区差异、受教育程度的地区差异、城乡收入比的地区差异、城市化水平的地区差异以及旅游业能源消费强度的地区差异（谭华云等，2018）。

（2）旅行社业生产效率的空间异质性。目前，关于旅行社业生产效率的空间差异研究尚未达成一致。例如，孙景荣等（2014）认为中国旅行社业生产效率呈现出东西部高、中部低的格局；赵金金（2016）认为旅行社业生产效率由大到小依次为东部、中部和西部地区；李向农等（2014）、胡宇娜等（2017）则认为东部地区旅行社业生产效率明显高于中部和西部地区的。从增长来源看，三大区域明显不同，其中，东部增长主要得益于技术效率水平的提高；中部增长主要依赖于技术进步水平的提高；西部增长则是技术进步与技术效率共同作用的结果（赵立禄和段文军，2012）。

（3）星级饭店业生产效率的空间异质性。目前，关于星级饭店业生产效率的空间差异研究尚未达成一致。有研究认为星级饭店业的生产效率呈现出按东、中、西部依次降低的格局（谢春山等，2012；赵金金，2016；张大鹏和舒伯阳，2018）。同时，有研究认为中、西部地区的星级饭店业生产效率较高，而东部地区的较低（孙景荣等，2012）；但也有研究认为东部地区的高于西部地区的（张琰飞，2017；胡宇娜等，2107）。

（4）景区业生产效率的空间异质性。景区业生产效率在空间上主要呈现东部高、西部低的特征（黄秀娟和黄福才，2011；修新田和陈秋华，2016）。近年来，中、西部与东部之间的差距在缩小（胡宇娜等，2017；刘振滨等，2017）。在增长来源上，东部地区综合效率主要受纯技术效率驱动；西部地区综合效率主要受规模效率驱动（朱磊等，2017）。针对风景区旅游效率空间格局动态演化的驱动机制的剖析表明，经济发展水平、资源禀赋、产业结构、交通发展、信息技术以及制度供给是影响效率重心偏移的重要因素，促使了效率动态格局的空间演化（曹芳东等，2014）。

三、旅游业生产效率的影响因素

1. 旅游业总体生产效率的影响因素

影响旅游业效率的因素包括交通条件（魏俊等，2018；韩瑛等，2019）、经济发展水平（方叶林等，2018）、服务业发展规模（何俊阳和贺灵，2015）、旅游业集聚程度（郭悦等，2015；王凯等，2016；高俊和张琳林，2017）、产业结构（王虹和胡胜德，2017）、科技信息水平（胡亚光，2017）、对外开放程度（游诗咏等，2017）、城市化水平（徐冬等，2018）、政府对旅游经济的干预程度（张舒宁等，2017）、产品创新水平（王虹和胡胜德，2017）、市场化程度（曹芳东等，2015；王凯等，2016）以及电子商务的使用（Intan et al.，2009）等。旅游业生态效率则受到旅游消费结构、平均出行距离、平均停留时间、旅游交通模式、技术以及环境规模等诸多因素的影响（姚治国和陈田，2015；Qiu et al.，2017）；旅游业碳排放效率则受到旅游业规模、产业结构、受教育程度、城乡收入比、城市化水平以及旅游业能源消耗强度的影响（谭华云等，2018）。

2. 旅行社业生产效率的影响因素

国外研究主要从微观企业层面研究旅行社业生产效率的影响因素，主要包括企业的兼并与收购行为、资本水平、所有制结构、区位、从业年限以及是否归属于一个连锁机构或大型旅游集团（Barros and Matias，2006；Barros and Dieke，2007；Ksal and Aksu，2007；Fuentes，2011；Fuentes and Alvarez，2012）。国内研究则主要从中观产业层面研究旅行社业生产效率的影响因素，主要包括人才资源、信息化水平、地区经济发展水平、对外开放水平以及资本规模等（武瑞杰，2013；李向农等，2014；胡宇娜等，2018）。此外，交通是影响旅行社业生产效率的重要方面（胡宇娜等，2018）。高铁作为现代交通工具的代表，为沿线地区带来大量客源的同时，也为旅行社业带来了很多机遇与挑战（毛焱，2011）。

3. 星级饭店业生产效率的影响因素

与旅行社业一样，国外研究主要从微观企业层面研究星级饭店业生产效率的影响因素，企业自身因素主要包括饭店等级、区位条件、经营年限、实际规模、市场份额（Carlos and Peter，2008；Assaf and Agbola，2011；Oliveira et al.，2013），地区层面因素包括教育系统的质量、政府支持、经济发展水平、旅游业发展水平、可支配收入以及旅游目的地内的国际入境人数（Chen，2010；Assaf et al.，2017）。国内研究则主要从中观产业层面研究星级饭店业生产效率的影响因素，星级饭店业自身层面因素主要包括接待人数、客房出租率、营业收入、建筑面积、平均房价以及客房数（韩国圣等，2015），经营环境层面的因素包括经济发展水平、产业结构、区域对外开放水平、旅游业发展水平、高星级规模以及反腐倡廉等（方叶林等，2013；张琰飞，2017；张大鹏和舒伯阳，2018）。此外，交通是影响星级饭店业生产效率的重要因素，已被国内外大量证实（Sun and Lu，2005；Yang et al.，2017）。

4. 景区业生产效率的影响因素

从森林公园自身角度看，影响森林公园生产效率的因素包括森林公园所处的地理位置、成立年限、区域人均收入、森林旅游资源状况、免门票情况和当地政府关于促进森林公园发展的条例与管理办法制定情况等（修新田和陈秋华，2016）。从森林公园所处地区发展环境看，影响森林公园生产效率的因素包括经济发展水平、市场化程度、交通发展条件、科技信息水平、制度供给因素、资本结构与规模、城市化水平以及森林公园密度等（曹芳东等，2015；丁振民和黄秀娟，2016）。也有学者从需求与供给角度分析森林公园生产效率的影响因素。在需求面因素中，人均 GDP 对森林公园技术非效率的影响呈非线性“U”形，而人口密度和城镇化率则产生正向影响；在供给面因素中，高级别旅游资源密度、高等级公路密度、森林覆盖率以及资金投入强度均在不同程度上对森林公园技术非效率产生负向作用（黄安胜等，2018）。

四、旅游业生产效率的提升路径

旅游业总体生产效率的提升路径主要包括：控制适当规模（王虹和胡胜德，2017）；优化投入结构（刘佳等，2015；刘建国和刘宇，2015）；提高技术水平（张洪和吕倩，2018；王兆峰和杨显，2018）；推进旅游市场化进程（郭悦等，2015）；完善旅游业发展环境（张舒宁等，2017）；加强区域间协调与合作（刘佳等，2015；何俊阳等，2016；韩瑛等，2019）；促进旅游产业集聚（郭悦等，2015）；完善旅游交通体系（张舒宁等，2017）等。

旅行社业生产效率的提升路径主要包括：加大技术进步的创新投入和提升技术进步水平（胡志毅，2015）；加大旅行社业人才培养的力度（武瑞杰，2013）；改革现有的低利润运行模式，切实改善资本要素的配置状况（胡宇娜等，2018）；适度控制旅行社产业规模，在现有旅行社业基础上，适当扩大单个旅行社的经营规模，可以通过小旅行社之间进行合并、重组或被大旅行社收购、兼并等措施将企业做大（郭峦和杨志红，2013）等。

星级饭店业生产效率的提升路径主要包括：鼓励创新投入，把提高技术效率和技术进步水平放在同等重要的位置上（彭磊义，2009；生延超和钟志平，2010）；通过提高目的地接待和服务能力来提升饭店运行的外部环境（杨振山等，2015）；瞄准旅游市场适度扩大星级饭店经营规模（张琰飞，2017）等。

景区业生产效率的提升路径主要包括：优化产业结构，引进先进技术，完善市场引导机制，政府科学调控以及资源禀赋改善（曹芳东等，2014）；优化投入资本结构（朱磊等，2017；丁振民和黄秀娟，2016）；倡导低碳发展理念，强化绿色旅游服务产品开发（查建平和王挺之，2015）等。

第二节 高铁对旅游业的影响

高铁不仅提升了旅游目的地的可达性与吸引力，而且给游客行为与旅游流带来了诸多变化。高铁网络的时空压缩效应，缩短了旅游客源地和目的地之间的时间距离（蒋海兵等，2014），提高了旅游目的地的可达性（Doomernik，2015），对旅游目的地的对外旅游联系总量产生了显著的带动作用（李保超等，2016）。高铁开通扩大了区域旅游市场规模，增强了区域旅游资源与旅游目的地的吸引力（Masson and Petiot，2009；Carteni et al.，2017）。高铁对城市居民的出游时间、出游方式、出游距离、出游地点以及出游频率等都产生了重要影响（冯英杰等，2014；Carteni et al.，2017）。高铁开通后，客源地与旅游地的空间距离对出游阻力影响变得很小（汪德根等，2015b），明显增强了旅游目的地对游客的吸引力（Pagliara et al.，2015a），旅游流网络规模不断扩大（李磊等，2019），加剧了旅游流向大城市集聚（Wang et al.，2014；Pagliara et al.，2015b），呈现出明显的马太效应（汪德根，2014）。因此，高铁也注定会给区域旅游业带来诸多影响。下文将从旅游业发展、旅游业空间结构、地区间旅游业经济联系与协作这三个方面进行综述。

一、高铁对旅游业发展的影响

国外相关研究关于高铁是否能影响旅游业发展尚未达成一致结论。一方面，有研究认为高铁对旅游业发展的影响是积极的，可以使地区旅游业获得更大的市场份额（Chen and Haynes，2012；Chen and Haynes，2015），显著提高旅游人数与收入（Campa et al.，2016），尤其是促进了城市商务旅游与休闲旅游的发展（Givoni，2006）。同时，高铁开通后，旅游经济出现了沿高铁线路形成空间集聚的现象，旅游业面临新调整，旅游企业为适应市场需求也随之采取新策略（Wang et al.，2012）。另一方面，有研究持有相反观点，认为没有数据能够证明高铁建设与旅游发展存在明显关联（Guirao et al.，2016），没有证据能够表明高铁促进了旅游业的发展（Albalate and Fageda，2016）。而且，高铁对游客数量的影响是非常微弱的，如西班牙高铁开通对其提高旅游人数与过夜人数的促进作用并不显著，主要原因在于西班牙低廉的航空运输对高铁运输具有替代效应（Albalate et al.，2017）。

国内较早关于高铁对旅游业发展的影响研究主要集中于理论方面的探索，如有研究认为高铁会促进旅游市场规模的扩大与调整，带来更大范围的全面竞争（王欣和邹统钎，2010）。高铁使得运输成本减少，促使旅游企业在交通廊道形成集聚与扩散效应，进一步带来旅游地空间结构与旅游需求的变化（黄爱莲，2011）。近年来，高铁对旅游业的影响在中国得到了大量证实。高铁开通对地区旅游业发展具有显著的积极影响（辛大楞和李建萍，2019），对地区旅游人数与旅游收入的提高存在明显的促进作用（于秋阳和杨斯涵，2014；曾玉华和陈俊，2018），如兰新高铁沿线城市旅游经济受其带动影响明显（刘强和杨东，2019）。而且，高铁开通对区域旅游产业发展的影响效果主要表现为对区域旅游人数增长的“旋风效应”、市场结构演进的“凸变效应”和旅游资源集聚的“加剧效应”等（张书明等，2013）。高铁对区域旅游业发展的影响机制主要包括对城市群城市交通可达性的提高（杨莎莎和邓闻静，2019），还有对旅游行为方式、旅游客源市场格局以及旅游资源开发的显著影响（张书明等，2013）等。

国内相关研究比较关注高铁对旅游业发展的异质性影响。从高铁开通阶段看，高铁开通对旅游发展的促进效应随着时间的推移逐渐增强（曾玉华和陈俊，2018）。如长江三角洲区域高铁开通初期，并未对地区旅游业产生显著的促进作用，但随着长三角高铁网络的逐步建成，高铁对沿线城市旅游业的影响呈现出逐渐增大的趋势（邓涛涛等，2016）。分地区来看，一是高铁对于沿线城市旅游业的影响程度要明显高于对区域的整体影响以及非高铁城市旅游业所受的影响（邓涛涛等，2016）。二是由于东部地区的交通基础设施，如高速公路、飞机场等已经很完善，而西部地区的交通设施建设较为落后，所以高铁开通对西部地区旅游业发展的正向影响要比东部地区更为明显（辛大楞和李建萍，2019）。三是高铁开通对城市旅游发展存在马太效应，高铁开通对旅游经济依赖度相对较高城市的影响更大（曾玉华和陈俊，2018）。四是由于高铁与公路存在互替效应，所以高铁开通对公路交通相对不发达城市旅游发展的促进作用较强（曾玉华和陈俊，2018）。此外，仅开通城际高铁并没有对地区旅游业发展起到明显积极影响，而仅开通非城际高铁和同时开通城际高铁与非城际高铁才对地区旅游业存在显著促进作用（辛大楞和李建萍，2019），原因在于短途运输中的城际高铁与高速公路、自驾游之间可替代性较强，城际高铁所服务的游客半径相比普通铁路没有显著变化。

二、高铁对旅游业空间结构的影响

国外相关研究发现，受交通成本的影响，高铁将使区域旅游业空间分布发生显著变化（Wang et al.，2014），如高铁将加剧区域之间旅游业的竞争，使得旅游要素向大城市和发达地区聚集（Masson and Petiot，2009），旅游规模较大的中心城市随着跨省腹地的扩大而增强（Wang et al.，2018）。国内相关研究发现，高铁不仅增强了旅游节点的吸引力，优化了旅游节点的空间结构（于秋阳和杨斯涵，2014），而且使得整体网络核心区发生改变，核心节点空间分布由集中趋向分散（穆成林和陆林，2016）。同时，高铁促使区域旅游中心的转向，如郑西高铁沿线区域的西安、洛阳和郑州将成为区域商务旅游中心（殷平，2012），京津冀国内旅游的平均中心由东南方向移至西南方向，入境旅游的平均中心由西南方向移至东南方向（殷平等，2019）。此外，有研究认为高铁驱动下大尺度区域都市圈旅游空间的优化路径包括节点优化、线状连接以及面状拓展，也就是注重旅游发展点、发展轴以及都市圈旅游地系统的建设（汪德根等，2015b）。

高铁对旅游业空间结构的影响存在异质性。从高铁建设阶段看，主干道形成期，高铁以虹吸效应为主导，加剧了旅游市场发展的不均衡，促进旅游经济带形成；支线完善期，高铁以扩散效应为主导，均衡式发展格局开始凸显（王绍博等，2019）。从国内旅游与入境旅游看，虽然高铁均放大了两者空间结构的扩散效应，但对入境旅游的扩散效应的放大强度要小于对国内旅游的（殷平等，2019）。同时，也有研究认为高铁对区域旅游空间格局的影响表现出"双刃性"：一是强化了核心区域的极化作用，使整体区域旅游发展差异扩大；二是强化了核心区域的扩散作用，使边缘区域内部旅游发展差异缩小（汪德根，2013）。

同时，高铁是影响旅游空间竞争格局分异的重要变量之一，高铁干线对城市群旅游空间竞争格局的影响具有明显的节点与廊道集聚锁定效应，存在比较显著的距离衰减特征（黄泰等，2017a）。高铁对长三角城市旅游服务力的影响也具有明显的节点和廊道锁定效应，高铁影响下长三角城市旅游服务力格局具有比较典型的核心边缘结构模式（黄泰等，2014）。此外，高铁也带来了旅游交通格局的变化（刘强和杨东，2019）。

三、高铁对地区间旅游业经济联系与协作的影响

高铁加强了地区之间的旅游经济联系，如兰新高铁缩短了沿线城市间的时空距离，带来的同城效应形成了多个"1 小时旅游经济圈"（刘强和杨东，2019）。但是，中国高铁旅游经济联系依然松散，尚未形成大规模或具有绝对影响地位的高铁旅游经济集散区域，总体呈现相对分散、孤立的空间格局（倪维秋和廖茂林，2018）。而且，高铁影响下的旅游经济联系存在明显的地区异质性，如东部城市旅游经济联系强度最高，中部次之，东、中部地区出现小范围或城市群尺度的"小集聚"现象，而西部旅游经济联系则断裂显著（倪维秋和廖茂林，2018）。同时，高铁网络导致城市群旅游经济联系网络分布不均匀（杨莎莎和邓闻静，2017），城市群内的非中心城市之间的经济联系较弱（杨莎莎和邓闻静，2019）。原因在于高铁虽然缩短了城市之间的时空距离，使得欠发达城市在更大程度上受到较发达城市的经济辐射，但也因人才、物资以及信息流动的加快使城市之间的竞争更加激烈。

同时，高铁提升了旅游者对沿线旅游地的认知程度、同游意愿以及重游意愿，使得不同旅游地之间的合作关系增强（李磊和陆林，2019）。如合福高铁沿线形成了"旅游核心+旅游核心""旅游核心+交通核心""旅游核心+换乘中心"三种较为典型的合作模式。高铁对沿线地区旅游业一体化发展的影响也得到了大量证实，如高铁网络在欧洲各国的融合中充当了催化剂，进一步巩固了各国的旅

游合作，对于加快欧洲旅游一体化进程具有积极影响（Fridh，2008；Kamga，2015）；随着长三角高铁网络的完善，其对长三角区域旅游一体化的影响也日益增强（蒋丽芹等，2012）。

面对高铁对地区旅游经济联系与协作带来的影响，应积极促进高铁沿线地区旅游业合作与协同发展。如高铁沿线应共建城市旅游产业链，签署合作协议以达成促进合作发展的意向和战略联盟，根据旅游业发展水平和构建旅游产业链的需要，建立旅游业发展协调机构，构建旅游营销体系等（宁坚，2012）。沿线地区协同发展实现路径包括构建跨区协调组织机构并完善其运行机制，推进高铁沿线旅游目的地协同发展的规划工作及保障机制建设，鼓励行业自律，构建旅游业自身组织协调机制等（周杨，2013）。此外，还应抓住高铁网络格局完善带来的机遇，加强各地之间的交流与合作，加快区域旅游业深度一体化发展（蒋丽芹等，2012），且发挥高铁旅游一体化联动效应的根本路径模式是规避旅游供给的同质化竞争与强调差异化发展（黄泰等，2017b）。

第三节　交通基础设施对生产效率的影响

虽然目前涉及交通基础设施影响旅游业生产效率的相关文献很多，但以此为题的文献较少，总体上看，相关研究还比较薄弱。因此，本书将综述范围扩大，同时对交通基础设施影响服务业与制造业生产效率的相关研究进行了综述，以为本书研究提供借鉴。

一、交通基础设施对旅游业生产效率的影响

作为旅游客源地与旅游目的地之间的桥梁，交通是实现旅游活动的先决条件，在地区旅游业生产效率提升过程中发挥着重要作用（胡亚光，2017；王兆峰和杨显，2018）。并且，作为旅游基础设施的重要组成部分，交通基础设施建设水平的高低是衡量旅游业发达与否的重要标志（申鹏鹏等，2018），对发展中国家的旅游业生产效率至关重要（Hadad et al.，2012）。

首先，交通基础设施可以从影响旅游业投入和产出两方面来影响旅游业生产效率。一方面，地区交通基础设施建设水平决定了旅游交通区位条件的优劣，决定了旅游资金和人力资源的流入速度，导致交通基础设施建设水平不同的地区在

旅游投入水平上存在差异，影响地区旅游资源的开发利用程度与旅游业发展，进而影响地区旅游业生产效率水平（李淑娟和周珊，2015；魏俊等，2018）。另一方面，交通基础设施通过影响旅游目的地的可达性和游客数量来影响旅游产出水平。具体来说，就是作为实现旅游需求与供给均衡的先决条件，旅游目的地的交通基础设施建设水平越好，越能增强旅游目的地对游客的吸引力，并增加旅游目的地的旅游人次和旅游收入，进而提高旅游业生产效率（何俊阳等，2016；张舒宁等，2017；韩瑛等，2019）。需要注意的是，交通基础设施建设水平是相对的，所以本地与邻近地区的交通基础设施水平共同驱动着旅游流在地区之间的流动，进而导致旅游生产效率的时空分异（何俊阳和贺灵，2015；王兆峰和杨显，2018；魏俊等，2018；韩瑛等，2019）。

其次，交通基础设施对旅游业生产效率的影响存在异质性。一是交通基础设施对旅游业生产效率的影响存在空间异质性（Alkheder，2016）。如由于江苏省内交通网络体系建设和旅游交通存在一定脱节，使得交通对苏州与徐州的旅游生产效率的影响显著为正，但对其他城市的影响为负或不显著（申鹏鹏等，2018）。二是交通条件的改善在初期对旅游业生产效率的促进作用要明显大于后期（方叶林等，2018）。原因在于随着地区交通可达性的持续提高，过夜游客人数有减少的可能性，出现“快进快出”的现象，因而旅游目的地的交通过分便捷虽然有利于旅游业生产效率的提高，但边际效应是递减的。三是不同交通方式对旅游生产效率的影响是不同的。如对比分析公路、铁路以及航运对张家界旅游生产效率的影响可知，主要运输远途游客的铁路和航运在连接旅游客源地与旅游目的地中发挥着关键性作用，对提升旅游业生产效率至关重要；相对而言，主要进行短途运输的公路虽然在实现景区之间游客转移中发挥着积极作用，但未能明显提高旅游业生产效率（王兆峰和徐赛，2018）。

最后，旅行社业的相关研究发现交通动力对旅行社业生产效率有着重要影响，但其影响程度存在明显的空间差异，由西部地区向东部沿海地带依次递减（胡宇娜等，2018）。国外饭店业相关研究发现饭店的机场可达性对其效率存在显著为正的影响（Sun and Lu，2005；Yang et al.，2017），而且，国内也有相关研究认为良好的交通条件构成了饭店业发展的必要区位条件，对饭店业运行效率存在积极影响（杨振山等，2015）。景区业相关研究发现交通基础设施不仅有助于提升风景名胜区的旅游生产效率（曹芳东等，2014），降低森林公园的技术非效率（黄安胜等，2018），而且还对森林公园的资源利用效率产生显著的积极影响

（丁振民和黄秀娟，2016）。同时，也有相关研究发现交通发展虽然对风景名胜区旅游全要素生产率变化存在显著的积极影响，但对综合效率和纯技术效率及其变化存在显著的消极影响，原因在于中国的交通基础设施水平虽然在整体上得到了明显提升，但中、西部地区依然相对滞后，且这在一定程度上阻碍了景区旅游效率的提升（曹芳东等，2015）。

二、交通基础设施对服务业生产效率的影响

关于交通基础设施对服务业生产效率影响的研究尚未得到一致结论。一方面，有研究认为高速公路大大减少了人员在不同地区之间旅行的时间，提升了人员运输效率，降低了服务业贸易成本，从而提升了可贸易服务业企业的劳动生产率（高翔等，2015）。而且，交通运输对资源枯竭型城市服务业全要素生产率存在着显著为正的影响（王晓玲等，2015）。另一方面，也有研究认为由于高速公路收费不合理，所以高速公路密度对服务业生产效率存在显著为负的影响（吴昌南和陈小兰，2014）。

同时，交通基础设施对服务业生产效率的影响存在明显的地区异质性。按城市规模来看，由于大城市在各城市之间的可贸易服务业竞争中将取得更多的市场份额与发展机遇，所以，城市规模越大，其可贸易服务业企业从高速公路连接中获得的劳动生产率提升越多（高翔等，2015）。分地区来看，由于东部地区各省份之间均存在较强的经济联动性，高路公路密度为物流、电子商务等服务业生产效率的提升提供了积极支持；而中、西部地区高速公路密度较低，各省份之间经济联动性较弱，高速公路因车流量小而处于亏损状态，再加上中、西部地区服务业发展水平相对较低，因而高速公路密度对服务业生产效率没有起到积极的支持作用（吴昌南和陈小兰，2014）。若以资源枯竭型城市为研究对象的话，交通运输对东北地区、中部地区服务业全要素生产率的影响则存在着显著的积极影响，对西部地区则是显著的消极影响（王晓玲等，2015）。

三、交通基础设施对制造业生产效率的影响

交通基础设施（包括公路、铁路、港口以及机场等）对工业生产效率的影响已被大量国内外研究证实（Sharma and Sehgal，2010；施震凯等，2018；李兰冰等，2019）。而且，相比于通信、电力等基础设施，交通基础设施对制造业各行业生产效率的影响更为明显（薛漫天，2011；Yeaple and Golub，2007）。也就

是说，对于提高制造业各行业的生产效率，在基础设施中最重要的仍是交通基础设施。

1. 国外相关研究

国外相关研究多关注公路基础设施对制造业生产效率的影响。相关研究发现公路基础设施对印度制造业生产效率的提高有重要作用，并且降低了生产成本（Hulten et al.，2006），如印度"黄金四角"高速公路网络的修建提高了沿线企业的效率（Ghani et al.，2016）。而且，公路质量的改善能够对企业雇员、劳动生产率等方面产生重要影响（Gibbons et al.，2012），公路投资的增多将节约企业的库存成本，从而提高企业的生产效率（Li H and Li Z，2013）。在影响机制方面，高速公路可以通过增加区域密度和集聚效应来促进企业全要素生产率的增长（Gibbons et al.，2012）。此外，公路基础设施供应对制造业全要素生产率的影响存在行业异质性，如交通基础设施能够解释比较优势的模式（Yeaple and Golub，2007），且从交通基础设施改进中获得生产效率提升的是对运输依赖程度更高的行业（Fernald，1999）。

2. 国内相关研究

首先，国内相关研究关于交通基础设施对制造业生产效率的影响尚未得到一致结论。已有研究证实了交通基础设施对制造业生产率存在积极促进作用（施震凯等，2018；李兰冰等，2019）。但如果从市场扩张和竞争的视角探究交通基础设施对企业生产率的影响，虽然市场规模的扩大可以促进企业生产率上升，但竞争效应会降低企业生产率（张睿等，2018）。同时，有研究认为高速公路在总体上对制造业企业生产率的平均影响很小，但是显著提高了小城市企业和距离大城市较远的企业的全要素生产率（龙小宁和高翔，2014）。

其次，交通基础设施对沿途企业生产效率的影响存在异质性。如铁路提速对交通要素禀赋较好的沿海地区、以利润最大化为目标的非国有企业以及依赖于国际市场信息的传播与溢出的出口企业的全要素生产率的影响更大（施震凯等，2018）。同时，交通基础设施在进出口贸易影响制造业生产效率的过程中存在着非线性调节作用（申亮等，2015），如铁路基础设施起着倒"U"形的调节作用，但公路基础设施则起着"U"形的调节作用。

再次，交通基础设施属于网络基础设施，因而其对生产效率的影响存在空间溢出效应（张志和周浩，2012）。铁路提速能够减小各省份出口企业的生产率分布集中度，也就是说，铁路提速后企业的生产率分布比提速前更加分散，且这种影响在沿海地区更为明显（逯建等，2016）。此外，高速公路可以通过给非中心城市带来“促进竞争效应”、以知识溢出与技术扩散为主的“学习效应”来促进非中心城市企业生产率的提高（李兰冰等，2019）。

最后，作为现代交通工具的代表——高铁显著提升了沿线工业企业生产率水平（邹薇和陈亮恒，2020）。而且，高铁对沿线工业企业生产率的影响存在异质性。分地区来看，由于交通基础设施正处于快速发展中的中部地区更依赖于高铁的建设，所以高铁对中部地区工业企业生产率的影响最大，对于交通基础设施已经比较完善的东部、各种交通基础设施均比较缺乏的西部地区的企业生产率的影响较小。从要素密集度来看，作为高科技产品，高铁开通大幅促进了信息流、技术流、资本流等在地区间的流动，所以相对于劳动密集型，高铁对技术密集型与资本密集型行业企业的影响更大。从城市规模来看，高铁开通的市场竞争效应和规模扩张效应对中小城市企业的生产率的影响更大。从不同生产率水平来看，生产率水平原本较低的企业在面临高铁开通带来的竞争效应时，进行创新的动力更大，所以高铁对生产率水平较低的企业的影响更大（邹薇和陈亮恒，2020）。此外，有研究发现高铁开通负向影响了外围城市的工业企业生产率，这主要是因为高铁提高了地区市场准入，促进了外围城市资本和劳动力等生产要素向中心城市的集聚，进而对外围城市产生了虹吸效应。而且，外围城市初始交通禀赋越差、资本和技术密集度越高，高铁网络对其企业生产率的负向影响就越大（张梦婷等，2018）。

第四节 绿色发展

自 1960 年以来，学术界逐渐对旅游业给人文与自然环境带来的一系列负面影响深表忧虑，从各个方面对旅游业发展提出了批评和质疑。1990 年之后，学术界开始广泛关注旅游业发展所带来的环境问题，特别是旅游业碳排放逐年增加，成为全球温室气体排放的重要来源。因此，减轻旅游业碳排放问题，寻求旅游业绿色发展路径已成为学术界关注的重点。高铁给区域发展带来了诸多影响，作为绿色交通工具，高铁给地区绿色发展带来的影响也开始被学术界关注，但尚未有高铁影响旅游业绿色发展的相关研究。因此，本书从旅游业碳排放问题、旅游业绿色发展以及高铁对绿色发展的影响这三个方面对相关文献进行综述。

一、旅游业碳排放问题

已有研究通过评估旅游目的地的碳排放量发现旅游业并非如业界所宣称的比其他产业具有更好的环境效益（Gossling et al.，2005）。不仅如此，旅游业还属于碳排放密度较高的产业，如瑞士的旅游产业温室气体排放密度高出其他产业的平均水平四倍之多（Perch et al.，2010）。在中国，旅游业碳排放总量逐年上升，旅游业碳排放也已成为严重阻碍其可持续发展的重大难题之一（潘植强和梁保尔，2016；王景波等，2019）。

确定旅游业碳排放量是实现可持续旅游发展的重要环节（Becken and Patterson，2006）。由于目前尚未有对旅游业碳排放量的直接统计，学术界均采取估算法来确定旅游业的碳排放量（Perch et al.，2010）。估算方法主要包括两种：一种是基于能源端的“自上而下”法，另一种是基于消费端的“自下而上”法（Kelly and Williams，2007；Howitt et al.，2010）。“自上而下”法，主要是利用国家相关部门建立的旅游卫星账户或是基于国民经济核算，采用投入产出模型对旅游业碳排放进行估算（Kelly and Williams，2007；袁宇杰，2013）。“自下而上”法，主要是通过旅游目的地的游客数据，采取先分解后加总的方法，从各个重点领域入手，然后逐级向上统计出旅游业的总体碳排放量（路小静等，2019）。《中国能源统计年鉴》中没有设置关于旅游业能源消耗统计项，相关部门也未构建温室气体排放统计监测体系，致使“自上而下”法在中国的可操作性不强，再加上已有研究发现“自上而下”法与“自下而上”法的估算结果比较接近（Becken and Patterson，2006），因此国内较多使用“自下而上”法。

旅游业碳排放存在明显的空间分异现象（黄和平等，2019a）。有研究发现，虽然中、西部地区旅游业碳排放量要明显低于东部地区，但中、西部地区旅游业碳排放年增长率因其旅游业粗放的发展方式要显著高于东部地区（潘植强和梁保尔，2016）。为找到旅游业碳排放空间分异的背后成因，旅游业碳排放的影响因素研究成为国内外相关研究的重点。国外已有研究发现影响旅游业碳排放的因素主要有旅游规模、能源结构、能源强度以及空间布局（Balezentis et al.，2012；Robaina et al.，2016）。国内已有研究发现旅游业经济规模、旅游人数、能源消耗强度以及能源消费结构能够增加旅游业碳排放，地区经济发展水平、地区环境污染治理能力以及旅游产业结构能够减少旅游业碳排放（黄和平等，2019a）。在中国旅游业碳排放强度上，交通邮政比例、购物比例以及能耗权重有着较强的抑制作用，接待强度、经济产出和住宿餐饮有着较弱的抑制作用（王景波等，2019）。而且，旅游产业集聚与旅游业碳排放强度之间存在显著的空间负相关关系（王凯等，2019）。在旅游业碳排放增加量上，经济产出与接待人次起着增强作用，行业结构、能源效率以及能源结构起着抑制作用（潘植强和梁保尔，2016）。旅游交通是旅游业碳排放的重要领域（路小静等，2019），能促进其增长的主要影响因素是游客数量、人均旅游消费水平和单位交通周转量的能耗，能抑制其增长的因素包括旅游业占地区经济增长的比重、单位地区生产总值、客运交通周转量以及能源结构（马慧强等，2019）。

二、旅游业绿色发展

面对旅游业能源消耗与碳排放问题的日益突出，实现旅游业绿色转型具有强烈的必要性和紧迫性。目前，中国旅游业绿色转型不仅面临着政府、旅游企业以及旅游者的传统旅游发展理念和旅游行为的制约（吴国琴，2015），还面临着人为、机制以及意识三个层面的挑战（瞿华和夏杰长，2011）。因此，作为一项系统工程，实现旅游业绿色转型需要政府、旅游企业以及旅游消费者的共同努力（瞿华和夏杰长，2011；吴国琴，2015），积极开展理念转型、开发方式转型、旅游产品转型以及旅游消费转型的四位一体的绿色转型（吴国琴，2015）。基于低碳视角，有学者构建了以政府、市场以及社会三位一体的绿色旅游发展模式：政府应依托运行管理，强化绿色旅游措施；市场应依托科技优势，突破绿色旅游“瓶颈”；社会应依托社会舆论，倡导绿色旅游方式（魏敏，2011）。

旅游业绿色创新效率问题逐渐引起国内学者关注，如有研究发现中国旅游业绿色创新效率空间网络的关联强度保持上升态势。分地区来看，东部地区在旅游业绿色创新效率空间网络中有着较强影响力，处于相对中心位置，而中、西部地区发挥着中枢和传导作用，处于相对劣势地位。此外，在影响旅游业绿色创新效率空间关联强度的因素中，距离、地区经济发展水平差异以及旅游发展水平差异起着消极作用，而资金投入差异起着积极影响（刘佳和宋秋月，2018）。

此外，旅游住宿业是旅游业中能源消耗与碳排放较为突出的部门（Bohdanowicz，2006），其绿色创新问题备受国外学者关注，如对旅游住宿业绿色创新模式的探讨（Pace，2016；Rosario et al.，2017），还有学者分析饭店业绿色创新与生产效率之间的直接和间接关系（Garciapozo et al.，2015；Aboelmaged，2018）。

三、高铁对绿色发展的影响

交通基础设施问题已成为全球环境恶化的重要原因（Adeola et al.，2019）。作为一项重要的交通基础设施改善，高铁对节能减排起到了良好的示范效应（彭小辉和王静怡，2019），是地区绿色发展的重要契机。

首先，高铁可以通过产业结构优化效应、技术进步效应、对外开放扩大效应降低城市污染排放，促进城市绿色发展（张明志等，2019）。一是高铁不仅有利于减少工业环境污染物排放量，加速工业的“去污染”进程，而且将促进工业要素资源向更为环保的服务业流入；二是高铁可以促进地区绿色技术水平的提高，从而降低环境污染；三是高铁可以促进地区对外开放，增强地区对外来投资尤其是外商直接投资的吸引力，并最终通过人力资本、研发强度以及投资质量的提升来改善环境污染问题。此外，相较于省会城市，高铁更能降低非省会城市的环境污染（张明志等，2019）。

其次，高铁可以通过规模效应、结构效应以及技术效应减少地区雾霾污染。有研究发现高铁能够通过提高能源消耗的规模效应、产业或要素结构优化调整的结构效应以及提升技术创新水平和人力资本水平的技术效应三个途径影响雾霾污染水平（张华和冯烽，2019）。而且，高铁开通对雾霾污染的影响存在地区异质性，减霾效应在东中部城市、沿海城市、非资源型城市、高创新水平城市以及高人力资本水平城市更为明显。

最后，高铁可以提高地区绿色全要素生产率水平。高铁建设不仅能吸引资本投入、加快绿色技术的创新与应用、促进能耗结构调整、提升地区绿色全要素生产率水平，还能通过促进市场范围扩大和交易成本降低来缓解要素配置扭曲，间接提升地区绿色全要素生产率水平。但高铁的虹吸效应所导致的要素配置扭曲的加剧不利于落后地区绿色全要素生产率的提升（彭小辉和王静怡，2019）。

第五节　文献评述

第一，国内关于旅游业生产效率的研究以地区整体旅游业、旅行社业、星级饭店、景区以及旅游上市公司等生产效率的测算、异质性分析、影响因素以及提升路径为主。由于旅游业碳排放问题日益突出与景区的环境敏感性，近年来一些研究在测算整体旅游业与景区生产效率时开始考虑碳排放问题，但已有研究在测算旅行社业与星级饭店的生产效率时还未考虑碳排放。作为旅游业的重要支柱行业，与景区一样，旅行社业与星级饭店的碳排放问题也应受到关注，绿色发展也是旅行社业与星级饭店的发展趋势。同时，已有文献在研究旅游业生产效率的影响因素与提升路径时，较少考虑东、中、西部之间以及旅游业生产效率处于不同水平地区之间的不同。因此，本书同样将环境效应纳入旅行社业与星级饭店的生产经营框架，关注其绿色生产效率，有助于政府与企业做出更为有效精确的决策。并且深入分析高铁对东、中、西部以及旅游业生产效率处于不同水平地区的异质性影响，并分别提出针对性建议，从而有助于合理有效地促进旅游业发展，避免盲目建设。

第二，已有研究从旅游业发展、旅游业空间结构、地区间旅游业经济联系与协作等多个方面充分研究了高铁对旅游业的影响。同时，交通基础设施对产业效率，尤其是旅游业生产效率的影响已被大量证实。作为现代交通基础设施的代表，高铁具有速度快、效率高、运量大以及环保舒适等特点，与其他交通工具相比，对产业效率的影响存在很大差异，高铁对生产效率的影响已逐渐引起学术领域的关注。由于高铁以客运为主，其对旅游业的影响最为显著，也一直是高铁外部性相关研究的重点。但到目前为止，关于高铁对旅游业生产效率的影响，还未有相关研究。因此，本书将定性与定量相结合，围绕这一问题进行深入研究以丰富关于高铁对旅游业影响、交通基础设施对产业效率影响方面的研究。

第三，已有研究发现高铁影响旅游业的机制包括旅游目的地可达性、旅游者行为方式、旅游客源市场格局以及旅游资源开发等；高铁影响制造业生产效率的机制主要包括市场准入、运输成本等。高铁给区域社会、经济以及产业发展带来了诸多影响。其中，受高铁影响较为显著的居民收入水平、与地区接待服务能力相关的行业发展水平以及区域创新水平，也都是影响旅游业生产效率水平的重要区域经营环境，但尚未有研究探讨过经营环境在高铁影响旅游业生产效率过程中的作用。因此，本书将研究高铁是否能通过改善经营环境来影响旅游业生产效率水平，丰富了高铁如何影响旅游业，交通基础设施（包括高铁）如何影响产业效率的相关研究。

第四，近年来高铁对区域绿色发展的影响逐渐受到学术界的关注，原因主要在于交通基础设施问题已成为全球环境恶化的重要原因，而高铁对节能减排有着良好示范效应。目前，相关研究主要包括高铁对减少污染排放、降低城市雾霾污染以及提高区域绿色全要素生产率的影响。相关研究均停留在区域层面，尚未涉及具体产业。众所周知，高铁对旅游业的影响最为显著。而且，由于旅游业碳排放已成为环境恶化的主要来源，尽快实现旅游业绿色发展至关重要。因此，本书将从绿色生产效率的角度，来研究高铁对旅游业绿色发展的影响，为高铁对绿色发展的影响提供了产业层面的经验证据。

第五，随着旅游碳排放问题的日益突出，旅游业碳排放与绿色发展问题日益成为相关研究的重点。但是，已有研究在测算旅游业碳排放时仅考虑了生产碳排放，忽略了生活碳排放。然而，作为劳动密集型产业，旅游业生活碳排放问题不容小觑，对生活碳排放问题的忽略，依然会造成旅游业绿色生产效率测算结果的失真。同时，关于旅游业绿色发展的研究主要包括旅游业绿色转型与绿色创新，尚未有研究探讨影响旅游业绿色发展的因素。因此，本书在测算旅游业整体及其主要细分行业生产效率问题时，将生活碳排放与生产碳排放一起纳入其生产经营框架，使得测算结果更为准确。在此基础上，研究高铁对旅游业绿色生产效率的影响，丰富了关于旅游业绿色发展影响因素的研究。

第三章 理论分析与假设

随着旅游业产能过剩、生产方式粗放、资源严重浪费以及地区间差异较大等问题日益凸显，如何提升旅游业绿色生产效率成为旅游业转型升级过程中亟待解决的命题（赵磊，2013；路小静等，2019）。交通基础设施是促进旅游业生产效率提升的重要因素（王兆峰和徐赛，2018），高铁作为现代化交通工具的代表，其对旅游业绿色生产效率的影响尚未被探讨。那么，高铁究竟促进旅游业提升绿色生产效率了吗？高铁对旅游业绿色生产效率的影响是否存在地区异质性？高铁能否通过改善地区经营环境来影响旅游业绿色生产效率？接下来本章将针对这三个问题进行理论分析。

在进行理论分析之前有必要对“旅游业”与“绿色生产效率”进行界定。世界旅游理事会将“旅游业”定义为为游客提供服务和商品的企业，包括接待（旅馆和餐馆）、交通、旅游经营商和旅游代理商、景点以及为游客提供供给的其他经济部门。① 在研究高铁对旅游业总体绿色生产效率影响的基础上，本书选取旅行社业、星级饭店业以及景区业这三个主要细分行业进行深入分析。一方面，这三个行业在旅游业中均发挥着重要作用，是旅游业发展的重要载体，如旅行社业是重要的中介行业，星级饭店业是现代旅游业的重要依托，景区业是旅游服务体系的重要环节；另一方面，在旅游业诸多主要细分行业中，只有这三个主要细分行业在《中国旅游统计年鉴》中有相关统计数据，其他细分行业的数据暂无法获得。“绿色生产效率”是指将环境因素纳入传统生产效率的测算框架中，如将环境污染作为投入要素或非期望产出（Coelli and Rao，2005；胡鞍钢等，2008），或者构建环境综合指数将产出转化为绿色产出进行处理（Chung and

① 世界旅游理事会（WTTC）. 旅游经济展望（Travel and Tourism's Economic Perspective1995—2005）［M］//威廉·瑟厄波德. 全球旅游新论. 北京：中国旅游出版社，2001.

Fare，1995）。本书是将碳排放作为非期望产出纳入生产率核算框架和范畴中。

第一节　高铁对旅游业及其主要细分行业绿色生产效率的影响

由于旅游业的三个主要细分行业属性差异较大、各具特点，所以本书在分析了高铁对总体旅游业绿色生产效率的影响后，又进一步分析了高铁分别对三个主要细分行业绿色生产效率的影响。

一、高铁对旅游业总体绿色生产效率的影响

交通基础设施是促进旅游业进步的必要条件，是旅游业基础设施不可缺少的组成部分，是旅游企业实现顺利运营的重要保障（Alkheder，2016）。交通基础设施是连接旅游客源地与旅游目的地的桥梁，是进行旅游活动的先决条件（王兆峰和徐赛，2018）。旅游交通是否便利在游客选择旅游目的地及安排出游行程的过程中存在着重要影响，所以便捷的交通条件能增强旅游资源对游客的吸引力，是实现旅游需求和供给均衡的重要保障（何俊阳等，2016）。在旅游业要素空间配置上，交通成本的高低也同样起着重要作用，如交通可达性高的地区能吸引更多旅游投资商的投资，能获得更大的发展空间（魏俊等，2018）。因此，各地区旅游交通的可达性程度不仅与降低旅游业运营成本紧密相连，也是扩大游客规模和实现营业收入目标的基础，它对旅游业生产效率的促进作用已被大量证实（何俊阳等，2016；王兆峰和徐赛，2018；魏俊等，2018）。作为因速度快、效率高、运量大以及环保舒适等闻名的现代化交通基础设施，高铁对旅游业绿色生产效率提高的促进作用主要表现在以下几个方面。

1. 高铁可以促进旅游业碳排放的减少

（1）从高铁自身运营层面看，无论是牵引耗能，还是在高铁站点与线路的设计上均体现了绿色发展理念。首先，高铁与其他运输方式相比具有较低的牵引耗能。高铁开通之初，有研究发现高铁机车的牵引耗能要远远低于高速公路与飞机，但略高于普通电力机车（见表 3-1）。由于 2010 年普通铁路电气化率为 46%，所以普速铁路与高铁的单位运量耗能比大约为 1∶1.12（张汉斌，2011）。但随着高铁技术的不断进步，节能效果的不断改进，高铁耗能逐渐低于普通铁

路，以武广高铁为例，有研究发现高铁比普通铁路每年每千米减排二氧化碳2190.55吨（张汉斌，2011）。尤其是近年来高铁对永磁同步牵引系统的应用进一步大幅度降低了其耗能。其次，高铁站点注重对节能设施的采用。目前，高铁的特大型与大型车站均采用了较高标准的节能设施，如北京南站、南京南站以及上海虹桥站的屋面太阳能光伏系统，天津西站的燃气冷热电三联供系统与具有采光功能的玻璃地坪等；中小型高铁站的节能设施中，普遍利用了太阳能，如无锡东站主体屋面的太阳能光伏支架，徐州东站人行出口处的满足照明需求的太阳能板等（王劲柳和刘丛红，2019）。最后，高铁线路建设始终坚持绿色发展理念，把高铁线路打造成了“绿色长廊”。如高铁建设具有明显的“节地效应”，即高铁比普通铁路更节约用地，节约的土地可以植树种草、创造碳汇林业以降低碳排放（张汉斌，2011）。

表 3-1 各种运输方式能耗比较

运输方式	高铁机车	电力机车	内燃机车	高速公路	飞机
单位能耗系数	2.73	1.93	2.86	22.05	44.10

资料来源：周新军．高速铁路与能源可持续发展［J］．中国能源，2009，31（3）：24-27.

（2）高铁可以带动整个旅游交通系统的节能减排。旅游业能源消耗与碳排放中的主要内容之一为旅游交通（Liu et al.，2011；路小静等，2019）。一方面，高铁带动了整个铁路系统能耗结构的调整与优化。高铁在以节能减排为主的绿色发展上起到了良好的示范效应，比如高铁由于全部实现了电力牵引，其快速发展带来了整个铁路系统电气化比重的大幅提高，改善和优化了整个铁路系统能耗结构调整，并提高了能源利用效率（彭小辉和王静怡，2019），从而将降低旅游交通的能源消耗与碳排放，有利于旅游业绿色生产效率的提升。另一方面，高铁的客运增量形成了对其他高耗能交通工具的替代效应。由于高铁具有速度快与高密度的特征，所以高铁具有较大的运能，并形成了对公路与民航的替代效应，同时又因为高铁的单位运量能耗仅为高速公路的1/8、航空的1/16，所以高铁的替代效应给整个旅游交通系统带来了明显的节能减排效应。

（3）高铁对地区旅游业绿色发展带来了诸多积极影响。一方面是因为高铁的技术进步效应。高铁以客运为主，人是技术创新的载体，所以高铁的“时空压缩效应”不仅可以进一步加速技术创新在地区间的流动，还可以降低技术创新在扩散和传播过程中的内容失真和漏损（施震凯等，2018）。同时，在旅游业节能减排强度逐渐增强的趋势下，高铁将成为旅游业碳减排技术效仿引进、合作研发的重要契机。另外，高铁可以增强城市对高级人才的吸引力，有利于提升地区人力资本水平（Zheng and Kahn，2013；杜兴强和彭妙薇，2017）。高铁对技术创新水平和人力资本水平的促进作用将增加地区对旅游业节能减排技术的应用。另一方面是因为高铁的对外开放效应。由于外来投资一般更倾向于交通便捷的地区，所以高铁将给地区带来更多外来资本（张明志等，2019），而外来资本，尤其是外商直接投资不仅可以带来新的旅游业经营模式与技术知识，还可以促进投资质量的提高，从而促进旅游业碳排放的减少。

通过以上分析，高铁促进旅游业碳排放减少的理论分析框架如图 3-1 所示。

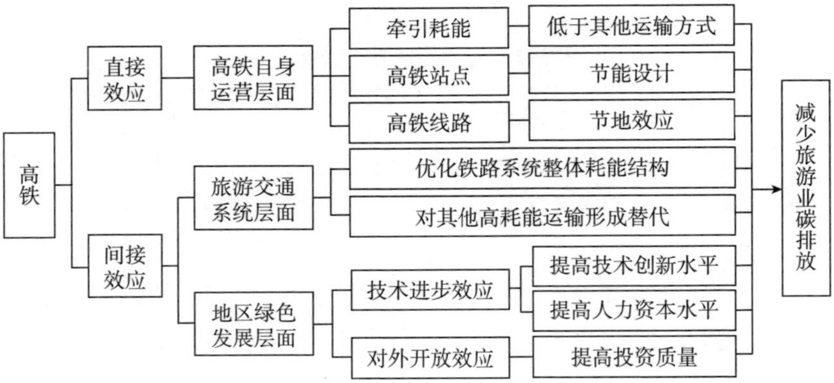

图 3-1　高铁促进旅游业碳排放减少的理论分析框架

资料来源：笔者整理得到。

2. 高铁可以促进旅游业集聚，形成规模经济，缓解要素配置扭曲

高铁的“时空压缩”效应可以提高各要素在地区之间的流动速度（王雨飞和倪鹏飞，2016）。同样地，高铁大幅度提高了旅游目的地的可达性（李保超等，2016），改善了旅游交通区位条件，交通的便利性不仅降低了交易成本，弱化了市场边界，引发旅游市场边界延伸，拉动旅游业直接投资，扩大旅游业规模，还大幅降低了旅游业要素的流动成本，使得旅游业要素在地区间自由流动和有效整合，促进旅游业要素出现集聚效应，形成规模经济（殷平，2012）。此外，积极的集聚外部性不仅能够缓解要素配置扭曲，还能给地区带来循环经济、技术学

习、设施共享以及政策支持，促进旅游企业创新与高质量发展，从而提高旅游业绿色生产效率。

3. 高铁大幅度提升了区域的对外开放性

一方面，高铁可以为地区带来更多外来投资。外来投资一般会倾向于交通便利、区位条件较好的地区以保障获得预期的投资回报。高铁开通不仅大大提升了地区交通与区位条件，也显著增强了地区的知名度与吸引力，从而吸引来更多的外来投资。而外来投资，尤其是外商直接投资不仅会对技术水平与协同效率等方面带来直接积极影响，还可以有效促进地区对人力资本和研发强度的吸收力，并通过投资质量的提升改善环境污染问题（张明志等，2019）。另一方面，高铁给地区带来的对外开放扩大效应使得各地区间在人才与信息上的交流更为频繁，增强了地区间的知识溢出，为地区旅游业改进技术、实现创新与高质量发展提供了良好环境（彭小辉和王静怡，2019），从而实现各地区旅游业绿色生产效率的提高。

4. 高铁可以促进地区间旅游业协同发展，形成跨区域旅游复合经济体

一方面，旅游与文化密不可分，高铁带动了区域之间的文化融合，有利于旅游资源的有效整合，从而有助于打造更具特色的旅游产品，实现旅游产品的内涵升级。另一方面，高铁的“时空压缩”效应大幅度促进了旅游者及旅游业生产要素到达旅游目的地的速度与效率的提升，使得各旅游目的地间的关联更加紧密，促使区域旅游业分工与合作，将推动旅游资源开发、产品设计、市场营销等供给层面的空间整合。例如，随着高铁的开通，游客出行范围得以扩大（冯英杰等，2014），游客出行方式日益改善，这有利于高铁沿线区域客源市场的有效整合，促使沿线区域旅游客源结构获得优化和完善，提高旅游业的服务效率，并降低能源无谓消耗，从而提升旅游业绿色生产效率。高铁有利于地区间形成旅游复合经济体的理论分析框架如图 3-2 所示。

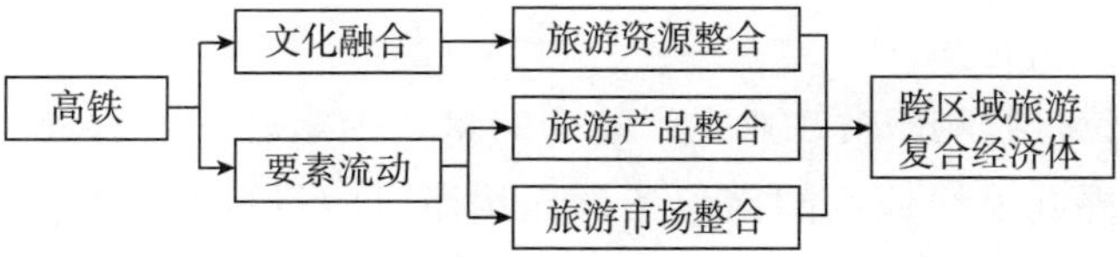

图 3-2 高铁促进地区间形成旅游复合经济体的理论分析框架

资料来源：笔者整理得到。

此外，高铁可以通过技术进步与对外开放扩大效应降低污染排放，降低城市雾霾污染（张华和冯烽，2019），促进城市绿色发展（张明志等，2019），并且会通过扩大市场范围、降低交易成本来缓解要素配置扭曲，促进区域绿色全要素生产率提升（彭小辉和王静怡，2019）。旅游业作为区域发展中的重要领域，高铁也将会为其绿色生产效率带来积极影响。综上，笔者提出以下假设：

假设 H1-1：高铁对旅游业绿色生产效率存在促进作用。

二、高铁对旅行社业绿色生产效率的影响

旅行社业作为对旅游业发展至关重要的中介行业，扮演着越来越重要的角色。然而，目前旅行社业依旧存在效率较低、区域间发展不均衡等问题（胡宇娜等，2017；胡宇娜等，2018）。同时，日益严重的环境问题对旅行社业的发展提出了新要求，旅行社业的绿色生产效率问题也应被逐渐重视起来。高铁给旅游者出行带来极大便利的同时，也给旅行社业的发展带来了诸多机遇（毛焱，2011）。那么，高铁促进旅行社业提高绿色生产效率了吗？

旅游者从客源地到旅游目的地的空间移动完全依赖于交通，这便决定了旅游者的交通安排及车票或机票的预订是旅行社业主要业务之一，国外旅游业发达地区的交通运输业（主要包括公路、铁路、水运以及民航）与旅行社业均存在一定程度的融合（Topolšek et al.，2014）。由此可见，交通运输业对旅行社业运营至关重要，对旅行社业生产效率具有不可替代的支撑作用（胡宇娜等，2018）。高铁具有载客量高、便捷、安全、舒适以及绿色环保等特点，将为旅行社业绿色生产效率带来一系列积极作用，具体表现在以下七个方面。

第一，旅行社业主要承担游客的空间运输，高铁不仅在自身运营上相比其他运输方式更加节能，而且能够促进铁路系统甚至整个旅游交通系统能耗结构调整和能源利用效率提高（彭小辉和王静怡，2019），从而有利于旅行社业绿色生产效率的提升。

第二，区位是影响旅行社业生产效率的重要因素之一（Fuentes，2011），高铁可以大幅度提升沿线地区的区位条件，从而对旅行社业绿色生产率起到提升作用。

第三，高铁可以为沿线地区旅行社业带来充足的客流量（Pagliara et al.，2015a），从而大大提高旅行社业的服务接待人数，进而提高旅行社业的绩效（Fuentes and Alvarez，2012）。

第四，高铁有利于旅行社业投资环境的改善。高铁可以显著减少投资风险，从而促进投资环境的优化（龙玉等，2017），这样不仅能够直接优化旅行社业的投融资环境，促进旅行社业资本水平的提高，提升旅行社生产效率（Barros and Matias，2006；Barros and Dieke，2007），而且可以大大提升地区商贸环境，带来繁荣的人流、物流以及信息流，为旅行社带来充足客源，同时也将推动旅行社业高质量发展。

第五，高铁能够提高旅行社业的就业人数。高铁可以促进沿线地区服务业集聚，增加地区服务业就业人数（Dong，2018），为旅行社业提供充足的劳动力资源。作为劳动密集型的服务行业，旅行社业就业人数越多，越能够为游客提供优质的服务，从而提高服务质量，同时也提高了自身竞争力，生产效率也将会得到提高（Barros and Matias，2006）。

第六，高铁能够促进旅行社业技术与服务的创新。高铁有利于区域间知识的交流与溢出（王雨飞和倪鹏飞，2016），有利于旅行社业提高技术水平和服务创新，这不仅有利于提高旅行社业生产效率（Iris，2012），而且可以通过促进环境友好型产品的研发推动旅行社业绿色发展，提高旅行社业绿色生产效率。

第七，高铁可以优化旅行社业发展环境，从而提高旅行社业生产效率。高铁可以促进地区经济增长（王雨飞和倪鹏飞，2016），而地区经济发展水平是支撑旅行社业绩效提高的重要条件（胡宇娜等，2018），是旅行社业发展环境的重要方面。

因此，提出以下假设：

假设 H1-2：高铁对旅行社业绿色生产效率存在促进作用。

三、高铁对星级饭店业绿色生产效率的影响

星级饭店是一个国家或地区服务业的名片，是现代旅游业的重要载体。但中国星级饭店业生产效率总体较低，处在规模报酬递减阶段，亟须由粗放式向集约式转变（张大鹏和舒伯阳，2018）。星级饭店业需要紧紧围绕“绿色”这一新发展理念，尽快实现高质量发展，这也使得星级饭店业的绿色生产率问题变得日益重要。交通一直是影响星级饭店生产效率的重要因素（Sun and Lu，2005；Yang et al.，2017）。高铁作为现代化交通的代表，给星级饭店带来了大量客源、投资以及劳动力资源（Guirao et al.，2016；Dong，2018）。为抓住高铁带来的机遇，高铁沿线地区纷纷加快建设星级饭店尤其是高星级饭店。然而，沿线地区有可能因为忽视了高铁的“过道效应”与对高铁带来的市场客源的错误判断，导致星

级饭店供给与需求的错配，加剧沿线地区星级饭店业的恶性竞争，使得规模效益进一步下降，并最终对绿色生产效率带来消极影响。那么，高铁促进星级饭店业绿色生产效率提高了吗？

交通基础设施作为星级饭店重要的区位条件之一（刘嘉毅和赵磊，2013），对星级饭店业的发展发挥着重要作用（张茜和赵鑫，2018）。同时，交通基础设施也是影响星级饭店业生产效率的重要因素，如 Sun 和 Lu（2005）、Yang 等（2017）发现饭店的机场可达性对其效率存在显著为正的影响。尤其对于欠发达地区来说，交通基础设施建设水平的提高在一定程度上改善了其不利的区位条件，增强了可进入性和吸引力。随着欠发达地区对外联系的加强，客源市场和投资的大量涌入可以促进星级饭店业的快速发展与建设，从而有效弥补由经济水平导致的星级饭店业发展的区域不平衡性（杨振山等，2015）。高铁作为现代交通基础设施的代表，具有载客量高、便捷、安全、舒适以及绿色环保等特点，将为星级饭店业绿色生产效率带来诸多积极影响，主要包括以下六个方面。

第一，高铁可以带来大量客流（Pagliara et al.，2015a），从而提高星级饭店的接待人数与入住率，不仅可以提高星级饭店的绩效（Huang，2017），而且使得星级饭店有能力引入绿色技术与设备，进行绿色生产。

第二，高铁能够显著提高星级饭店业的就业人数（Guirao et al.，2016；Dong，2018；董艳梅和朱英明，2016b）。一方面，星级饭店业作为劳动密集型的服务行业，就业人数越多，越可以为顾客提供优质服务，提高自身竞争力，生产效率也相对越高（Sun and Lu，2005）；另一方面，地区星级饭店业的就业人数越多，从业人员专业素质越高，越有利于绿色生产（向鹏成等，2019）。

第三，高铁能够降低投资风险、优化投资环境（龙玉等，2017）。一方面，能够直接拉动对星级饭店的投资，扩大星级饭店规模，并使星级饭店有能力引入绿色技术，提升绿色服务与节能环保设施设备的应用水平，优化经营环境；另一方面，能够提升地区商务环境，促进地区人流、物流与信息流的繁荣，给星级饭店带来大量客源的同时，为星级饭店的发展起着重要拉动作用（杨振山等，2015），也为星级饭店业绿色生产进一步提供经济基础。

第四，高铁可以促进区域间的知识溢出（王雨飞和倪鹏飞，2016），优化区域创新环境。具体来说，高铁通过增强交通可达性使传统区域边界逐步被无形化，使更容易冲破空间限制的人力资本在区域间更频繁地流动（杜兴强和彭妙薇，2017）。作为知识和信息的载体，人力资本的流动促进了区域间知识与技术的溢出效应，从而有利于区域创新（杨思莹和李政，2019）。星级饭店业虽然属于劳动密集型服务行业，但其绿色生产率水平同样依靠区域创新，依靠先进技术的应用（Assaf and Agbola，2011）。一方面，在可持续发展背景下，注重低碳环保、打造绿色饭店已成为星级饭店业的必然趋势，低碳节能技术的应用在星级饭店业生产经营绩效中扮演着越来越重要的角色（Lee and Cheng，2018；Kim et al.，2019）。另一方面，信息与智能技术不仅在饭店管理层决策、账户管理系统、客户关系管理以及提供优质服务等方面作用显著（Hama et al.，2005），而且有助于资源与能源的集约利用。

第五，高铁可以促进餐饮业发展（董艳梅和朱英明，2016a；Dong，2018），作为星级饭店业的直接后向关联行业，其发展规模可以表征星级饭店所在地区的接待与服务能力，对星级饭店业的生产经营绩效极其重要（韩国圣等，2015）。

第六，高铁可以促进居民收入水平的提高（Sun and Yuri，2016），地区居民收入越高，环保意识越强（Ozden，2008），注重绿色发展的市场需求将驱使星级饭店加快实现绿色发展模式。同时，居民可支配收入水平较高的地区，可以为当地饭店业提供稳定而充足的客源，从而使它们不受趋势性波动与入境旅客的季节性波动的影响（Assaf et al.，2017），为星级饭店业绿色生产提供保障。

此外，居民收入水平的提高，将吸引更多人才流入，将有利于星级饭店业经营管理水平与技术应用水平（尤其是节能环保技术）的提升，从而促进其绿色生产率提高。

因此，提出如下假设：

假设 H1-3：高铁对星级饭店业绿色生产效率存在促进作用。

四、高铁对景区业绿色生产效率的影响

景区业作为对旅游业发展至关重要的支撑行业，扮演着越来越关键的角色。然而，目前景区业依旧存在效率较低、区域间发展不均衡等问题（修新田和陈秋华，2016）。同时，日益严重的环境问题对景区业的发展提出了新要求，景区业的绿色生产效率问题也被逐渐重视起来。高铁给旅游者出行带来极大便利的同时，也给景区业的发展带来了诸多机遇（蒋海兵等，2014）。但同时高铁的过道效应与极化效应也会给沿线地区带来诸多挑战。那么，高铁促进景区业绿色生产率提高了吗？

交通网络的便利程度直接影响景区的可持续发展，当景区之间产品定位相近、知名度或影响力相近时，交通区位条件较好的景区通常能够获得更广泛的发

展空间（曹芳东等，2014）。首先，交通网络建设水平一定程度上调节着景区的可达性，由此产生的心理距离和空间距离均影响着游客的旅游动机与需求，也就是说交通建设水平越高，游客出行越便利，便越有利于景区吸引游客，从而越有利于实现景区的规模经济。其次，交通区位的变化不同程度上影响着旅游活动区位的空间变化，由此交通区位较好的风景区更受经营投资者青睐，从而交通区位好的景区拥有相对较低的融资成本，有利于提高其经济效益。最后，交通网络改变着景区空间经济联系的广度和深度，影响着景区管理者的对外经营决策。所以加强交通基础设施建设，对促进景区业绿色生产效率有着重要作用。已有大量研究证实了交通对景区业生产效率的促进作用（曹芳东等，2015；黄安胜等，2018）。作为现代交通工具的代表，高铁同样给景区业发展带来了一系列影响。

第一，高铁可以提高景区所在地区服务业人数（Dong，2018）、优化投资环境（龙玉等，2017），所以高铁可以通过优化地区景区业生产要素来促进景区业绿色生产效率的提高。

第二，高铁大幅提高了旅游目的地的可达性（李保超等，2016），改善了景区区位条件，而区位条件又是景区业绿色生产效率的决定要素。一方面森林公园邻近大城市更容易获取旅游要素资源，所以森林公园所处位置离大城市越远，则越不利于森林公园的发展，其效率水平也越低（修新田和陈秋华，2016）；另一方面森林公园距离客源市场的远近决定了其生产率水平的高低，因为人们距离森林公园越远，到森林公园出游的频率也越低（丁振民和黄秀娟，2016）。因此，从区位条件的改善来看，高铁对景区业绿色生产效率将会带来积极影响。

第三，高铁还可以通过扩大景区业的客源市场来提高其绿色生产率。一方面，高铁可以直接为景区业带来大量客流（Pagliara et al.，2015a），提高其旅游收入，促进其绿色生产率的提高；另一方面，高铁可以通过增加景区业所在地城市人口规模来促进景区业绿色生产效率的提高。因为本地客源一直是景区非常重要且较为稳定的客源市场，因而人口密度对景区业生产效率存在显著的积极影响（黄安胜等，2018），且高铁对城市人口规模的促进作用也被证实（邓涛涛等，2019）。

第四，高铁可以通过增加人与人之间面对面的交流，促进地区间的知识溢出（王雨飞和倪鹏飞，2016），从而有利于加强景区之间信息资源的共享与交流，促进景区对新技术尤其是绿色环保技术的应用，进而提升景区的运行效率（曹芳东等，2015）。

第五，高铁可以促进地区经济增长（Jia et al.，2017），经济发展水平的提升最能够带动景区业生产效率的增长，对景区综合效率及其分解效率的作用存在显著促进作用（曹芳东等，2015）。

因此，提出如下假设：

假设 H1-4：高铁对景区业绿色生产效率存在促进作用。

第二节 高铁对旅游业及其主要细分行业绿色生产效率影响的异质性

研究高铁对旅游业绿色生产效率的影响固然重要，但是进一步研究高铁影响旅游业及其主要细分行业绿色生产效率的区际差异，才能对地区旅游业发展提供针对性的理论指导与实践指南。各地之间基础条件不同，旅游发展潜力各异，无论是高铁对旅游业绿色生产效率的影响过程，抑或影响程度，均存在较大差异。

一、高铁对旅游业总体绿色生产效率影响的异质性

从全国范围看，高铁对区域经济的时空布局与高级人才流动的影响存在地区异质性（王雨飞和倪鹏飞，2016；杜兴强和彭妙薇，2017）。那么，肩负着缩小区域发展差异、重塑中国经济空间重任的高铁，对旅游业生产效率的促进作用是否也存在地区异质性呢？

1. 高铁对东、中、西部旅游业总体绿色生产效率影响的异质性

首先，可达性的改善结果不是确定的，可能会使地区经济发散或收敛，这种非普遍的或自动的作用存在地区异质性（Cheng et al.，2015）。同时，高铁对地区可达性的改善可能会出现边际效应递减，这是因为东、中、西部之间可达性差距较大，因此在可达性改善程度上，高铁对原本可达性较好地区的改善程度可能要弱于可达性较差地区的。其次，高铁对经济发展水平与对外开放程度的促进作用存在空间异质性（王雨飞和倪鹏飞，2016；唐宜红等，2019），这些都是影响旅游业生产效率的重要因素。经济发展水平与旅游业发展有着密切的关系，旅游经济发展绩效良好的旅游强国往往是经济发达的国家，经济发展水平与旅游生产效率关系密切（方叶林等，2018）。对外开放程度的提升，能够促进旅游业资本投入和技术水平提高，同时能带来大量商务与会议旅游流，从而促进旅游业生产效率的提升（游诗咏等，2017）。最后，各地在经济发展水平、地理区位、产业结构、

城乡收入差距、城市化水平以及资本投入等方面存在一定差距，使得旅游业生产效率存在明显的空间分异特征（贺腊梅等，2017；曹妍雪和李树民，2018；张洪和吕倩，2018；谭华云等，2018）。由于各地的发展环境、发展基础以及潜力不同，各地旅游业在面对高铁开通带来的机遇时，有的地区能充分发挥优势发展旅游业、提升绿色生产效率，有的地区则可能因为自身条件所限不能很好把握机遇，甚至可能使得一些地区因无法满足相应需求面临被边缘化的风险。

因此，提出以下假设：

假设 H2-1：高铁对东、中、西部旅游业总体绿色生产效率的影响存在异质性。

2. 高铁对旅游业总体绿色生产效率处于不同水平地区影响的异质性

一方面，高铁对区域经济发展具有“极化效应”，会拉大地区之间的差距（卞元超等，2018）。旅游业绿色生产率水平较高地区的发展基础与发展环境要优于绿色生产率处于低水平地区的。由于生产要素具有“驱优性”，高铁带来的“时空压缩”效应会促进优质的生产要素资源向旅游业绿色生产率水平较高的地区流动，而旅游业绿色生产率较低地区的优质生产要素会进一步流失，所以高铁对旅游业绿色生产效率处于较高水平地区的促进作用要大于处于水平较低地区的，从而会进一步拉大旅游业绿色生产效率较低地区与较高地区之间的差距。

另一方面，旅游业自身发展存在“瓶颈”。随着旅游业的发展，虽然已从相关企业“数量”上满足了日益增加的市场需求，但依然无法从“质量”上满足市场日益增加的个性化需求。旅游业领域在体制机制上依然存在条块分割、体制僵化以及机制不活等问题（查建平，2019）。随着全域旅游的发展，旅游业的边界日渐模糊，旅游业原本的部门治理模式弊端逐渐凸显，旅游业治理体系亟须由“部门治理”向“全社会共同治理”转变（张辉等，2019）。旅游业的自身发展“瓶颈”使得高铁不能给旅游业绿色生产率水平较高的地区带来突破性变化，而旅游业绿色生产率水平较低但发展潜力较大的地区会积极吸收高铁带来的溢出效应，所以高铁对旅游业绿色生产率水平较高地区的促进作用会低于对水平较低地区的（魏丽等，2018）。

而且，随着旅游业绿色生产效率水平的上升，高铁的“极化效应”会出现边际效用递减，旅游业自身发展“瓶颈”限制会逐渐凸显，所以高铁对旅游业绿色生产效率的影响与其原本水平的关系应是倒“U”形的，即高铁对旅游业绿色生产效率处于中等水平地区的影响要大于处于较低和较高水平地区的，具体如图 3-3 所示。

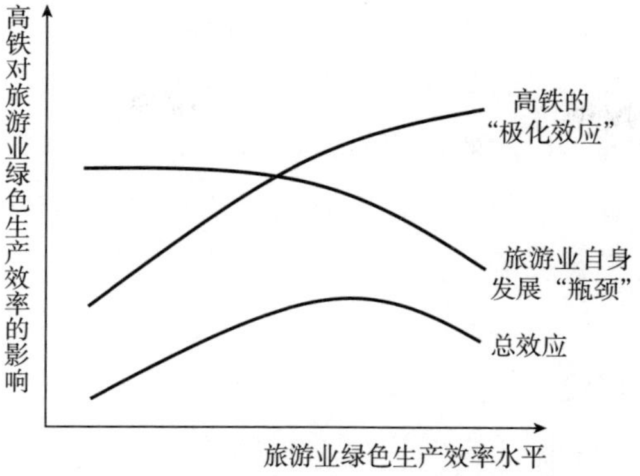

图 3-3 高铁对旅游业绿色生产效率处于不同水平地区的影响

资料来源：笔者整理得到。

因此，提出以下假设：

假设 H2-2：高铁对旅游业总体绿色生产效率处于不同水平地区的影响存在异质性，即在不同分位点处，高铁对旅游业总体绿色生产效率的影响不同。

二、高铁对旅行社业绿色生产效率影响的异质性

1. 高铁对东、中、西部旅行社业绿色生产效率影响的异质性

从旅行社业发展环境与发展潜力来看，高铁对东、中、西部旅行社业绿色生产效率的影响将会是不同的，具体表现在以下三个方面。首先，东、中、西部旅行社业发展环境存在较大差异。目前，中国东、中、西部三大区域在经济发展、人均收入以及技术水平等方面依然存在不均衡问题，如西部地区的经济发展水平仍明显落后于东、中部地区（王雨飞和倪鹏飞，2016）。高铁可以为沿线地区旅行社业带来大量客源，但由于各地区旅行社业发展环境存在较大差异，会使得东、中部旅行社业因抓住机遇而快速发展，也会使西部旅行社业因无力应对挑战而受到冲击。其次，高铁对东、中、西部旅行社业发展环境的影响是不同的，王雨飞和倪鹏飞（2016）发现高铁使原本经济发展较好的东、中部进入发展中心区，而原本经济发展相对落后的西部地区将被边缘化。这会使得东、中部旅行社业发展环境在高铁时代得到优化，从而提升绿色生产效率；西部旅行社业发展环境相对恶化，从而不利于绿色生产效率的提升。最后，东、中、西部旅行社业生产效率本身就存在较大差异（孙景荣等，2014；胡志毅，2015），也就是说，东、中、西部旅行社业绿色生产效率的发展基础与潜力本就不同，那么高铁对它们的影响也可能不同。此外，胡宇娜等（2018）发现交通对旅行社业生产效率的影响

存在明显的空间异质性，由西部地区向东部沿海地带依次递减。这说明对于东部发达地区而言，由于整体交通条件已经大为改善，交通条件的优化对旅行社业生产效率的提升已经出现了边际效用递减；而对于中、西部地区来说，交通条件依然是制约旅行社业发展的短板之一，旅游交通条件的改善对提升地区旅行社业生产效率依旧有着显著积极影响。高铁对东、中、西部旅行社业绿色生产效率的影响将会是不同的。

因此，提出以下假设：

假设 H2-3：高铁对东、中、西部旅行社业绿色生产效率的影响存在异质性。

2. 高铁对旅行社业绿色生产效率处于不同水平地区影响的异质性

一方面是因为高铁将为地区发展带来一定的“极化效应”（卞元超等，2018），即高铁的开通与建设会更有利于原本发展水平较高的地区。高铁对各地旅行社业绿色生产效率的影响也可能会存在这种“极化效应”。也就是说，旅行社业绿色生产效率水平较高地区的发展基础与发展潜力要优于效率较低的地区，高铁对旅行社业绿色生产效率处于较高水平地区的促进作用可能要大于处于水平较低地区的，从而会进一步拉大旅行社业绿色生产效率水平较高地区与较低地区之间的差距。另一方面是因为旅行社业的自身发展“瓶颈”。旅行社业的佣金问题依然制约着其健康发展，尤其是“零负团费”问题，虽然中国已通过法律手段（如《中华人民共和国旅游法》）对其进行了规制，但治理效果并不显著，“零负团费”以更加隐蔽的方式进行，强制旅游者购物现象依然普遍存在。而且，旅行社业在引进外资方面依然存在市场壁垒。旅游安全问题至关重要，但旅行社业相关体制机制对此依然很不完善，法律保障上依然存在很多漏洞，尤其是旅行社责任险的责任范围问题。所以，由于旅行社业的自身发展“瓶颈”，对于效率水平较高的地区，高铁并不能给其带来突破性的变化，高铁对其旅行社业绿色生产效率的促进作用可能会低于对效率水平较低地区的。

因此，提出如下假设：

假设 H2-4：高铁对旅行社业绿色生产效率处于不同水平地区的影响存在异质性，即在不同分位点处，高铁对旅行社业绿色生产效率的影响不同。

三、高铁对星级饭店业绿色生产效率影响的异质性

1. 高铁对不同等级星级饭店业绿色生产效率影响的异质性

上文提到，高铁可以为沿线地区星级饭店带来大量客源、就业人数以及知识

溢出，进而促进星级饭店绿色生产率的提升。但是，高铁对不同星级饭店客源与就业人数的影响是不同的，不同星级饭店对知识溢出的吸收程度也是不同的（见图 3-4）。首先，高铁对不同等级星级饭店客源规模的影响是不同的。高铁的乘客以中等收入群体为主（崔莉等，2014；赵鹏宇，2016），但不同星级饭店的市场定位是不同的，随着星级饭店级别的提高，提供的服务质量越高，平均房价越高，服务对象的收入要求也相应越高（朱立新，2007）。所以，高铁对中低星级饭店客源规模的影响较大，对高星级饭店客源规模的影响较低。其次，高铁对不同等级星级饭店就业人数的影响是不同的。高铁更能促进高层次人才的流动（杜兴强和彭妙薇，2017），主要原因在于高铁的乘客以高学历群体为主（崔莉等，2014；赵鹏宇，2016）。但不同星级饭店从业人数的学历分布是不一样的，因为不同星级的饭店在管理水平、先进技术应用以及员工待遇等方面存在很大不同（Hama et al.，2005）。所以，高铁对中高星级饭店就业的影响较大，对低星级饭店就业的影响较小。最后，高铁给地区带来的知识溢出效应对不同等级星级饭店的影响是不同的。更高级别的星级饭店更有可能运用先进的技术，更注重对经营水平、服务质量以及低碳环保等方面的提升（Assaf and Agbola，2011），因此也更会积极寻求与吸收可以提高管理水平与服务质量的知识，在高铁带来的知识溢出效应中收益最大。此外，不同星级饭店的效率水平本身就存在很大差异（张大鹏和舒伯阳，2018），造成它们的发展基础与发展潜力不同，高铁对它们的影响也会随之不同。综上，高铁对不同等级星级饭店绿色生产效率的影响是不同的。

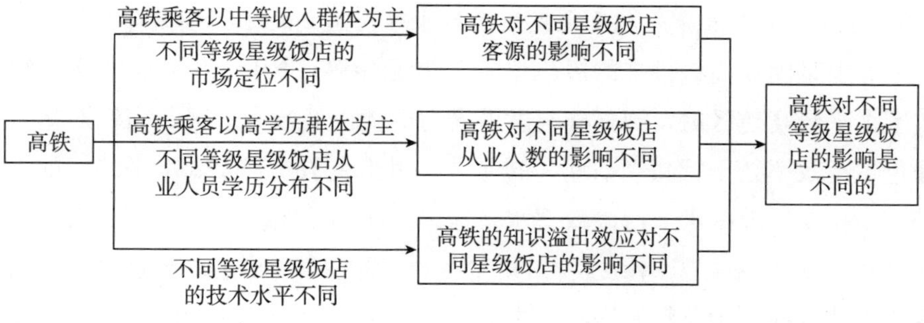

图 3-4 高铁对不同等级星级饭店绿色生产效率影响的异质性

资料来源：笔者整理得到。

因此，提出如下假设：

假设 H2-5：高铁对不同等级星级饭店业绿色生产效率的影响存在异质性。

2. 高铁对东、中、西部星级饭店业绿色生产效率影响的异质性

一方面，高铁对经济发展水平、城市可达性、旅游业发展水平以及对外开放程度的促进作用存在空间异质性（王雨飞和倪鹏飞，2016；文婷和韩旭，2017；辛大楞和李建萍，2019；唐宜红等，2019），这些都是影响星级饭店生产效率的重要因素。经济发展水平对星级饭店生产效率的提高具有显著的促进作用（张琰飞，2017）。城市可达性、旅游业发展规模以及对外开放程度的扩大必然会给星级饭店带来大量客流，而且还可以改善商业环境，为星级饭店创造有利的经营环境（张大鹏和舒伯阳，2018）。另一方面，由于各地在经济发展水平、旅游业发展水平、产业结构变化以及区域开放程度等方面存在一定差距，使得星级饭店生产效率存在明显的空间分异特征（张琰飞，2017；张大鹏和舒伯阳，2018；方叶林等，2019）。高铁开通可能对原本发展环境与发展基础较好的地区是机遇，使其能充分发挥自身优势来发展星级饭店业、提升星级饭店业绿色生产效率；而高铁可能对原本发展环境与发展基础较差、发展潜力较小的地区来说则是挑战，甚至这些地区可能面临被边缘化的风险。此外，高铁对地区可达性的改善可能会出现边际效应递减，即高铁对于原本交通基础设施建设水平较高地区可达性的改善可能会弱于对原本水平较低地区的（魏丽等，2018）。

因此，提出以下假设：

假设 H2-6：高铁对东、中、西部星级饭店业绿色生产效率的影响存在异质性。

3. 高铁对星级饭店业绿色生产效率处于不同水平地区影响的异质性

一方面是因为高铁带来的极化效应（卞元超等，2018）。星级饭店业绿色生产效率水平较高地区的发展基础与发展潜力要优于低效率地区，高铁对星级饭店业绿色生产效率处于较高水平地区的促进作用要大于处于较低水平地区的，从而会进一步拉大低效率水平与高效率水平地区之间的差距。另一方面是因为星级饭店业自身发展“瓶颈”，星级饭店的产品创新程度低、设施设备落后以及缺乏管理专业人才等问题始终没有得到根本改善。近年来，经济连锁酒店、民宿以及精品酒店等旅游住宿业的快速发展又给星级饭店带来了很大冲击。而且，有些地方不切实际、盲目建设五星级饭店，加剧了星级饭店的恶性竞争，进一步造成了资源的极大浪费（邵琪伟，2014）。

因此，提出如下假设：

假设 H2-7：高铁对星级饭店业绿色生产效率处于不同水平地区的影响存在异质性，即在不同分位点处，高铁对星级饭店业绿色生产效率的影响不同。

四、高铁对景区业绿色生产效率影响的异质性

1. 高铁对东、中、西部景区业绿色生产效率影响的异质性

一方面，高铁对经济增长与城市人口规模的促进作用存在空间异质性（王雨飞和倪鹏飞，2016；邓涛涛等，2019）。人口密度是影响景区生产率的重要因素（黄安胜等，2018）。经济发展水平提升能够带动景区生产率的增长，同时对景区综合效率及其分解效率的作用存在显著正相关（曹芳东等，2015）。另一方面，由于各地在经济发展水平、人口密度、旅游资源禀赋、产业结构变化、交通发展条件、信息技术水平以及制度供给因素等方面存在一定差距，景区业生产效率存在空间分异特征（黄秀娟和黄福才，2011；曹芳东等，2014；修新田和陈秋华，2016；刘振滨等，2017），高铁开通对一些地区是机遇，但对一些地区有可能是挑战。此外，交通发展条件的改善能够促进景区生产效率的提升，但也存在边际效用递减，所以对于西部地区来说，交通条件的改善对其景区业生产效率的影响更为重要（曹芳东等，2015）。

因此，提出以下假设：

假设 H2-8：高铁对东、中、西部景区业绿色生产效率的影响存在异质性。

2. 高铁对景区业绿色生产效率处于不同水平地区影响的异质性

一方面是因为高铁带来的极化效应（卞元超等，2018），高铁对景区业绿色生产效率处于较高水平地区的促进作用要大于处于较低水平地区的；另一方面是景区业自身发展“瓶颈”问题。目前，景区在低碳经济背景下的可持续发展能力依然较弱（查建平等，2017）。随着旅游市场需求的日益个性化与多样化，景区产品单一、同质化现象始终没能得到彻底解决。同时，景区管理体制问题使得景区门票价格居高不下，尤其是自然景观类景区由于二次收费问题使得其门票价格明显高于国外（张凌云，2019）。由于景区的发展“瓶颈”，高铁对于效率水平较高的地区并不能带来突破性变化。

因此，提出以下假设：

假设 H2-9：高铁对景区业绿色生产效率处于不同水平地区的影响存在异质性，即在不同分位点处，高铁对景区业绿色生产效率的影响不同。

第三节　基于经营环境的高铁对旅游业及其主要细分行业绿色生产效率的影响

旅游业效率与其所处的经营环境紧密相关，经营环境包括地区市场环境、服务环境以及创新环境。本书的地区市场环境主要指地区居民收入水平，因为居民收入水平越高，居民旅游需求越大，旅游市场规模也越大，是旅游业绿色生产效率的重要影响因素（何俊阳和贺灵，2015；Martins，2017）。地区服务环境主要指地区服务与接待水平。"食"与"购"是旅游活动中的重要元素，因此地区餐饮业与零售业规模表征着地区服务与接待水平，对旅游业绿色生产效率有着重要影响（韩国圣等，2015）。地区创新环境主要指区域创新水平，以电子商务和旅游大数据为代表的信息技术以及绿色环保技术的创新使得旅游发展过程中减少了对人为因素的依赖，不仅大大提升了市场应变能力，也大幅提升了旅游绿色发展水平，对旅游业绿色生产效率有着积极促进作用（王虹和胡胜德，2017；魏俊等，2018）。高铁对地区的居民收入水平、接待与服务能力以及技术创新水平等方面带来了显著积极影响（Sun and Yuri，2016；Dong，2018；杨思莹和李政，2019）。所以，高铁可以通过对旅游业经营环境的改善来提高旅游业绿色生产效率，如图 3-5 所示。接下来，本章将从地区市场环境、服务环境以及创新环境的视角，分别分析高铁是如何影响旅游业总体及其主要细分行业绿色生产效率的。

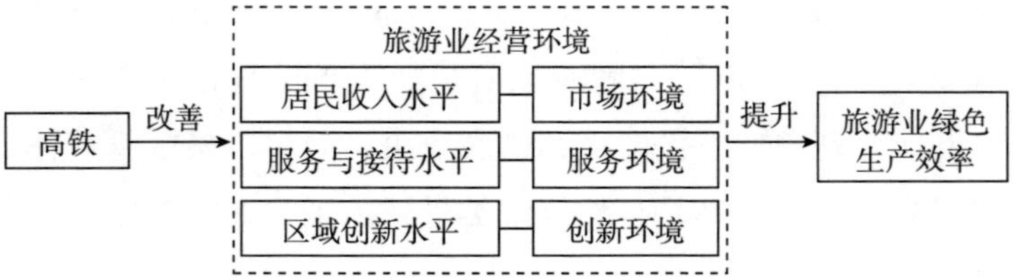

图 3-5　高铁影响旅游业绿色生产效率的机制

资料来源：笔者整理得到。

一、基于经营环境的高铁对旅游业总体绿色生产效率的影响

高铁推动了经济迅猛增长，使得居民拥有更多的自由支配收入。同时，高铁提升了地区接待与服务水平，改善了地区创新环境。这些势必会带来旅游消费和旅游供给的升级，从而促进旅游业绿色生产效率的提升。

1. 市场环境

高铁可以促进地区居民收入水平的提高（Sun and Yuri，2016）。首先，高铁作为一种快速、高效的运输方式，能够大幅降低运输成本，提升区位条件，对地区经济增长具有明显的促进作用（Jia et al.，2017）。其次，高铁可以促进就业，因为高铁不仅可以促进地区交通技术水平提高，创造成本引致的就业增长效应，也可以提高地区市场的可达性，创造消费引致的就业增长效应（董艳梅和朱英明，2016）。再次，高铁不仅可以直接促进工资水平的提高，也可以通过提高有效劳动力供给间接地促进地区工资水平的提高。因为站在劳动力供需这一视角上，高铁一方面有助于提高企业生产效率，促进企业对劳动力的需求增大；另一方面将为居民生活带来便利，促进社会劳动力的供给变大，当企业对劳动力的需求大于社会供给时，将导致地区工资收入的提高。最后，经济发展、就业和工资的增加均有助于居民可支配收入的提高，而居民可支配收入越高，地区旅游市场环境越好。旅游商品属于正常品，即当居民收入提高时便会增加对它的消费量。当人们收入水平普遍提高、可支配收入与购买能力不断提升时，人们出游的意愿与能力会越来越强，即旅游需求越大（Yang et al.，2014），旅游消费越高（Brida and Scuderi，2013），旅游客源市场规模与旅游总收入也会随之增加（Martins，2017），并最终有利于提高旅游业生产效率（何俊阳和贺灵，2015）。此外，地区居民收入越高，环保意识越强（Ozden，2008），注重绿色发展的市场需求将驱使旅游业实现绿色发展。

因此，提出以下假设：

假设 H3-1：高铁能够通过改善市场环境来促进旅游业绿色生产效率的提高。

2. 服务环境

由于高铁以客运为主，故而商贸、金融、房地产、零售业、旅游业、生产性服务业等服务业的发展受高铁建设的影响尤为突出（Immergluck，2009）。高铁对沿线区域服务业集聚存在显著的促进作用（Shao et al.，2017）。而且，在高铁的就业效应中，高铁对居民消费空间的影响促进就业需求的增长，高铁对住宿餐

饮业、批发零售业等消费性服务业及信息、软件等生产性服务业的就业促进效应增大（董艳梅和朱英明，2016b）。更进一步地，Dong（2018）发现高铁仅对与旅行相关行业的就业规模具有显著的促进作用，其中便包括住宿餐饮业与批发零售业。地区餐饮业与零售业规模越大，越有利于为游客提供良好的就餐与购物环境，地区服务环境越好（韩国圣等，2015）。旅游业属于劳动密集型服务产业，它的发展潜力在很大程度上受到整个地区服务环境的影响，需要众多与之相关的服务性行业为其提供支持（刘建国和刘宇，2015）。一方面，地区服务环境越好越有利于创造旅游经济集聚，形成规模效应，提高旅游经济发展效率和绩效。另一方面，良好的地区服务环境在挖掘旅游者消费需求、调节旅游市场供需结构、促进旅游资源优化配置、创新旅游产品设计以及改良旅游服务方式等方面起着重要作用，从而对旅游业绿色生产效率的提高产生积极影响。高铁在显著推动旅游业及相关产业主要是餐饮与零售业发展的过程中，将逐步实现旅游业与传统生活服务业的深度融合，从而进一步提高旅游业绿色生产效率。如餐饮业、零售业与旅游产业融合以后形成的餐饮游、购物游等接待服务类旅游行业将在高铁沿线城市快速发展起来，形成复合型经营，提高旅游业绿色生产效率。

因此，提出以下假设：

假设 H3-2：高铁能够通过改善服务环境来促进旅游业绿色生产效率的提高。

3. 创新环境

高铁可以通过降低运输成本来增强区域间知识溢出与研发合作，从而促进区域创新（Hiroyasu et al.，2017）。高铁作为人才流、知识流与信息流的空间载体，可从以下两方面促进地区创新环境的改善：一方面，高铁相对于普通铁路拥有便捷、舒适以及安全的优点，使其成为商务人士出行的一项优先选择，这大大淡化了人们对空间距离的关注，促进了区域间人才流动。作为知识、技术和信息的载体，人才在区域间的频繁流动强化了区域间知识与技术的溢出效应，最终推动技术进步与创新。另一方面，高铁大幅度缩短了地区内部之间的时间距离，促进企业间频繁互动，有助于企业在产品创新和技术革新方面共享信息，不仅可以减少技术上的差距，还有利于企业之间进行深入合作。在节能减排的环境规制强度逐渐增强的背景下，产业的绿色发展趋势将大大增强企业对绿色环保技术的效仿引进与合作研发的需要。因此，高铁对于企业技术进步尤其是绿色环保技术的进步非常显著，而且高铁可以通过促进地区技术创新水平的提升降低环境污染（张明志等，2019）。

旅游业虽然是劳动要素密集型服务行业，但旅游业的发展同样依靠技术进步（肖明，2014），如信息和通信技术在酒店、旅行社产品预订效率的提升中起着决定作用，制造业创新对专业户外旅行用品生产质量与效率的提高至关重要。随着生活质量的逐渐改善，个性化、多样化以及分层化的旅游消费需求日益显现，旅游业亟待由劳动密集型向科技密集型、创意密集型以及体验密集型转变，需要旅游目的地引入新技术、新模式、新产品以及新内容来围绕游客多元化需求构建新型目的地系统。而且，与其他行业相比，旅游业的创新活动特别依赖于外部知识来源，因此区域创新环境对旅游业生产效率提高紧密相关（Thomas and Wood，2014；王虹和胡胜德，2017）。此外，近年来随着旅游业能源消耗与碳排放的逐年递增，旅游业已成为全球性温室气体排放的重要来源之一（黄和平等，2019a）。随着生态环境的恶化，旅游业对绿色环保技术与设施的应用也显得日益重要（瞿华和夏杰长，2011）。高铁促进了区域创新环境的改善，提高了旅游业的科技含量，有利于旅游企业革新技术，改良或创新服务方式，丰富旅游产品附加值，打造新型旅游产品，发展旅游新业态，并实现旅游业绿色生产效率的提高。

因此，提出以下假设：

假设 H3-3：高铁能够通过改善创新环境来促进旅游业绿色生产效率的提高。

二、基于经营环境的高铁对旅行社业绿色生产效率的影响

1. 市场环境

已有研究已经证实了高铁可以促进地区经济增长与居民收入水平的提高（王雨飞和倪鹏飞，2016；Sun and Yuri，2016）。同时，居民收入水平越高，旅游需求越高（Yang et al.，2014），旅游消费越高（Brida and Scuderi，2013），旅游市场环境越好。地区经济发展水平作为旅行社业发展环境的重要方面，对旅行社业生产效率有着支撑性的促进作用（李向农等，2014；胡宇娜等，2018）。地区经济发展水平能够促进旅行社业生产效率提高的原因实质上在于地区经济越发达，居民收入水平越高，居民出游意愿越强烈，旅行社业的市场基础越坚实，旅行社业的服务人数与营业收入越有保障，绩效也随之越高。综上可知，高铁可以通过提高地区居民收入水平以促进旅游需求与消费的提高，为旅行社业发展提供市场基础，并最终促进旅行社业绩效的提高（胡宇娜等，2018）。

因此，提出如下假设：

假设 H3-4：高铁能够通过改善市场环境来促进旅行社业绿色生产效率的

提高。

2. 服务环境

董艳梅和朱英明（2016a）发现受高铁影响最大的两大生活性服务业是批发零售业和住宿餐饮业。更进一步地，Dong（2018）发现高铁仅对住宿餐饮业与批发零售业的就业规模具有显著的促进作用。同时，餐饮业与零售业均是与旅行社业运营息息相关的后向关联产业，如庞世明（2019）发现经济发达地区的旅行社的业务以批发和零售为主。餐饮业与零售业规模越大，旅行者的就餐与购物环境则越好，所以餐饮业与零售业规模可以用来表征地区接待与服务能力（韩国圣等，2015）。也就是说，餐饮业与零售业的发展可以大幅改善地区服务环境。良好的地区服务环境有助于给客户带来满意的旅行体验，有利于提高旅行社业服务质量，促进旅行社业绩效的提高。

因此，提出如下假设：

假设 H3-5：高铁能够通过改善服务环境来促进旅行社业绿色生产效率的提高。

3. 创新环境

高铁对地区创新的促进作用已被证实（徐旭等，2019）。同时，技术效率是促进旅行社业生产效率提升的主要源泉（宋瑞，2017）。所以，虽然旅行社业属于劳动密集型服务行业，但其生产效率的提高离不开技术水平的提高，尤其是信息与通信技术的应用对旅行社业至关重要。一方面，随着发展环境与市场趋势的不断变化，旅行社业越来越注重个性化服务、满足客户个性化需求，信息与通信技术则正好有助于旅行社业进行高效的时间管理、适当的业务细分以及充分地与客户沟通以实现服务或产品创新，提高竞争力（Iris，2012）。另一方面，随着环境问题的日益严重，旅行社业亟须实现绿色发展，而新技术的应用对于旅行社开发绿色产品、实现节能环保型运营模式至关重要（Kilipiris and Zardava，2012）。

因此，提出如下假设：

假设 H3-6：高铁能够通过改善创新环境来促进旅行社业绿色生产效率的提高。

三、基于经营环境的高铁对星级饭店业绿色生产效率的影响

1. 市场环境

Sun 和 Yuri（2016）通过 2009~2012 年中国家庭小组调查数据与双重差分模

型研究了高铁对家庭收入的影响，发现高铁对家庭收入在总体上存在着显著为正的促进作用。也就是说，高铁可以显著提高地区居民收入水平。同时，居民可支配收入水平较高的地区，可以为当地饭店业提供稳定而充足的客源，为其经营提供有力保障，从而使它们不受趋势性波动与入境旅客的季节性波动的影响，并可以显著提升它们的生产效率（Assaf et al.，2017）。韩国圣等（2015）发现地区职工平均工资对星级饭店生产效率存在着显著为正的促进作用。此外，地区居民收入水平的提高，将吸引更多人才流入，将有利于星级饭店管理水平与技术应用水平的提升，从而促进其绩效提高。也就是说，居民收入水平越高，地区市场环境越好，越有利于星级饭店绿色生产效率的提高。

因此，提出如下假设：

假设 H3-7：高铁能够通过改善市场环境来促进星级饭店业绿色生产效率的提高。

2. 服务环境

董艳梅和朱英明（2016b）通过 2007~2014 年中国地级以上城市数据，使用双重差分模型研究了高铁对各行业的就业增长效应，发现住宿餐饮业是受高铁建设影响最大的三个行业之一。Dong（2018）通过类似的方法发现高铁仅对与旅行相关的行业的就业规模具有显著的促进作用，其中便包括餐饮业。对于星级饭店业来说，餐饮业不仅是其直接后向关联的行业，而且其发展规模可以表征星级饭店所在地区的服务环境，对星级饭店行业的生产绩效极其重要（韩国圣等，2015）。

因此，提出如下假设：

假设 H3-8：高铁能够通过改善服务环境来促进星级饭店业绿色生产效率的提高。

3. 创新环境

高铁通过增强交通可达性使传统区域边界逐步被无形化，使人力资本更容易冲破空间限制在区域间更频繁的流动（杜兴强和彭妙薇，2017）。作为知识和信息的载体，人力资本的流动促进了区域间知识与技术的溢出效应，从而有利于区域创新（杨思莹、李政，2019）。星级饭店业虽然属于劳动密集型服务行业，但其生产效率水平同样依靠先进技术的应用（Assaf and Agbola，2011）。一方面，信息与智能技术可以显著提高星级饭店的生产效率，其在饭店管理层决策、账户管理系统、客户关系管理以及提供优质服务等方面的应用均起到了积极作用

(Hama et al., 2005)。另一方面，在可持续发展背景下，注重低碳环保、打造绿色饭店已成为星级饭店行业的必然趋势，低碳节能技术的应用在星级饭店生产绩效中扮演着越来越重要的角色（Lee and Cheng，2018；Kim et al.，2019）。

因此，提出如下假设：

假设 H3-9：高铁能够通过改善创新环境来促进星级饭店业绿色生产效率的提高。

四、基于经营环境的高铁对景区业绿色生产效率的影响

1. 市场环境

高铁可以显著提高地区居民收入水平（Sun and Yuri，2016）。旅游属于居民的高层次非基本消费需求，因此居民的旅游需求需要具备一定的经济支撑，这也说明居民收入是影响旅游需求的关键因素（谢慧明等，2014）。居民收入越高，旅游外出动机越强，旅游需求越大（修新田和陈秋华，2016），旅游市场环境越好。景区的需求以本省份内的游客为主，本地居民收入的提高会使得地区居民对景区的消费需求增加，对景区生产率存在积极促进作用（黄安胜等，2018）。同时，地区居民收入越高，环保意识越强（Ozden，2008），对景区绿色发展要求越高，市场的力量将进一步促进景区绿色生产率的提高。

因此，提出如下假设：

假设 H3-10：高铁能够通过改善市场环境来促进景区业绿色生产效率的提高。

2. 服务环境

随着经济发展，人们消费水平的提高，旅游需求逐渐变得多样化、个性化，游客已不满足于“走马观花”式旅游产品，旅游产品逐渐由单一观光旅游产品向注重游客体验的复合型旅游产品转变（夏杰长和徐金海，2018）。景区不再依赖于门票收入，酒店、餐饮、购物等要素逐渐成为旅游的盈利点（张新生，2013）。体验时代下，景区正逐渐摆脱“门票经济”的束缚，向“全产业链”经济转变。不仅景区本身逐渐开发特色餐饮、特色住宿以及特色购物服务，景区发展也越来越依赖于旅游目的地的服务环境水平。地区服务环境也已经成为影响景区生产效率的重要方面。高铁对地区服务业，尤其是批发零售业和住宿餐饮业具有显著的促进作用（董艳梅和朱英明，2016a；Dong，2018）。也就是说，高铁可以显著促进地区服务环境的优化。

因此，提出如下假设：

假设 H3-11：高铁能够通过改善服务环境来促进景区业绿色生产效率的提高。

3. 创新环境

旅游业发展初期，景区对先进技术的使用往往处于相对较低的水平，对于景区旅游效率的提升，更多地依赖传统的规模投资与粗放式的经营活动。但是随着经济的发展，景区技术水平也随之不断提升，新的科技手段先后用于景区建设，技术的应用和推广带动了景区综合效率的提高，技术因素在推动景区发展过程中的权重逐渐增加（曹芳东等，2015）。同时，随着生态环境的日益恶化，绿色发展是景区的必然选择。而且，从低碳能源与材料到低碳环保设施的应用，从生态环境容量的确定到无纸化办公（瞿华和夏杰长，2011），景区的绿色发展都需要绿色技术，从而依赖于地区创新环境。高铁对地区创新具有显著的促进作用（徐旭等，2019）。

因此，提出如下假设：

假设 H3-12：高铁能够通过改善创新环境来促进景区业绿色生产效率的提高。

第四章　研究设计

第三章围绕高铁对旅游业绿色生产效率的影响进行了理论分析，提出了相应假设，本章将根据研究问题的性质、数据的特点与可获得性进行研究设计。首先，针对旅游业绿色生产效率均处于0~1的特点，选取面板Tobit模型以检验高铁对其的影响以及对东、中、西部地区的异质性影响；为检验高铁对旅游业绿色生产效率处于不同水平地区的异质性影响，选取了分位数回归；为检验经营环境在高铁影响旅游业绿色生产效率过程中的作用，选取了中介效应模型。其次，结合已有研究与数据的可获得性，详细介绍了各变量的选取与数据来源。最后，展示并分析了全国与东、中、西部各变量的描述性统计情况。

第一节　模型设定

一、面板 Tobit 模型

由于旅游业绿色生产效率均处于（0，1]，因此采用Tobit模型。具体的线性回归模型如式（4-1）所示。

$$Y_{it}^{*} = \beta_0 + \beta_1 \times HSR_{it} + \beta_2 \times X_{it} + \mu_{it}$$

$$Y_{it} = \begin{cases} 1 \ \text{if} y_{it}^{*} > 1 \\ Y_{it}^{*} \ \text{if} 0 < y_{it}^{*} \leqslant 1 \\ 0 \ \text{if} y_{it}^{*} \leqslant 0 \end{cases} \quad (4-1)$$

式（4-1）中，i和t分别表示第i省和第t年，Y_{it}是实际测算得到的旅游业及其主要细分行业的综合效率OE_{it}、纯技术效率TE_{it}以及规模效率SE_{it}，Y_{it}^{*}为相应的隐藏变量。HSR_{it} 为高铁建设情况（高铁密度），随机误差项 $\mu_{it} \sim N(0, \sigma^2)$，$X_{it}$ 为其他控制变量。为保证参数估计结果无偏且一致，本书采用极大似然估计法（MLE），通过 STATA14 软件实现模型拟合和参数估计。本书主要关注的是模型中的系数 β_1 的估计值，它度量了高铁对地区旅游业及其主要细分行业绿色生产效率的影响。如果高铁促进了旅游业及其主要细分行业绿色生产效率的提高，那么 β_1 的系数应该显著为正。

二、中介效应模型

借鉴中介效应模型中的逐步检验法（Baron and Kenny，1986；温忠麟和叶宝娟，2014），进一步研究经营环境在高铁影响旅游业及其主要细分行业绿色生产效率过程中的机制作用。详细计量模型如式（4-2）~（4-4）所示。

$$Y_{it}^* = \beta_0 + \beta_1 \times HSR_{it} + \beta_2 \times X_{it} + \varepsilon_{it} \tag{4-2}$$

$$M_{it} = \alpha_0 + \alpha_1 \times HSR_{it} + \alpha_2 \times X_{it} + \delta_{it} \tag{4-3}$$

$$Y_{it}^* = \gamma_0 + \gamma_1 \times HSR_{it} + \gamma_2 \times M_{it} + \gamma_3 \times X_{it} + \rho_{it} \tag{4-4}$$

式（4-2）~（4-4）中，下标 i 和 t 表示第 i 省和第 t 年；HSR_{it} 为高铁密度；M_{it} 为中介变量经营环境，包括地区市场环境、服务环境以及创新环境；X_{it} 为其他控制变量；随机误差项 ε_{it}、δ_{it}、$\rho_{it} \sim N(0、\sigma^2)$。在这里主要关注模型中系数 α_1、γ_1、γ_2 的估计值。α_1 度量了高铁对经营环境的影响，γ_1 度量了高铁对旅游业及其主要细分行业绿色生产效率的影响，$\alpha_1 \cdot \gamma_2$ 度量了经营环境传导的中介效应。

第二节 变量选取及数据来源

一、被解释变量

被解释变量为旅游业绿色生产效率。对环境约束下的旅游业绿色生产效率进行测算，就是将旅游业碳排放作为非期望产出纳入旅游业生产效率核算框架，包括旅游业及其主要细分行业的绿色生产综合效率（OE）、绿色生产纯技术效率（TE）以及绿色生产规模效率（SE）。目前考虑非期望产出的效率评价多应用投入产出转置法、正向属性转换法以及方向性距离函数法。但以上方法忽视了投入产出变量松弛的问题，因而其度量结果是不准确的。Tone（2001）综合考虑了各决策单元的投入与产出，提出了基于非径向和非角度的 SBM 模型，该方法将松弛变量直接放入目标函数中，解决了投入产出松弛的问题。基于此，本书采用在 SBM 模型基础上发展而来的并考虑了非期望产出的 SBM-Undesirable 模型。本书将通过投入导向型的方法测算旅游业绿色生产效率水平。首先，基于规模报酬不变得到旅游业绿色生产综合效率 OE（0<OE≤1）。其次，基于规模报酬可变得到旅游业绿色生产纯技术效率 PE（0<TE≤1）。最后，由 OE 除以 TE 得到旅游业绿色生产规模效率 SE（0<SE≤1）。OE、TE 以及 SE 的值越接近于 1，表示旅游业绿色生产综合效率、纯技术效率以及规模效率越高。在确定了测算模型后，投入产出变量的选取也是测算旅游业绿色生产效率过程中非常重要的一步，具体选取情况如下。

1. 旅游业总体绿色生产效率

测算总体旅游业绿色生产效率时，在投入与产出变量的指标选择上，依据路小静等（2019）、王兆峰和刘庆芳（2019）以及刘佳等（2015），选取旅行社与星级饭店实际固定资产、景区数量作为资本投入，选取从业人数与旅游院校在校生数作为劳动投入，选取旅游收入与旅游人数作为期望产出，依据王恕立等（2015）选取碳排放作为非期望产出。其中，固定资产和营业收入数据均是通过以 2003 年为基期的价格指数折算后的实际固定资产原值与实际营业收入。

在计算旅游业生产效率时，国内相关研究较多使用第三产业从业人数来代替旅游业从业人数（如刘建国和刘宇，2015；马晓龙，2014；曹芳东等，2012）。这样做的直接原因在于 2004~2017 年的《中国旅游统计年鉴》中旅游从业人数前后统计口径不一致。具体来说，就是在 2004~2010 年的《中国旅游统计年鉴》中的“旅游业从业人数”包括“旅行社”“星级饭店”“其他企业”，其中，“其他企业”又包括“旅游景区、旅游车船公司等其他旅游企事业单位”。但是，2011~2017 年的《中国旅游统计年鉴》中的“旅游业从业人数”包括“旅行社”“星级饭店”“旅游景区”。也就是说，2010 年及以后的“旅游业从业人数”不再包括除“旅行社”“星级饭店”“旅游景区”以外的相关旅游行业的就业人数，这导致 2010 年及以后的数值较 2003~2009 年的明显变小。并且，使用第三产业从业人数来代替旅游从业人数具有一定的合理性：一方面是基于旅游业交融性强、涉及范围广的产业特征，第三产业中的其他行业均在不同程度上对旅游业的发展产生直接或间接的影响；另一方面，考虑到各省份之间均存在劳动投入变量放大的情况，若在一个统一的尺度上被放大，不会对DEA的计算结果产生影响。因此，本书使用第三产业从业人数作为计算旅游业绿色生产效率的劳动投入变量。

关于旅游业碳排放的测算问题，已有研究考虑到测算结果的准确性、实际可操作性以及数据的可获取性，多采用“自下而上”法（查建平，2016；路小静等，2019）。“自下而上”法，就是从到达目的地游客数据入手，采取先分解后加总的方法对各个重点领域以及整体旅游业碳排放逐级向上统计。但是，“自下而上”法并没有考虑旅游业的生活碳排放。因此，本书将“自下而上”法与黄和平等（2019b）的测算方法相结合来测算旅游业碳排放，具体如式（4-5）所示。

$$C_t = C_{Tt} + C_{Ht} + C_{Rt} + C_{Lt} \tag{4-5}$$

式（4-5）中，C_t 表示旅游业碳排放，C_{Tt} 表示旅游交通碳排放，C_{Ht} 表示旅游住宿碳排放，C_{Rt} 表示旅游活动碳排放，C_{Lt} 表示旅游业生活碳排放。

其中，旅游交通碳排放 C_{Tt} 的估算方式如式（4-6）所示。

$$C_{Tt} = \sum_{i=1}^{n} Q_{it} \times f_i \times \partial_i \tag{4-6}$$

式（4-6）中，Q_{it} 表示铁路、公路、水运和航空旅客周转量，f_i 表示某类交通方式旅客周转量中旅游者比例，铁路、公路、水运和航空 f_i 取值分别为31.6%、13.8%、10.6%和64.7%（路小静等，2019）。∂_i 为i类交通方式碳排放因子，铁路、公路、航空、水运的碳排放因子取值分别为27g/pkm、133g/pkm、137g/pkm、106g/pkm。

旅游住宿碳排放 C_{Ht} 的估算方式如式（4-7）所示。

$$C_{Ht} = N_t \times l_t \times T \times \beta \tag{4-7}$$

式（4-7）中，N_t 表示客房床位数，l_t 表示客房出租率，T表示一年天数（一般取值为365天），β表示旅游住宿碳排放因子，为245.8克/人·晚（路小静等，2019）。

旅游活动碳排放 C_{Rt} 的估算方式如式（4-8）所示。

$$C_{Rt} = \sum_{k=1}^{n} P_{kt} \times \gamma_k \tag{4-8}$$

式（4-8）中，P_{kt} 表示k类活动（观光游览、休闲度假、探亲访友、商务会议和其他）旅游人次数，γ_k 表示k类活动碳排放因子，观光游览、休闲度假、探亲访友、商务会议和其他的碳排放因子为 417 克/人、1670 克/人、591 克/人、786 克/人和 172 克/人（路小静等，2019）。

旅游业生活碳排放的估算方式如式（4-9）所示。

$$C_{Lt} = r \times \sum_{j}^{n} e_j \times f_j \times k \tag{4-9}$$

式（4-9）中，r 为旅游业从业人数占地区常住总人口的比重；e_j 为第 j 类能源生活消费量；f_j 为第 j 类能源的标准煤转换系数；k 为单位标准煤的 CO_2 排放量，依据黄和平等（2019b），设定 k 为 2.45。e_j 所包含的能源类型及其标准煤折算系数如表 4-1 所示。

表 4-1 包含能源类型与相应标准煤折算系数

能源名称	折算系数	能源名称	折算系数	能源名称	折算系数
原煤	0.7143kgce/kg	煤油	1.4714kgce/kg	高炉煤气	0.1286kgce/ m^3
洗精煤	0.9000kgce/kg	柴油	1.4714kgce/kg	其他煤气	0.6243kgce/ m^3
焦炭	0.9714kgce/kg	型煤	0.6000kgce/kg	炼厂干气	1.5714kgce/kg
原油	1.4286kgce/kg	液化石油气	1.7143kgce/kg	热力	0.0341kgce/Mjoule
燃料油	1.4286kgce/kg	天然气	1.2150kgce/m^3	电力	0.1229kgce/Kw·h
汽油	1.4714kgce/kg	焦炉煤气	0.5929kgce/ m^3		

注：型煤的标准煤折算系数在 0.5000~0.7000kgce/kg，天然气在 1.1000~1.3000kgce/m^3，焦炉煤气在 0.5714~0.6143kgce/m^3，本书依据黄和平等（2019b）的做法分别取值为 0.6000kgce/kg、1.2150kgce/m^3 以及 0.5929kgce/m^3。

资料来源：《综合能耗计算通则》（GB/T 2589—2008）与《中国能源统计年鉴（2017）》。

2. 旅行社业绿色生产效率

借鉴王恕立等（2015）的研究，笔者选取 2 个投入变量、1 个期望产出变量以及 1 个非期望产出变量。在投入与产出变量的指标选择上，依据孙景荣等（2014）、胡志毅（2015）以及胡宇娜等（2018）选取固定资产原值作为资本投入，选取从业人数作为劳动投入，选取营业收入作为期望产出；依据王恕立等（2015）选取碳排放作为非期望产出。其中，固定资产和营业收入数据均是通过以 2003 年为基期的价格指数折算后的实际固定资产原值与实际营业收入。旅行社业碳排放的计算方法如式（4-10）所示（庞瑞芝和邓忠奇，2014；赵金金，2016；黄和平等，2019）。

$$c = R \times \sum_{j}^{n} E_j \times f_j \times k + r \times \sum_{j}^{n} e_j \times f_j \times k \tag{4-10}$$

式（4-10）中，c 为某旅行社业碳排放量；R 为旅行社业营业收入占第三产业生产总值的比重；r 为旅行社业从业人数占地区常住总人口的比重；E_j 为第三产业第 j 类能源消费量；e_j 为第 j 类能源生活消费量；f_j 为第 j 类能源的标准煤转换系数；k 为单位标准煤的 CO_2 排放量，依据黄和平等（2019b），设定 k 为 2.45。E_j 与 e_j 所包含的能源类型及其标准煤折算系数如表 4-1 所示。

3. *星级饭店业绿色生产效率*

本书将测算总体及二到五星级的星级饭店绿色生产效率。本书不探讨高铁对一星级饭店绿色生产效率的影响，一方面是因为一星级饭店存在大量统计数据缺失的情况，另一方面是因为一星级饭店在地区经济与旅游业发展过程中的作用较小（地方产业发展课题组，2016）。在投入变量与产出变量的个数上，借鉴王恕立等（2015）选取 2 个投入变量、1 个期望产出变量以及 1 个非期望产出变量。在投入与产出变量的指标选择上，依据张大鹏和舒伯阳（2018）、地方产业发展课题组（2016）选取固定资产作为资本投入；依据 Oliveira（2013）选取从业人数作为劳动投入；依据 Assaf 和 Agbola（2011）、张大鹏和舒伯阳（2018）选取营业收入作为期望产出；依据王恕立等（2015）选取碳排放作为非期望产出。其中，固定资产和营业收入数据均是通过以 2003 年为基期的价格指数折算后的实际固定资产原值与实际营业收入，星级饭店业碳排放的计算方法如式（4-11）所示（陶玉国和黄震方，2013；庞瑞芝和邓忠奇，2014；黄和平等，2019b）。

$$c = \sum_{i}^{n} p_i \times \beta_i + r \times \sum_{j}^{n} e_j \times f_j \times k \tag{4-11}$$

式（4-11）中，c 为星级饭店碳排放量；p_i 为某星级饭店住宿规模（床×晚），由床位数与出租率相乘得到；β_i 为某等级星级饭店的碳排放系数（g/床×晚）。其中，星级饭店碳排放系数均值为 2.64g/床×晚；五星级饭店为 7.08g/床×晚；四星级饭店为 4.43g/床×晚；三星级饭店为 2.53g/床×晚；二星级饭店为 1.27g/床×晚（陶玉国和黄震方，2013）。r 为星级饭店从业人数占地区常住总人口的比重；e_j 为第 j 类能源生活消费量；f_j 为第 j 类能源的标准煤转换系数；k 为单位标准煤的 CO_2 排放量，依据黄和平等（2019b），设定 k 为 2.45。e_j 所包含的能源类型及其标准煤折算系数如表 4-1 所示。

4. 景区业绿色生产效率

借鉴王恕立等（2015）的研究，选取 2 个投入变量、1 个期望产出变量以及 1 个非期望产出变量。在投入与产出变量的指标选择上，依据曹芳东等（2014）、黄秀娟（2014）以及曹芳东等（2015）选取固定资产原值作为资本投入，选取从业人数作为劳动投入，选取旅游收入作为期望产出，依据王恕立等（2015）选取碳排放作为非期望产出。其中，固定资产和营业收入数据均是通过以 2003 年为基期的价格指数折算后的实际固定资产原值与实际营业收入，景区碳排放的计算方法如式（4-12）所示（庞瑞芝和邓忠奇，2014；黄和平等，2019b）。

$$c = R \times \sum_{j}^{n} E_j \times f_j \times k + r \times \sum_{j}^{n} e_j \times f_j \times k \tag{4-12}$$

式（4-12）中，c 为某省份景区碳排放量；R 为景区旅游总收入占第三产业生产总值的比重；r 为旅游业从业人数占地区常住总人口的比重；E_j 为第三产业第 j 类能源消费量；e_j 为第 j 类能源生活消费量；f_j 为第 j 类能源的标准煤转换系数；k 为单位标准煤的 CO_2 排放量，依据黄和平等（2019b），设定 k 为 2.45。E_j 与 e_j 所包含的能源类型及其标准煤折算系数如表 4-1 所示。

综上，结合旅游业的行业特点和数据可得性，选择资本、设施、劳动和教育四方面的投入作为旅游业总体的投入要素，选择资本和劳动两类投入要素作为旅行社业、星级饭店业以及景区业的投入要素。具体的投入产出变量选取情况如表 4-2 所示。

表 4-2　投入产出变量选取情况

	投入要素	投入指标	产出指标
旅游业总体	资本设施 劳动教育	旅行社业和星级饭店业实际固定投资景区数量（5A 级景区数×1+4A 级景区数×0.8）第三产业从业人数旅游院校在校生数	旅游人数实际 旅游收入碳排放
旅行社业	资本劳动	实际固定投资从业人数	实际营业收入碳排放
星级饭店业	资本劳动	实际固定投资从业人数	实际营业收入碳排放
景区业	资本劳动	实际固定投资从业人数	实际营业收入碳排放

注：以 2004 年为基期，用价格指数将当期旅游业总体、旅行社业、星级饭店业以及景区业的固定投资与收入折算为按照不变价格计算得到的实际固定投资与实际收入。

资料来源：笔者整理得到。

二、解释变量、中介变量以及控制变量

1. 解释变量

解释变量为高铁建设情况（HSR）。根据国家铁路局对高铁的定义整理出2003~2015年开通的高铁线路，然后统计整理出各省份每年开通运营的高铁里程数据，并使用高铁密度来衡量各地区高铁建设情况。高铁密度由各省份高铁里程数（千米）除以各省份面积（万平方千米）后再取对数值得到。

2. 中介变量

包括地区市场环境（Market）、服务环境（Service）以及创新环境（Innovation）三个中介变量。地区市场环境使用各省人均实际可支配收入的对数值来衡量（金春雨等，2012；何俊阳和贺灵，2015；修新田和陈秋华，2016）；地区服务环境使用各省人均实际限额以上餐饮业营业额与社会消费品零售额之和的对数值来衡量（韩国圣等，2015；杨振山等，2015）；地区创新环境选取人均专利申请授权量的对数值来衡量（魏丽和卜伟，2018）。其中，人均实际可支配收入、实际限额以上餐饮业营业额以及实际社会消费品零售额均是通过以2003年为基期的价格指数折算后得到。

3. 控制变量

旅游业的三个主要细分行业之间存在较大差异，影响它们绿色生产效率的因素各不相同。因此，根据他们的行业特点以及已有研究，在具体的实证模型中将引入不同的控制变量。

当被解释变量为旅游业总体绿色生产效率时，控制变量的选取及其依据如下。

（1）地区经济发展水平（Economic）。地区经济发展水平是驱动旅游业生产效率发展的重要因素，经济水平较高的地区不仅能够有更多旅游资源的规模投入，而且能够吸引更多人才与技术，提升劳动力素质与技术创新，并凭借较为先进的生产力水平，提高资本运行效率、技术利用水平以及游客吸引力（魏俊等，2018）。本书使用地区人均实际GDP的对数值来衡量，地区经济发展水平用人均实际GDP的对数值来衡量，以2003年为基期，用价格指数将当期人均GDP折算为按照不变价格计算得到的人均实际GDP后再取对数值得到（申鹏鹏等，2018）。

（2）城市化水平（Urban）。城市化的提高会给旅游企业经营带来诸多积极影响，因此两者之间相互促进、互为动力（Zhang et al.，2013）。使用各省城镇

人口占年末总人口的比重来衡量城市化水平。

（3）信息化水平（I）。信息化水平的提升有利于加强旅游企业信息资源的共享与交流，促进旅游企业运行效率的提高（曹芳东等，2015）。使用人均邮电业务量来衡量信息化水平。人均邮电业务量由邮电业务量（万元）除以年末人口总数（万人）后再取对数值得到。

（4）对外开放水平（Open）。对外开放有利于旅游业积极参与和分享国际化带来的信息、技术、资源及其他有价值的要素（曹妍雪和李树民，2018）。对外开放水平通过外贸依存度来衡量，由地区进出口贸易总额除以地区生产总值得到（游诗咏等，2017）。

（5）旅游产业集聚水平（LTA）。旅游产业集聚不仅可以促进生产要素流动成本的降低，还可以通过扩大地区规模经济效应与促进知识和技术的溢出以促进旅游业生产效率的提高（高俊和张琳林，2017；张广海和汪立新，2016）。使用区位熵来衡量地区旅游产业空间集聚程度，具体如式（4-13）所示。

$$LTA = \left(\frac{q_{ir}}{\sum_r q_{ir}}\right) \Big/ \left(\frac{\sum_i q_{ir}}{\sum_i \sum_r q_{ir}}\right) \tag{4-13}$$

式（4-13）中，q_{ir} 表示 i 省份 r 产业的营业收入。

（6）旅游人才资源（Talents）。现代旅游业竞争的最高形式是人才的竞争，建设一支德才兼备的从业人员队伍是发展旅游业的前提之一，也是旅游业竞争的要素之一（曹妍雪和李树民，2018）。人才资源水平使用旅游专业高等院校在校生数的对数值衡量（武瑞杰，2013）。

当被解释变量为旅行社业绿色生产效率时，控制变量的选取及其依据如下。

（1）地区经济发展水平（Economic）。经济的发展可以通过提高居民外出旅游的消费意愿以开拓旅行社业的市场，进而提高其生产效率（胡宇娜等，2018）。计算方法同上。

（2）信息化水平（I）。信息化水平对旅行社业的生产效率具有显著的提升作用（胡宇娜等，2018）。计算方法同上。

（3）对外开放水平（Open）。对外开放水平一直是影响旅行社业生产效率的一个重要因素（武瑞杰，2013）。计算方法同上。

（4）旅游产业集聚水平（LTA）。旅游业的从业人数可以显著提高旅行社业生产效率水平（胡宇娜等，2018）。而且，地区旅游业的发展可以为当地旅行社行业带来更多客源，提高其营业收入。因此，旅游业的集聚水平也是影响旅行社业生产效率的重要因素。旅游业的集聚水平使用区位熵来衡量（王凯等，2016），同样如式（4-13）所示。

（5）旅游人才资源（Talents）。旅行社业的技术进步主要依赖于人才资源，所以人才资源是中国旅行社业生产效率提高的主要推动力（武瑞杰，2013）。计算方法同上。

（6）旅行社行业集聚水平（LTAA）。旅游产业的集聚可以促进其技术效率的提高（王凯等，2016）。同样地，旅行社业的集聚水平也会影响其生产效率水平，如旅行社行业的集聚会为其带来人才动力，从而对其生产效率水平起到积极促进作用（胡宇娜等，2018）。旅行社业集聚程度使用区位熵来衡量（王凯等，2016），计算方式如式（4-13）所示。

当被解释变量为星级饭店业绿色生产效率时，控制变量的选取及其依据如下。

（1）地区经济发展水平（Economic）。星级饭店业作为重要的生活性服务业，其发展离不了地区经济环境的支持，所以其生产效率水平也受到地区经济发展水平的影响（张琰飞，2017；Yang et al.，2017；Chen，2010）。计算方法同上。

（2）城市化水平（Urban）。城镇常住居民是星级饭店的主要消费群体，城镇常住人口规模的扩大将会为星级饭店业带来更多客源，从而提高其生产效率（张琰飞，2017）。计算方法同上。

（3）信息化水平（I）。对电子商务、信息推介以及信息技术的使用有利于星级饭店经营模式的转变，并有助于提高星级饭店业的生产效率（张琰飞，2017；杨振山等，2015）。计算方法同上。

（4）对外开放水平（Open）。进出口贸易会促进商务旅行（Tsui and Fung，2016），为星级饭店业带来大规模客源，因而对外开放是影响星级饭店业生产效率的一个重要因素（张大鹏和舒伯阳，2018）。计算方法同上。

（5）旅游专业化水平（TS）。旅游业发展水平的提高会为星级饭店业带来更多的客源，提高其客房出租率与营业收入，因而旅游专业化水平是影响星级饭店业生产效率的重要因素（张大鹏和舒伯阳，2018；Chen，2010）。借鉴张大鹏和舒伯阳（2018）的做法，旅游专业化程度由地区旅游总收入除以地区生产总值得到。

（6）反腐倡廉（ACP）。2013 年以来中共中央开始实施的反腐倡廉是新时期星级饭店业发展过程中的一个重要的外生政策，且对星级饭店业生产效率，尤其是高星级饭店业生产效率的消极影响明显（张大鹏和舒伯阳，2018）。借鉴张大鹏和舒伯阳（2018）的做法，使用虚拟变量来衡量反腐倡廉，当年份为 2013~2016 年时，取值为 1，其余年份取值为 0。

当被解释变量为景区业绿色生产效率时，控制变量的选取及其依据如下。

（1）地区经济发展水平（Economic）。经济的发展可以通过提高居民外出旅游的消费意愿以开拓景区行业的市场，进而提高其生产效率（曹芳东等，2015）。计算方法同上。

（2）城市化水平（Urban）。一方面，城市化水平越高，当地的居民对亲近自然的需求越渴望，并且对旅游产品具有较高的支付能力；另一方面，城市化水平越高，在管理和技术水平上也会利用森林公园的资源优势要素进行配置，同时能获得较好的旅游经济产出（丁振民和黄秀娟，2016）。计算方法同上。

（3）旅游产业集聚水平（LTA）。地区旅游业的发展可以为当地景区行业带来更多客源，提高其营业收入。因此，旅游产业的集聚水平也是影响景区业生产效率的重要因素。旅游产业的集聚水平使用区位熵来衡量（王凯等，2016），如式（4-13）所示。

（4）市场化水平（Marketization）。市场化水平越高，越有利于景区经营，景区生产效率也越高（曹芳东等，2015）。使用樊纲指数来衡量市场化程度。

（5）旅游人才资源（Talents）。景区的技术进步主要依赖于人才资源，所以人才资源是中国景区生产率提高的主要推动力（武瑞杰，2013）。计算方法同上。

（6）人口密度（Population）。人口密度可以直接增加景区的游客数量，从而提高其生产率（黄安胜等，2018）。人口密度由年末常住人口数量除以行政面积得到。

此外，借鉴张勋等（2018）的做法，在稳健性检验部分，还控制了其他交通基础设施公路（Highway）。地区公路建设水平使用公路密度来衡量，由各地区公路里程数除以地区行政面积后再取对数值得到。

三、数据来源

本书使用 2003~2016 年中国 31 个省份（不含港澳台地区）的面板数据。将 2003 年作为研究的起始年份，原因在于 2003 年开通的秦沈客运专线的设计时速为 250 千米。根据中国国家铁路局对高铁的定义，它是真正意义上的中国的第一条高铁线路。旅游业总体、星级饭店业以及旅行社业相关数据来源于《中国旅游统计年鉴》（2004—2017）。能源消耗量数据来源于《中国能源统计年鉴》（2004—2017）；其他数据来源于《中国统计年鉴》（2004—2017）、各省份历年统计年鉴与统计公报以及政府、交通部门以及铁路局官方网站。

本书景区数据将由森林公园数据来代替。这样做的原因是2004~2017年的《中国旅游统计年鉴》中的旅游景区相关数据存在前后统计口径不一致及数据缺失的情况。具体来说，2004~2011年的《中国旅游统计年鉴》中的旅游景区相关数据的统计范围为所有旅游区（点），但2012~2017年的《中国旅游统计年鉴》中旅游景区相关数据的统计范围仅包括A级景区，即统计口径发生了变化，使得2011年及以后的数据相较于2003~2010年的明显变小。而且，2012年的《中国旅游统计年鉴》中没有旅游景区的“从业人数”“固定资产”数据，导致2011年各省份旅游景区相关数据缺失。笔者使用森林公园数据来代替景区数据具有一定的合理性：一方面，森林公园依托独特的自然地理环境及丰厚的森林生态资源，在为人们提供休闲观光的同时，也令人们得以回归自然，因而其逐步成为现代旅游的重要组成部分，也逐渐成为学术界的研究重点（修新田和陈秋华，2016；黄安胜等，2018）；另一方面，森林公园自身对气候变化与环境破坏表现出极度的敏感性与脆弱性，能源消耗及污染排放已经给森林公园可持续发展带来了严峻挑战，因此研究森林公园绿色生产效率问题具有重要的现实意义，也是景区业绿色发展的重要领域。

第三节 变量描述性统计

一、被解释变量

表4-3为全样本被解释变量的描述性统计，包括中国31个省份（不含港澳台地区）2003~2016年共434个“省份—年”层面的观测数据。从表4-3中可以看出，多数样本的旅游业总体绿色生产规模效率值大于纯技术效率值，纯技术效率值又大于综合效率值。而且，中国大部分省份旅游业绿色生产效率在2003~2016年呈逐步增长态势，其中纯技术效率和规模效率的增长速度快于综合效率。分行业看，无论是在绿色生产综合效率，还是在分解效率上，星级饭店业的平均

值与中位数最高，旅行社业次之，景区业最低，也就是说星级饭店业的绿色生产水平在三个行业中是最高的，旅行社业次之，景区业最低。景区业的绿色生产效率值要低于星级饭店业和旅行社业，是因为景区业的投入产出回报不稳定，投资风险较高（胡宇娜等，2017）。

表 4-3　2003~2016 年旅游业总体及其主要细分行业绿色生产效率的描述性统计

	变量名称	平均值	中位数	最小值	最大值	标准差
旅游业总体	绿色生产综合效率（OE）	0.421	0.340	0.068	1.000	0.252
	绿色生产纯技术效率（TE）	0.539	0.463	0.159	1.000	0.251
	绿色生产规模效率（SE）	0.784	0.859	0.068	1.000	0.232
旅行社业	绿色生产综合效率（OE）	0.223	0.169	0.030	1.000	0.181
	绿色生产纯技术效率（TE）	0.296	0.234	0.077	1.000	0.195
	绿色生产规模效率（SE）	0.737	0.781	0.078	1.000	0.210
星级饭店业	绿色生产综合效率（OE）	0.492	0.480	0.104	1.000	0.154
	绿色生产纯技术效率（TE）	0.567	0.536	0.205	1.000	0.172
	绿色生产规模效率（SE）	0.881	0.929	0.104	1.000	0.144
景区业	绿色生产综合效率（OE）	0.126	0.080	0.005	1.000	0.146
	绿色生产纯技术效率（TE）	0.174	0.098	0.018	1.000	0.199
	绿色生产规模效率（SE）	0.795	0.898	0.011	1.000	0.237

资料来源：笔者使用 STATA 计量软件 14 版估计整理得到。

表 4-4 为东、中、西部旅游业总体及其主要细分行业绿色生产效率的描述性统计。分地区来看，在旅游业绿色生产综合效率和绿色生产规模效率上，东部地区样本的平均值和中位数最高，中部次之，西部最低，且在绿色生产规模效率上，西部地区样本与东、中部差距较大；在绿色生产纯技术效率上，则是西部最高，东部次之，中部最低，但三地之间差距不大。在旅行社业绿色生产综合效率上，东部地区样本的平均值和中位数最高，其次是西部地区，中部地区最低，在旅行社业绿色生产纯技术效率上，东部和西部地区比较接近，且高于中部地区；在旅行社业绿色生产规模效率上，东部地区样本的平均值与中位数最高，中部次之，西部最低。在星级饭店业绿色生产综合效率上，东部样本的平均值与中位数最高，中部地区略高于西部；在星级饭店业绿色生产纯技术效率上，同样是东部地区样本的平均值与中位数最高，但西部地区略微高于中部地区；在星级饭店业

绿色生产规模效率上，东部地区的平均值与中位数最高，但三地之间差距不大。在景区业绿色生产综合效率与纯技术效率上，东部与西部地区的平均值与中位数比较接近，且略高于中部地区；在景区业绿色生产规模效率上，中部地区样本的平均值与中位数最高，东部次之，西部最低。最后，分行业看，无论是星级饭店业的绿色生产综合效率，还是分解效率，在东、中、西部中均是最高的，旅行社业次之，景区业最高。

表 4-4 2003~2016 年东、中、西部旅游业总体及其主要细分行业绿色生产效率描述性统计

		变量名称	平均值	中位数	最小值	最大值	标准差
东部	旅游业总体	绿色生产综合效率（OE）	0.503	0.442	0.163	1.000	0.230
		绿色生产纯技术效率（TE）	0.557	0.463	0.210	1.000	0.250
		绿色生产规模效率（SE）	0.907	0.949	0.562	1.000	0.103
	旅行社业	绿色生产综合效率（OE）	0.307	0.236	0.054	1.000	0.222
		绿色生产纯技术效率（TE）	0.342	0.260	0.089	1.000	0.227
		绿色生产规模效率（SE）	0.867	0.909	0.491	1.000	0.121
	星级饭店业	绿色生产综合效率（OE）	0.614	0.615	0.248	1	0.169
		绿色生产纯技术效率（TE）	0.656	0.658	0.278	1	0.193
		绿色生产规模效率（SE）	0.943	0.976	0.68	1	0.072
	景区业	绿色生产综合效率（OE）	0.135	0.097	0.019	1.000	0.138
		绿色生产纯技术效率（TE）	0.206	0.124	0.029	1.000	0.208
		绿色生产规模效率（SE）	0.795	0.913	0.039	1.000	0.260
中部	旅游业总体	绿色生产综合效率（OE）	0.423	0.347	0.158	1.000	0.233
		绿色生产纯技术效率（TE）	0.490	0.405	0.210	1.000	0.221
		绿色生产规模效率（SE）	0.840	0.872	0.353	1.000	0.145
	旅行社业	绿色生产综合效率（OE）	0.153	0.121	0.030	1.000	0.096
		绿色生产纯技术效率（TE）	0.202	0.181	0.077	1.000	0.092
		绿色生产规模效率（SE）	0.722	0.737	0.204	1.000	0.156
	星级饭店业	绿色生产综合效率（OE）	0.461	0.472	0.224	0.733	0.106
		绿色生产纯技术效率（TE）	0.503	0.517	0.278	0.751	0.099
		绿色生产规模效率（SE）	0.900	0.926	0.690	0.976	0.054
	景区业	绿色生产综合效率（OE）	0.106	0.073	0.007	0.757	0.115
		绿色生产纯技术效率（TE）	0.118	0.079	0.018	1.000	0.136
		绿色生产规模效率（SE）	0.874	0.938	0.238	1.000	0.151

续表

		变量名称	平均值	中位数	最小值	最大值	标准差
西部	旅游业总体	绿色生产综合效率（OE）	0.359	0.242	0.068	1.000	0.267
		绿色生产纯技术效率（TE）	0.566	0.501	0.159	1.000	0.270
		绿色生产规模效率（SE）	0.645	0.705	0.068	1.000	0.284
	旅行社业	绿色生产综合效率（OE）	0.200	0.154	0.035	1.000	0.159
		绿色生产纯技术效率（TE）	0.338	0.275	0.106	1.000	0.199
		绿色生产规模效率（SE）	0.608	0.635	0.078	1.000	0.247
	星级饭店业	绿色生产综合效率（OE）	0.427	0.427	0.104	0.715	0.121
		绿色生产纯技术效率（TE）	0.552	0.523	0.205	1.000	0.175
		绿色生产规模效率（SE）	0.810	0.897	0.104	0.976	0.196
	景区业	绿色生产综合效率（OE）	0.137	0.066	0.005	1.000	0.177
		绿色生产纯技术效率（TE）	0.195	0.095	0.018	1.000	0.230
		绿色生产规模效率（SE）	0.714	0.776	0.011	1.000	0.255

资料来源：笔者使用 STATA 计量软件 14 版估计整理得到。

表 4-5 为全样本二至五星级饭店绿色生产效率的描述性统计。可以看出，在绿色生产综合效率与规模效率上，四星级饭店的平均值与中位数均是最高的，五星级饭店则是最低的；在绿色生产纯技术效率上，三星级饭店的平均值与中位数最高，二星级饭店则明显最低。

表 4-5　2003~2016 年二至五星级饭店绿色生产效率描述性统计

	变量名称	平均值	中位数	最小值	最大值	标准差
二星级饭店	绿色生产综合效率（OE）	0.233	0.216	0.038	1	0.116
	绿色生产纯技术效率（TE）	0.325	0.292	0.052	1	0.165
	绿色生产规模效率（SE）	0.744	0.721	0.148	1	0.121
三星级饭店	绿色生产综合效率（OE）	0.381	0.371	0.114	1	0.120
	绿色生产纯技术效率（TE）	0.460	0.444	0.183	1	0.141
	绿色生产规模效率（SE）	0.836	0.871	0.290	1	0.136
四星级饭店	绿色生产综合效率（OE）	0.403	0.389	0.023	1	0.136
	绿色生产纯技术效率（TE）	0.413	0.403	0.066	1	0.134
	绿色生产规模效率（SE）	0.971	0.992	0.341	1	0.064

续表

	变量名称	平均值	中位数	最小值	最大值	标准差
五星级饭店	绿色生产综合效率（OE）	0.141	0.129	0.009	1	0.085
	绿色生产纯技术效率（TE）	0.406	0.386	0.043	1	0.215
	绿色生产规模效率（SE）	0.394	0.335	0.045	1	0.184

资料来源：笔者使用 STATA 计量软件 14 版估计整理得到。

二、解释变量、中介变量以及控制变量

1. 解释变量

表 4-6 为中国高铁建设密度的描述性统计。可以看出，东部地区样本的平均值和中位数最高，中部次之，西部最低。也就是说，在高铁建设水平上，东部地区是最高的，其次是中部地区，西部地区最低，彰显出中国高铁网络“东部沿海与中部相对密集，而西部相对稀疏”的特征事实（张梦婷等，2018）。同时，东部地区样本的标准差也是最大的，说明样本之间差别较大。

表 4-6 解释变量（高铁建设）描述性统计

变量名称	平均值	中位数	最小值	最大值	标准差
总体	2.017	0	0.000	7.363	2.315
东部	3.204	4.018	0.000	7.363	2.626
中部	2.098	3.060	0.000	4.273	2.028
西部	1.059	0.000	0.000	5.645	1.820

资料来源：笔者使用 STATA 计量软件 14 版估计整理得到。

2. 中介变量

表 4-7 为旅游业经营环境（中介变量）的描述性统计情况。从总体上看，地区市场环境、创新环境以及服务环境在 2003~2016 年呈上升趋势。分地区看，东部地区旅游业三类经营环境的平均值与中位数均是最大的，中部次之，西部最低。而且，三地在创新环境上差距较大，在市场环境与服务环境上差距相对较小。此外，东部和西部创新环境的标准差较大，说明东部和西部省份之间在创新环境上差异较大。

表 4-7 中介变量（旅游业经营环境）描述性统计

	变量名称	平均值	中位数	最小值	最大值	标准差
总体	市场环境（Market）	9.099	9.118	7.939	10.588	0.545
	创新环境（Innovation）	0.676	0.577	-2.833	3.835	1.345
	服务环境（Service）	8.929	8.93	7.089	10.602	0.714
东部	市场环境（Market）	9.576	9.588	8.372	10.588	0.492
	创新环境（Innovation）	1.933	2.061	-0.692	3.835	1.138
	服务环境（Service）	9.546	9.611	8.080	10.602	0.576
中部	市场环境（Market）	9.019	9.022	8.164	9.845	0.419
	创新环境（Innovation）	0.393	0.360	-1.355	2.287	0.966
	服务环境（Service）	8.902	8.950	7.683	10.003	0.578
西部	市场环境（Market）	8.808	8.789	7.939	9.703	0.426
	创新环境（Innovation）	-0.031	-0.091	-2.833	2.641	1.089
	服务环境（Service）	8.489	8.533	7.089	9.781	0.561

资料来源：笔者使用 STATA 计量软件 14 版估计整理得到。

3. 控制变量

表 4-8 为控制变量的描述性统计情况。从总体上看，各省份随着年份的变化在对外开放水平、市场化水平、旅游产业集聚水平、旅游专业化水平、旅游人才资源以及旅行社行业集聚水平上呈现出不同的趋势，如一些省份稳步上升，而一些省份在近些年则出现下降趋势。多数省份的地区经济发展水平、城市化水平、人口密度以及公路密度在 2003~2016 年呈上升趋势。多数省份的信息化水平在近些年呈下降趋势，这主要是因为随着移动通信与互联网的发展，传统的邮电业务规模在地区发展中有所降低。

分地区来看，在地区经济发展水平、城市化水平、信息化水平、人口密度、市场化水平、旅行社业集聚水平以及公路密度上，东部地区的平均值与中位数最大，中部次之，西部最低，且中、西部地区与东部地区相比存在较大差距，尤其是在对外开放水平与人口密度上，东部地区远远大于中、西部地区。在旅游产业集聚水平与旅游专业化水平上，东部地区的平均值与中位数依然最大，但西部次之，中部最小。在旅游人才资源上，西部地区的平均值是最大的，东部次之，中部最小，且西部地区中位数最小、标准差远远大于东、中部，说明西部地区的旅游人才资源在平均水平上虽然是三地之间最大的，但样本之间差别也非常大。

表 4-8　控制变量描述性统计

	变量名称	平均值	中位数	最小值	最大值	标准差
总体	地区经济发展水平（Economic）	7.560	7.602	5.703	9.844	0.873
	城市化水平（Urban）	0.502	0.481	0.207	0.896	0.150
	信息化水平（I）	6.922	6.871	5.555	8.627	0.564
	对外开放水平（Open）	0.318	0.133	0.032	1.721	0.393
	旅游专业化水平（TS）	0.112	0.102	0.001	0.427	0.057
	旅游人才资源（Talents）	3.640	2.96	0.134	24.700	3.234
	人口密度（Population）	0.042	0.027	0.000	0.383	0.062
	市场化水平（Marketization）	6.110	6.07	-0.300	10.920	1.979
	旅游产业集聚水平（LTA）	0.965	0.897	0.010	2.543	0.420
	旅行社行业集聚水平（LTAA）	1.266	0.905	0.216	6.715	1.175
	反腐倡廉（ACP）	0.286	0	0	1.000	0.452
	公路密度（Highway）	8.573	8.831	5.824	9.951	0.949
东部	地区经济发展水平（Economic）	10.551	10.618	9.235	11.399	0.498
	城市化水平（Urban）	0.645	0.630	0.311	0.896	0.158
	信息化水平（I）	7.423	7.416	6.038	8.627	0.565
	对外开放水平（Open）	0.779	0.657	0.097	1.721	0.467
	旅游专业化水平（TS）	0.121	0.114	0.030	0.233	0.047
	旅游人才资源（Talents）	3.772	3.738	0.760	9.404	1.566
	人口密度（Population）	0.097	0.061	0.028	0.383	0.093
	市场化水平（Marketization）	8.225	8.260	5.070	10.920	1.281
	旅游产业集聚水平（LTA）	1.074	1.020	0.369	2.542	0.466
	旅行社行业集聚水平（LTAA）	2.082	1.465	0.324	6.715	1.758
	反腐倡廉（ACP）	0.286	0.000	0.000	1.000	0.454
	公路密度（Highway）	9.249	9.294	8.144	9.951	0.401

续表

	变量名称	平均值	中位数	最小值	最大值	标准差
中部	地区经济发展水平（Economic）	9.884	9.680	8.760	10.842	0.510
	城市化水平（Urban）	0.487	0.495	0.272	0.674	0.087
	信息化水平（I）	6.708	6.680	5.616	7.707	0.414
	对外开放水平（Open）	0.129	0.112	0.043	0.427	0.078
	旅游专业化水平（TS）	0.102	0.088	0.001	0.326	0.050
	旅游人才资源（Talents）	3.225	2.751	0.134	14.449	2.462
	人口密度（Population）	0.027	0.028	0.002	0.058	0.015
	市场化水平（Marketization）	6.023	6.005	4.230	7.970	0.839
	旅游产业集聚水平（LTA）	0.858	0.814	0.010	1.858	0.271
	旅行社行业集聚水平（LTAA）	0.794	0.787	0.216	1.565	0.274
	反腐倡廉（ACP）	0.286	0.000	0.000	1.000	0.453
	公路密度（Highway）	8.654	8.878	6.440	9.681	0.760
西部	地区经济发展水平（Economic）	9.607	9.674	8.216	10.643	0.509
	城市化水平（Urbanization）	0.406	0.407	0.207	0.626	0.093
	信息化水平（Informationization）	6.724	6.737	5.555	7.628	0.420
	对外开放水平（Open）	0.129	0.107	0.032	0.411	0.076
	旅游专业化水平（Touristification）	0.115	0.103	0.006	0.427	0.069
	旅游人才资源（Talents）	3.887	2.460	0.298	24.700	4.475
	人口密度（Population）	0.014	0.014	0.000	0.037	0.010
	市场化水平（Marketization）	4.595	4.630	-0.300	8.130	1.628
	旅游产业集聚水平（LTA）	0.971	0.940	0.048	2.437	0.464
	旅行社行业集聚水平（LTAA）	1.046	0.850	0.285	3.768	0.681
	反腐倡廉（ACP）	0.286	0.000	0.000	1.000	0.453
	公路密度（Highway）	7.999	8.317	5.824	9.761	1.027

资料来源：笔者使用 STATA 计量软件 14 版估计整理得到。

第五章　高铁对旅游业绿色生产效率影响的实证结果与分析

本章将实证分析高铁对旅游业及其主要细分行业绿色生产效率的影响，以检验假设 H1-1 至假设 H1-4。首先，比较分析考虑碳排放与否的旅游业绿色生产效率的测算结果，并将 2008 年、2012 年以及 2016 年各省份测算结果进行可视化以分析旅游业及其主要细分行业绿色生产效率的变化趋势。其次，使用面板 Tobit 模型进行基准回归。再次，考虑到模型存在的内生性问题，使用工具变量法做进一步检验。最后，通过换模型与增加控制变量的方法进行稳健性检验。

第一节　高铁对旅游业总体绿色生产效率的影响

一、旅游业总体绿色生产效率

1. 考虑碳排放与否的旅游业总体生产效率

以旅行社和星级饭店实际固定资产、A 级景区数量作为资本投入，以第三产业从业人数作为劳动投入，以旅游收入和旅游人数作为期望产出，笔者使用 SBM 模型测算旅游业总体生产效率，并将其与考虑了碳排放的 SBM-Undesirable 模型的测算结果（测算过程已在上文进行过详细介绍）进行比较分析。图 5-1 为不考虑碳排放的 SBM 模型的测算结果与考虑了碳排放的 SBM-Undesirable 模型的测算结果之差。可以看出，无论是对于旅游业总体，还是分地区来看，两种测算结果的平均值与中位数之差基本上均大于 0。也就是说，考虑碳排放的旅游业绿色生产综合效率与纯技术效率的测算结果的平均值与中位数低于不考虑碳排放的测算结果的。因此，环境因素会影响旅游业生产效率的测算，若不考虑碳排放的负环境效应，将高估旅游业生产综合效率与纯技术效率的水平（王恕立等，2015）。但是，东部地区两种测算结果的平均值与中位数之差在规模效率（SE）上小于0。也就是说，若不考虑碳排放的负环境效应，将低估东部旅游业绿色生产规模效率的水平。可见，从规模报酬上看，东部地区的经营模式较有利于旅游业的绿色发展。

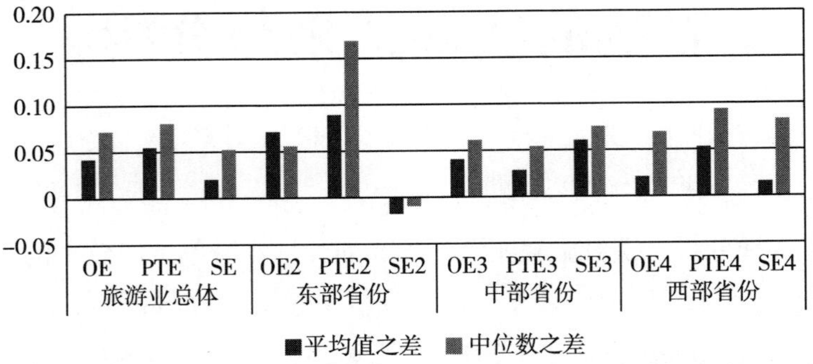

图 5-1　考虑碳排放与否的旅游业总体生产效率测算结果之差

资料来源：笔者使用 STATA 计量软件 14 版估计整理得到。

2. 2008 年、2012 年以及 2016 年各省份旅游业绿色生产效率

从表 5-1 可以看出，随着高铁开通，从旅游业绿色生产综合效率上看，整体呈上升趋势，东部地区呈现降低趋势，中部地区是先下降后上升，西部地区则是呈现逐渐上升趋势；从旅游业绿色生产纯技术效率上看，整体呈上升趋势，东部和中部地区呈现上升趋势，西部呈现先上升后下降趋势；从旅游业绿色生产规模效率上看，整体变化趋势不明显，东部和中部地区呈现下降趋势，西部地区呈现出较为明显的上升趋势。

表 5-1　2008 年、2012 年以及 2016 年中国 31 个省份（不含港澳台地区）旅游业的绿色生产效率

年份	2008			2012			2016		
被解释变量	OE	TE	SE	OE	TE	SE	OE	TE	SE
北京	0. 257	0. 399	0. 645	0. 746	0. 751	0. 994	0. 216	0. 554	0. 391
天津	0. 187	0. 291	0. 641	0. 139	0. 453	0. 306	0. 268	0. 583	0. 460
河北	0. 209	0. 284	0. 734	0. 159	0. 449	0. 353	0. 250	0. 520	0. 480
山西	0. 249	0. 314	0. 795	0. 137	0. 392	0. 350	0. 068	1. 000	0. 068
内蒙古	0. 258	0. 303	0. 852	0. 122	0. 355	0. 342	0. 113	1. 000	0. 113
辽宁	0. 277	0. 310	0. 893	0. 126	0. 353	0. 358	0. 112	0. 796	0. 141

续表

年份	2008			2012			2016		
被解释变量	OE	TE	SE	OE	TE	SE	OE	TE	SE
吉林	0.278	0.303	0.916	0.116	0.325	0.358	0.137	0.801	0.171
黑龙江	0.291	0.305	0.956	0.125	0.320	0.391	0.103	0.567	0.182
上海	0.359	0.369	0.975	0.141	0.323	0.437	0.128	0.664	0.193
江苏	0.459	0.465	0.987	0.151	0.311	0.484	0.125	0.564	0.223
浙江	0.466	0.469	0.994	0.157	0.303	0.518	0.128	0.536	0.238
安徽	0.485	0.486	0.998	0.180	0.311	0.579	0.145	0.539	0.269
福建	0.691	0.814	0.848	0.195	0.316	0.617	0.189	0.550	0.343
江西	0.176	0.262	0.674	0.208	0.321	0.646	0.198	0.518	0.382
山东	0.240	0.308	0.780	0.251	0.355	0.707	0.171	0.482	0.354
河南	0.280	0.345	0.810	0.231	0.338	0.682	0.171	0.476	0.360
湖北	0.326	0.381	0.854	0.200	0.299	0.670	0.208	0.497	0.418
湖南	0.414	0.463	0.895	0.207	0.292	0.711	0.254	1.000	0.254
广东	0.327	0.372	0.880	0.218	0.294	0.742	0.304	1.000	0.304
广西	0.316	0.349	0.903	0.223	0.289	0.772	0.226	0.501	0.451
海南	0.422	0.453	0.932	0.304	0.363	0.836	0.222	0.464	0.478
重庆	0.358	0.378	0.946	0.328	0.380	0.864	0.204	0.399	0.511
四川	0.400	0.412	0.970	0.415	0.456	0.910	0.171	0.355	0.482
贵州	0.443	0.448	0.990	0.505	0.534	0.946	0.153	0.337	0.453
云南	0.442	0.443	0.998	0.632	0.651	0.971	0.209	0.371	0.563
西藏	0.463	0.463	1.000	1.000	1.000	1.000	0.260	0.395	0.659
陕西	0.556	0.580	0.959	0.767	0.779	0.984	0.294	0.402	0.732
甘肃	0.229	0.378	0.606	0.874	0.875	0.999	0.249	0.344	0.723
青海	0.258	0.408	0.632	1.000	1.000	1.000	0.215	0.298	0.721
宁夏	0.231	0.339	0.682	0.184	0.231	0.794	0.273	0.321	0.851

资料来源：笔者使用 STATA 计量软件 14 版估计整理得到。

二、基准回归

笔者使用面板 Tobit 模型检验高铁对旅游业绿色生产效率的影响，以验证假设 H1-1。表 5-2 为旅游业绿色生产效率对高铁的回归结果。Wald 值均在 1%的水平上显著，说明回归方程整体上是有效的，LR 检验结果强烈拒绝原假设，说明使用随机效应的面板 Tobit 模型是合理的。列（1）和列（2）为全部省份旅游业绿色生产综合效率对高铁的回归结果，可以看出高铁的系数分别 0.054 与 0.013，均在 1%显著性水平下，且加入控制变量后的回归系数低于未加入控制变量的。说明从整体来看，高铁对旅游业绿色生产综合效率存在着显著促进作用，且高铁建设水平每增加 1%，旅游业绿色生产综合效率将提高 0.013%。列（3）和列（4）中高铁的系数均在 1%显著性水平下为正，说明高铁对旅游业绿色生产纯技术效率起到了积极的促进作用。列（4）中高铁系数为 0.024，说明高铁建设水平每增加 1%，旅游业绿色生产纯技术效率将提高 0.024%。列（5）和列（6）为全部省份旅游业绿色生产规模效率对高铁的回归结果。可以看出，未加入控制变量时，高铁系数显著为正，但加入控制变量后，高铁的系数不显著，且接近于 0。说明从整体来看，高铁对旅游业绿色生产规模效率的促进作用还未显现出来。

此外，在控制变量里，地区经济发展水平系数在旅游业绿色生产综合效率与规模效率的回归中显著为正，与张舒宁等（2017）的研究结果一致，可见地区经济发展水平对旅游业绿色生产效率存在着积极影响；城市化水平在旅游业绿色生产纯技术效率中的系数显著为正，对外开放水平系数显著为负，与刘佳等（2015）的研究结果一致；信息化水平在旅游业绿色生产综合效率与纯技术效率中显著为负，可见信息化水平并没有起到相应的作用（韩瑛等，2019）；旅游产业集聚水平的系数均显著为正，可见旅游业的集聚可以有效推动产业效率的提高（高俊和张琳林，2017）；旅游人才资源的系数均显著为负，与曹妍雪和李树民（2018）的结果相反，可见旅游人才资源对旅游绿色生产效率不仅没有起到积极作用，反而抑制了其提高。

表 5-2　高铁对旅游业绿色生产效率的影响

被解释变量 解释变量	综合效率 （OE） （1）	综合效率 （OE） （2）	纯技术效率 （TE） （3）	纯技术效率 （TE） （4）	规模效率 （SE） （5）	规模效率 （SE） （6）
HSR	0.054*** （11.857）	0.013*** （2.680）	0.045*** （8.989）	0.024*** （3.654）	0.031*** （8.685）	0.000 （0.001）
Economic	—	0.279*** （8.025）	—	0.009 （0.174）	—	0.346*** （12.031）
Urban	—	0.214 （1.008）	—	1.410*** （3.828）	—	-1.001*** （-5.389）

续表

被解释变量 / 解释变量	综合效率（OE）（1）	综合效率（OE）（2）	纯技术效率（TE）（3）	纯技术效率（TE）（4）	规模效率（SE）（5）	规模效率（SE）（6）
I	—	-0.074*** (-3.754)	—	-0.082*** (-3.181)	—	-0.008 (-0.564)
Open	—	-0.156*** (-2.991)	—	-0.266*** (-3.513)	—	0.163*** (3.491)
LTA	—	0.248*** (8.041)	—	0.185*** (4.434)	—	0.140*** (5.640)
Talents	—	-0.019*** (-5.620)	—	-0.025*** (-5.547)	—	-0.001 (-0.263)
Cons	0.319*** (11.008)	-2.093*** (-8.035)	0.465*** (12.172)	0.273 (0.701)	0.728*** (23.629)	-2.280*** (-10.916)
N	434	434	434	434	434	434
sigma_ u	0.145*** (6.998)	0.109*** (6.449)	0.198*** (7.123)	0.209*** (6.391)	0.162*** (7.418)	0.164*** (7.516)
sigma_ e	0.186*** (26.860)	0.136*** (26.618)	0.200*** (25.711)	0.174*** (25.445)	0.143*** (26.997)	0.101*** (26.921)
Wald 检验	140.59***	595.42***	80.80***	212.78***	75.43***	505.78***
LR 检验	132.41***	112.63***	186.49***	194.78***	243.93***	349.20***

注：①括号中为 t 值；②*、**、***分别表示 10%、5%和 1%的显著性水平。

资料来源：笔者使用 STATA 计量软件 14 版估计整理得到。

三、内生性检验

上述分析并没有考虑到变量间的内生性问题，如旅游业绿色生产效率较低的地区，为了提高绿色生产效率水平，可能在建设高铁上更为积极。这会造成被解释变量对解释变量的反向因果，且因为其产生的内生性问题导致回归结果出现偏误。因此，笔者借鉴 Taner（2019）引用内生变量的滞后项作为工具变量进行检验，并采用 2SLS 方法进行估计，结果如表 5-3 所示。可以看出，列（1）与列（2）中高铁的系数显著为正，列（3）中高铁的系数不显著，这与面板 Tobit 模型的检验结果整体上一致，说明高铁对旅游业绿色生产综合效率和纯技术效率有着积极的促进作用，但对绿色生产规模效率的促进作用还未显现出来。列（4）为采用工具变量进行一阶段估计的结果，p 值小于 0.05，说明工具变量对内生变量有较好的解释力。通过有效工具变量检验，发现 Shea's partial R^2 为 0.6104，F 统计量为 374.857，F 统计量的 p 值为 0.000，且最小特征值统计量为 618.765，远远大于 10%的临界值 16.38。因此，有理由认为不存在弱工具变量。

表 5-3　两阶段最小二乘法（2SLS）的回归结果

被解释变量 / 解释变量	综合效率（OE）(1)	纯技术效率（TE）(2)	规模效率（SE）(3)	2SLS 第一阶段 (4)
L. HSR	—	—	—	0.806*** (19.36)
HSR	0.029*** (4.158)	0.018** (2.409)	0.047 (1.025)	—
Economic	0.229*** (6.316)	0.170*** (3.569)	0.180*** (5.036)	0.425 (2.67)
Urban	-0.045 (-0.295)	-0.117 (-0.499)	-0.317* (-1.709)	0.084 (0.11)
I	-0.097*** (-4.434)	-0.057* (-1.827)	-0.070*** (-2.867)	0.366*** (2.47)
Open	-0.106*** (-2.808)	-0.096** (-2.233)	0.026*** (4.387)	-0.362*** (-1.52)
LTA	0.314*** (9.960)	0.225*** (7.020)	0.195*** (8.262)	0.123*** (0.92)
Talents	0.314*** (9.960)	-0.020*** (-5.721)	-0.013*** (-5.003)	0.026 (1.21)
Cons	-1.419*** (-4.945)	-0.854** (-2.029)	-0.575* (-1.795)	-6.318*** (-3.88)
N	434	434	434	434
Wald chi^2	699.17***	179.98***	276.06***	699.17***
R-squared	0.594	0.285	0.411	0.803

注：①括号中为 t 值；②*、**、***分别表示 10%、5%和 1%的显著性水平。

资料来源：笔者使用 STATA 计量软件 14 版估计整理得到。

笔者使用系统 GMM 做进一步检验，采用两步估计法以消除异方差的影响，内生变量的滞后项作为工具变量，Sargan 检验结果表明选取的工具变量是合适的（结果见表 5-4）。列（1）与列（2）中高铁的系数显著为正，列（3）中高铁的系数不显著，说明高铁对旅游业总体绿色生产综合效率和纯技术效率有着积极的促进作用，但对规模效率存在显著的消极影响。

表 5-4　系统 GMM 的回归结果

被解释变量 / 解释变量	综合效率（OE）（1）	纯技术效率（TE）（2）	规模效率（SE）（3）
L. OE	0.567*** （31.843）	—	—
L. TE	—	0.675*** （17.434）	—
L. SE	—	—	0.597*** （13.828）
HSR	0.004*** （3.078）	0.006*** （3.549）	0.027 （1.535）
Economic	0.055** （2.348）	0.036* （1.742）	0.054*** （3.805）
Urban	0.728*** （5.943）	0.563*** （4.778）	-0.219*** （-3.490）
I	-0.023*** （-9.700）	-0.006 （-0.906）	0.007** （2.247）
Open	-0.206*** （-11.982）	-0.161*** （-7.991）	0.006*** （13.304）
LTA	0.098*** （7.087）	0.013 （0.712）	0.070*** （5.710）
Talents	-0.017*** （-11.471）	-0.019*** （-8.208）	0.001 （0.832）
Cons	-0.533*** （-2.945）	-0.312* （-1.922）	-0.234** （-2.183）
N	434	434	434

续表

被解释变量 / 解释变量	综合效率 (OE) (1)	纯技术效率 (TE) (2)	规模效率 (SE) (3)
Wald chi^2	3152.30***	598.98***	2736.38***
AR (1)	0.022	0.002	0.161
AR (2)	0.429	0.357	0.360
Sargan 检验	0.783	0.766	0.841

注：①括号中为 t 值；②*、**、***分别表示 10%、5%和 1%的显著性水平。

资料来源：笔者使用 STATA 计量软件 14 版估计整理得到。

同时，如表 5-5 所示，笔者使用一阶差分 GMM 做进一步检验，采用两步估计法以消除异方差的影响，内生变量的滞后项作为工具变量，AR（1）均在 5%或 10%的水平上显著，AR（2）不显著，说明模型设定是合理的。列（1）与列（2）中高铁的系数显著为正，列（3）中高铁的系数不显著，这与面板 Tobit 模型的检验结果一致，说明高铁对旅游业绿色生产综合效率和纯技术效率有着积极的促进作用，但对规模效率不存在。

表 5-5 一阶差分 GMM 的回归结果

被解释变量 / 解释变量	综合效率 (OE) (1)	纯技术效率 (TE) (2)	规模效率 (SE) (3)
HSR	0.025*** (7.942)	0.013*** (3.341)	0.032 (0.957)
Economic	0.218*** (9.433)	0.157*** (4.611)	0.211*** (10.579)
Urban	0.115 (1.536)	0.018 (0.105)	-0.492** (-2.512)
I	-0.084*** (-13.063)	-0.061*** (-7.548)	-0.022*** (-3.993)
Open	-0.137*** (-3.962)	-0.113*** (-2.982)	0.023*** (8.515)

续表

解释变量 \ 被解释变量	综合效率（OE）（1）	纯技术效率（TE）（2）	规模效率（SE）（3）
LTA	0.316*** （21.769）	0.220*** （6.148）	0.183*** （7.583）
Talents	−0.020*** （−31.171）	−0.017*** （−6.785）	−0.009*** （−6.372）
Cons	−1.472*** （−7.838）	−0.757** （−2.403）	−1.113*** （−8.481）
N	434	434	434
F 值	521.34***	922.55***	927.72***
AR（1）	0.030	0.030	0.067
AR（2）	0.412	0.121	0.209

注：①括号中为 t 值；②*、**、***分别表示 10%、5%和 1%的显著性水平。

资料来源：笔者使用 STATA 计量软件 14 版估计整理得到。

四、稳健性检验

首先，借鉴李政和杨思莹（2018）的做法，笔者在使用面板 Tobit 模型的基础上，为保证检验结果的稳健性，同时使用随机效应模型和固定效应模型来检验高铁对旅游业绿色生产效率的影响，结果如表 5-6 所示。可以看出，高铁的回归系数的符号与显著性均与面板 Tobit 模型的一致，说明面板 Tobit 模型的结果较为稳健。

表 5-6　随机效应模型和固定效应模型的回归结果

解释变量 \ 被解释变量	随机效应			固定效应		
	综合效率（OE）（1）	纯技术效率（TE）（2）	规模效率（SE）（3）	综合效率（OE）（4）	纯技术效率（TE）（5）	规模效率（SE）（6）
HSR	0.012*** （2.598）	0.021*** （3.691）	−0.001 （−0.328）	0.009** （1.973）	0.022*** （3.755）	−0.002 （−0.572）
Economic	0.276*** （8.481）	0.033 （0.756）	0.344*** （12.662）	0.248*** （6.485）	−0.039 （−0.829）	0.351*** （12.088）

续表

被解释变量 解释变量	随机效应			固定效应		
	综合效率 （OE） （1）	纯技术效率 （TE） （2）	规模效率 （SE） （3）	综合效率 （OE） （4）	纯技术效率 （TE） （5）	规模效率 （SE） （6）
Urban	0.184 （0.919）	1.151*** （4.056）	-1.053*** （-5.958）	0.657** （2.479）	1.875*** （5.749）	-1.078*** （-5.357）
I	-0.071*** （-3.854）	-0.075*** （-3.303）	-0.006 （-0.395）	-0.063*** （-3.352）	-0.070*** （-3.033）	-0.003 （-0.243）
Open	-0.141*** （-2.877）	-0.227*** （-3.494）	0.174*** （3.952）	-0.043 （-0.651）	-0.144* （-1.790）	0.201*** （4.045）
LTA	0.238*** （8.307）	0.167*** （4.659）	0.133*** （5.801）	0.197*** （6.224）	0.153*** （3.930）	0.125*** （5.191）
Talents	-0.018*** （-5.771）	-0.023*** （-5.714）	0.000 （0.057）	-0.019*** （-5.462）	-0.024*** （-5.593）	0.001 （0.284）
Cons	-2.073*** （-8.483）	0.108 （0.343）	-2.259*** （-11.438）	-2.076*** （-7.818）	0.413 （1.264）	-2.336*** （-11.596）
N	434	434	434	434	434	434
LR 检验/F 值	114.55***	191.48***	402.87***	9.08***	14.41***	33.85***

注：①括号中为 t 值；②*、**、***分别表示 10%、5%和 1%的显著性水平。

资料来源：笔者使用 STATA 计量软件 14 版估计整理得到。

其次，笔者考虑到遗漏变量偏误问题，借鉴张勋等（2018）的做法，将其他类型的交通基础设施（如公路）纳入模型，并使用面板 Tobit 模型来检验高铁对旅游业绿色生产效率的影响，结果如表 5-7 所示。可以看出，列（1）～（3）中高铁的回归系数的显著性与符号跟面板 Tobit 模型的结果基本保持一致，说明高铁对旅游业绿色生产效率的影响是稳健的。

表 5-7　将公路密度纳入模型的回归结果

被解释变量 解释变量	综合效率 （OE） （1）	纯技术效率 （TE） （2）	规模效率 （SE） （3）
HSR	0.102*** （26.660）	0.025*** （3.901）	-0.000 （-0.119）

续表

被解释变量 / 解释变量	综合效率（OE）（1）	纯技术效率（TE）（2）	规模效率（SE）（3）
Railway	0.010 (0.453)	−0.094*** (−2.708)	0.085*** (3.540)
Economic	0.274*** (7.628)	0.072 (1.304)	0.296*** (9.519)
Urban	0.204 (0.957)	1.296*** (3.685)	−1.005*** (−5.672)
I	−0.076*** (−3.765)	−0.063** (−2.368)	−0.027* (−1.701)
Open	−0.158*** (−3.032)	−0.252*** (−3.436)	0.137*** (3.018)
LTA	0.247*** (7.984)	0.204*** (4.889)	0.134*** (5.461)
Talents	−0.019*** (−5.647)	−0.025*** (−5.432)	−0.002 (−0.557)
Cons	−2.117*** (−7.974)	0.350 (0.920)	−2.361*** (−11.354)
N	434	434	434
sigma_ u	0.107*** (6.314)	0.182*** (6.227)	0.126*** (6.689)
sigma_ e	0.136*** (26.584)	0.174*** (25.416)	0.102*** (26.660)
Wald 检验	595.78***	219.89***	519.61***
LR 检验	109.30***	153.01***	206.93***

注：①括号中为 t 值；②*、**、***分别表示 10%、5%和 1%的显著性水平。

资料来源：笔者使用 STATA 计量软件 14 版估计整理得到。

最后，笔者使用空间计量模型进一步检验高铁对旅游业绿色生产效率的影响。王雨飞和倪鹏飞（2016）认为高铁具有突出的跨区域网络结构特征，在分析高铁的外部性时需考虑空间相关性。而且，旅游业绿色生产效率存在较为明显的空间正相关性（王坤等，2013）。Moran’s I 指数的检验结果显示旅游业绿色生产效率，尤其是纯技术效率和规模效率具有明显的正的空间相关性（见表 5-8）。因此，本书使用考虑了空间相关性的空间计量模型做进一步估计，以弥补面板 Tobit 模型进行估计存在的不足，同时使实证结果更为稳健。

表 5-8　2003~2016 年旅游业绿色生产效率的 Moran’s I 指数

年份	OE	TE	SE
2003	0.006* (0.027)	0.014* (0.034)	0.119*** (0.034)
2004	0.048*** (0.032)	0.168** (0.118)	0.117*** (0.034)
2005	0.034** (0.030)	0.162** (0.118)	0.106*** (0.034)
2006	−0.016 (0.031)	0.054** (0.052)	0.107*** (0.034)
2007	0.016* (0.033)	0.034* (0.049)	0.109*** (0.034)
2008	−0.018 (0.030)	0.035* (0.040)	0.104*** (0.034)
2009	0.036** (0.033)	0.037* (0.041)	0.105*** (0.034)
2010	0.030* (0.044)	0.066** (0.048)	0.088*** (0.033)
2011	0.011* (0.033)	0.075** (0.046)	0.082*** (0.033)
2012	0.050** (0.050)	0.083** (0.042)	0.043*** (0.033)
2013	0.088*** (0.050)	0.112** (0.050)	0.025** (0.032)
2014	0.076*** (0.046)	0.143** (0.061)	0.004 (0.032)
2015	0.038* (0.047)	0.162** (0.077)	0.171** (0.110)

续表

年份	OE	TE	SE
2016	0.044* (0.049)	0.167** (0.081)	0.254*** (0.112)

注：①括号中为 sd（I）的值；②*、**、***分别表示 10%、5%和 1%的显著性水平。

资料来源：笔者使用 STATA 计量软件 14 版估计整理得到。

空间杜宾模型和空间滞后模型的回归结果如表 5-9 所示。可以看出，高铁对旅游业绿色生产综合效率和纯技术效率的影响是正显著，对规模效率的影响不显著，与之前的估计结果一致，即在考虑空间相关性时，实证结果依然稳健。

表 5-9　空间计量模型的回归结果

被解释变量 解释变量	空间杜宾模型			空间滞后模型		
	综合效率 (OE) (1)	纯技术效率 (TE) (2)	规模效率 (SE) (3)	综合效率 (OE) (4)	纯技术效率 (TE) (5)	规模效率 (SE) (6)
HSR	0.009* (1.804)	0.018*** (2.942)	-0.003 (-0.803)	0.010** (2.303)	0.019*** (3.457)	-0.001 (-0.315)
Economic	0.155** (2.332)	0.002 (0.026)	0.269*** (4.775)	0.147*** (3.962)	-0.039 (-0.908)	0.309*** (8.097)
Urban	-0.037 (-0.179)	0.709** (2.511)	-0.974*** (-5.220)	0.083 (0.435)	0.870*** (3.254)	-1.011*** (-5.645)
I	-0.098* (-1.694)	0.016 (0.219)	-0.197*** (-4.076)	-0.036* (-1.941)	-0.031 (-1.337)	-0.009 (-0.621)
Open	0.064 (1.063)	-0.076 (-0.977)	0.266*** (5.237)	-0.023 (-0.443)	-0.117* (-1.797)	0.179*** (4.086)
LTA	0.210*** (7.670)	0.139*** (4.006)	0.140*** (6.208)	0.220*** (8.091)	0.152*** (4.422)	0.136*** (5.901)
Talents	-0.015*** (-4.798)	-0.020*** (-5.045)	0.001 (0.542)	-0.016*** (-5.269)	-0.020*** (-5.102)	-0.000 (-0.046)
Cons	-1.110 (-1.473)	0.629 (0.639)	-2.265*** (-3.183)	-1.201*** (-4.459)	0.394 (1.291)	-2.044*** (-7.981)
rho	0.162 (1.328)	0.281** (2.260)	-0.118 (-0.658)	0.463*** (6.473)	0.449*** (5.598)	0.168 (1.313)

续表

解释变量 \ 被解释变量	空间杜宾模型			空间滞后模型		
	综合效率（OE）（1）	纯技术效率（TE）（2）	规模效率（SE）（3）	综合效率（OE）（4）	纯技术效率（TE）（5）	规模效率（SE）（6）
sigma2_ e	0.014*** （14.064）	0.022*** （14.008）	0.009*** （14.102）	0.015*** （14.083）	0.023*** （14.084）	0.009*** （14.179）
lgt_ theta	-0.851*** （-4.062）	-1.138*** （-5.633）	-1.626*** （-9.599）	-0.846*** （-4.271）	-1.128*** （-5.999）	-1.683*** （-10.560）
N	434	434	434	434	434	434
R-squared	0.617	0.269	0.435	0.606	0.227	0.344
Log-likelihood	269.2716	166.2388	359.1454	260.4843	157.9040	344.8624

注：①括号中为 t 值；②*、**、***分别表示 10%、5%和 1%的显著性水平。

资料来源：笔者使用 STATA 计量软件 14 版估计整理得到。

第二节　高铁对旅行社业绿色生产效率的影响

一、旅行社业绿色生产效率

1. 考虑碳排放与否的旅行社业生产效率

以旅行社业实际固定资产、从业人数以及营业收入分别作为资本投入、劳动投入以及期望产出，笔者使用 SBM 模型测算旅行社业生产效率，并将其与考虑了碳排放的 SBM-Undesirable 模型的测算结果进行比较分析。图 5-2 为不考虑碳排放的 SBM 模型的测算结果与考虑了碳排放的 SBM-Undesirable 模型的测算结果之差。可以看出，无论是对旅行社业总体，还是分东、中、西部来看，两种测算结果的平均值与中位数之差基本上均大于 0，唯独东部地区的绿色生产规模效率（SE）上均小于 0。因此，环境因素会影响旅行社业生产效率的测算，若不考虑碳排放的负环境效应，将高估旅行社业生产效率水平（王恕立等，2015）。也就是说，从旅行社业的现有技术水平无法满足其绿色发展的需要，但东部地区的旅行社业从规模报酬上看，其经营模式较有利于其绿色发展。

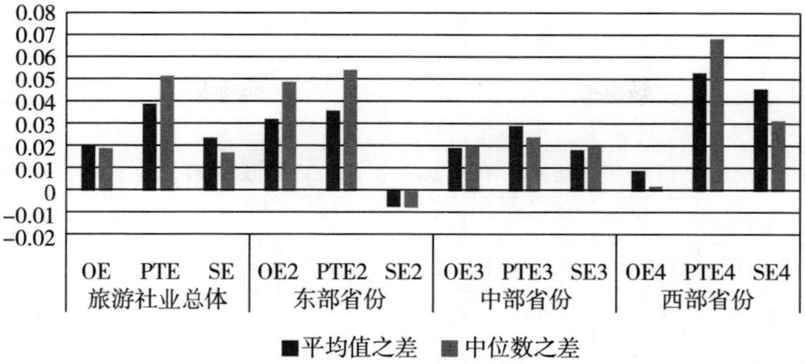

图 5-2 考虑碳排放与否的旅行社业生产效率测算结果之差

资料来源：笔者使用 STATA 计量软件 14 版估计整理得到。

2. 2008 年、2012 年以及 2016 年各省份旅行社业绿色生产率

从表 5-10 可以看出，随着高铁的开通，从旅行社业绿色生产综合效率上看，整体呈下降趋势，东部和中部地区则是呈现先下降后上升的趋势，西部地区呈现下降趋势；从旅行社业绿色生产纯技术效率上看，整体呈先上升后下降趋势，东部和中部地区变化不大，西部呈现先上升后下降趋势；从旅行社业绿色生产规模效率上看，整体变化趋势不明显，东部地区变化不大，中部和西部地区呈现略微上升趋势。

表 5-10 2008 年、2012 年以及 2016 年中国 31 个省份（不含港澳台地区）旅行社业的绿色生产效率

年份	2008			2012			2016		
被解释变量	OE	TE	SE	OE	TE	SE	OE	TE	SE
北京	0.335	0.339	0.989	0.606	0.676	0.896	1.000	1.000	1.000
天津	0.147	0.215	0.682	0.189	0.239	0.791	0.418	0.423	0.989
河北	0.075	0.111	0.674	0.146	0.189	0.771	0.131	0.161	0.813
山西	0.073	0.110	0.659	0.155	0.197	0.788	0.234	0.264	0.888
内蒙古	0.053	0.118	0.447	0.105	0.160	0.658	0.105	0.157	0.670
辽宁	0.172	0.198	0.869	0.284	0.318	0.893	0.367	0.389	0.943
吉林	0.077	0.151	0.506	0.116	0.215	0.540	0.131	0.197	0.666
黑龙江	0.115	0.173	0.665	0.154	0.217	0.709	0.170	0.228	0.744
上海	0.371	0.379	0.978	0.539	0.543	0.994	0.536	1.000	0.536
江苏	0.301	0.322	0.936	0.522	0.547	0.955	1.000	1.000	1.000
浙江	0.223	0.233	0.957	0.362	0.376	0.964	0.270	0.276	0.980

续表

年份	2008			2012			2016		
被解释变量	OE	TE	SE	OE	TE	SE	OE	TE	SE
安徽	0. 142	0. 177	0. 804	0. 240	0. 275	0. 873	0. 274	0. 303	0. 906
福建	0. 180	0. 207	0. 871	0. 293	0. 312	0. 941	0. 483	0. 507	0. 953
江西	0. 117	0. 154	0. 754	0. 213	0. 256	0. 835	0. 195	0. 245	0. 797
山东	0. 106	0. 118	0. 894	0. 218	0. 230	0. 948	0. 379	0. 441	0. 859
河南	0. 082	0. 113	0. 729	0. 103	0. 130	0. 791	0. 170	0. 215	0. 790
湖北	0. 087	0. 112	0. 776	0. 223	0. 242	0. 919	0. 225	0. 241	0. 935
湖南	0. 170	0. 202	0. 841	0. 256	0. 270	0. 949	0. 355	0. 373	0. 951
广东	0. 228	0. 233	0. 980	0. 500	0. 502	0. 995	0. 572	0. 668	0. 857
广西	0. 136	0. 177	0. 767	0. 265	0. 305	0. 870	0. 234	0. 272	0. 860
海南	0. 152	0. 211	0. 723	0. 232	0. 288	0. 806	0. 194	0. 242	0. 804
重庆	0. 209	0. 270	0. 775	0. 389	0. 422	0. 921	0. 533	0. 565	0. 944
四川	0. 087	0. 115	0. 754	0. 215	0. 245	0. 877	0. 239	0. 264	0. 903
贵州	0. 089	0. 203	0. 438	0. 179	0. 271	0. 660	0. 197	0. 285	0. 692
云南	0. 172	0. 195	0. 881	1. 000	1. 000	1. 000	0. 215	0. 241	0. 893
西藏	0. 070	0. 359	0. 196	0. 427	0. 516	0. 826	0. 290	1. 000	0. 290
陕西	0. 125	0. 168	0. 747	0. 307	0. 351	0. 876	0. 219	0. 248	0. 883
甘肃	0. 053	0. 147	0. 361	0. 274	0. 431	0. 635	0. 066	0. 122	0. 540
青海	0. 040	0. 312	0. 128	0. 092	0. 270	0. 339	0. 078	0. 192	0. 406
宁夏	0. 119	0. 582	0. 204	0. 350	0. 772	0. 454	0. 196	0. 427	0. 460

资料来源：笔者使用 STATA 计量软件 14 版估计整理得到。

二、基准回归

表 5-11 为旅行社业绿色生产效率对高铁的回归结果。Wald 值均在 1%的水平上显著，说明回归方程整体上是有效的，LR 检验结果说明使用随机效应的面板 Tobit 模型是合理的。列（1）与列（2）中的高铁系数分别为 0. 014 与 0. 017，且均在 1%显著性水平下，说明从总体来看，高铁对旅行社业绿色生产综合效率与纯技术效率均存在显著积极影响，且高铁建设水平每增加 1%，旅行社业绿色生产综合效率与纯技术效率将分别提高 0. 014%与 0. 017%。列（3）为旅行社业绿色生产规模效率对高铁的回归结果。可以看出，高铁系数为负向不显著，说明

高铁对旅行社业绿色生产规模效率不存在积极影响。

在控制变量的结果中，旅行社行业集聚水平对旅行社业绿色生产综合效率与纯技术效率的影响显著为正，说明行业的集聚促进了知识溢出，有利于绿色生产综合效率与纯技术效率的提高（Otsuka and Goto，2013）；对旅行社业绿色生产规模效率为负，说明行业集聚产生的恶性竞争降低了绿色生产规模效率（王凯等，2016）。旅游产业集聚水平与人才资源对旅行社业绿色生产纯技术效率的影响显著为负，对规模效率的影响为正向不显著，说明旅游业的集聚与地区人才资源虽为当地旅行社业带来了一定的市场与充足的劳动力，但尚未对其技术的提高带来积极作用。信息化水平对旅行社业绿色生产综合效率和纯技术效率的影响显著为正，地区经济发展水平的回归系数始终显著为正，说明信息化水平与地区经济发展水平对旅行社业绿色生产效率具有一定的促进作用，这与胡宇娜等（2018）的研究结果基本一致。对外开放水平对旅行社业绿色生产综合效率和纯技术效率的影响显著为负，这与武瑞杰（2013）的研究结果一致。

表 5-11　高铁对旅行社业绿色生产效率的影响

被解释变量 / 解释变量	综合效率 (OE) (1)	纯技术效率 (TE) (2)	规模效率 (SE) (3)
HSR	0.014*** (3.701)	0.017*** (3.966)	-0.003 (-0.348)
Economic	0.093*** (7.081)	0.085*** (5.804)	0.094*** (4.306)
I	0.045*** (2.954)	0.060*** (3.579)	0.005 (0.167)
Open	-0.107** (-2.463)	-0.198*** (-4.078)	0.401** (2.025)
LTA	-0.072*** (-2.912)	-0.087*** (-3.220)	0.062 (1.449)
Talents	-0.012 (-1.130)	-0.036*** (-3.183)	-0.014 (-0.906)
LTAA	0.036** (2.559)	0.051*** (3.148)	-0.066 (-1.365)
Cons	-0.658*** (-5.544)	-0.381*** (-2.900)	-0.436** (-1.974)

续表

被解释变量 / 解释变量	综合效率 (OE) (1)	纯技术效率 (TE) (2)	规模效率 (SE) (3)
N	434	434	434
sigma_ u	0. 100*** (6. 220)	0. 123*** (6. 784)	0. 078*** (3. 403)
sigma_ e	0. 106*** (27. 531)	0. 117*** (27. 451)	0. 113*** (15. 719)
Wald 检验	298. 52***	245. 30***	66. 57***
LR 检验	125. 57***	181. 64***	20. 81***

注：①括号中为 t 值；②*、**、***分别表示 10%、5%和 1%的显著性水平。

资料来源：笔者使用 STATA 计量软件 14 版估计整理得到。

三、内生性检验

考虑到模型可能存在的内生性问题，笔者借鉴 Taner（2019）引用内生变量的滞后项作为工具变量进行检验，并采用 2SLS 方法进行估计，结果如表 5-12 所示。可以看出，列（1）与列（2）中高铁的系数显著为正，列（3）中高铁的系数不显著，这与面板 Tobit 模型的检验结果整体上一致，说明高铁对旅行社业绿色生产综合效率和纯技术效率有着积极的促进作用，但对绿色生产规模效率的促进作用还未显现出来。列（4）为采用工具变量进行一阶段估计的结果，p 值小于 0. 05，说明工具变量对内生变量有较好的解释力。进行有效工具变量检验，发现 Shea’s partial R^2 为 0. 5806，F 统计量为 336. 322，F 统计量的 p 值为 0. 000，且最小特征值统计量为 546. 919，远远大于 10%的临界值 16. 38。因此，有理由认为不存在弱工具变量。

表 5-12　两阶段最小二乘法的回归结果

被解释变量 / 解释变量	综合效率 (OE) (1)	纯技术效率 (TE) (2)	规模效率 (SE) (3)	2SLS 第一阶段 (4)
L. HSR	—	—	—	0. 782*** (18. 34)

续表

被解释变量 解释变量	综合效率（OE）（1）	纯技术效率（TE）（2）	规模效率（SE）（3）	2SLS 第一阶段（4）
HSR	0.019*** (2.716)	0.020** (2.486)	0.005 (1.255)	—
Economic	0.061*** (3.379)	0.063*** (2.878)	0.041*** (3.224)	0.301*** (2.99)
I	0.041* (1.819)	0.057** (2.150)	-0.016 (-0.952)	0.417*** (2.78)
Open	0.012 (0.390)	-0.021 (-0.576)	0.115*** (4.967)	-0.427 (-1.60)
LTA	0.037* (1.663)	0.003 (0.112)	0.106*** (4.745)	0.026 (0.22)
Talents	-0.002 (-0.208)	-0.057*** (-5.068)	0.108*** (13.719)	0.293*** (3.81)
LTAA	0.027** (2.062)	0.025* (1.798)	-0.008 (-0.829)	0.022 (0.29)
Cons	-0.616*** (-4.290)	-0.124 (-0.679)	-0.591*** (-4.584)	-6.293*** (-4.43)
N	434	434	434	434
Wald chi^2	256.86***	165.88***	702.14***	1038.37***
R-squared	0.455	0.350	0.679	0.808

注：①括号中为 t 值；②*、**、***分别表示 10%、5%和 1%的显著性水平。

资料来源：笔者使用 STATA 计量软件 14 版估计整理得到。

四、稳健性检验

首先，借鉴李政和杨思莹（2018）的做法，笔者同时使用随机效应模型和固定效应模型来检验高铁对旅行社业绿色生产效率的影响，结果如表 5-13 所示。可以看出，高铁的回归系数的符号与显著性均与面板 Tobit 模型的一致，说明面板 Tobit 模型的结果较为稳健。

表 5-13　随机效应模型和固定效应模型的回归结果

被解释变量 解释变量	随机效应			固定效应		
	综合效率 (OE) (1)	纯技术效率 (TE) (2)	规模效率 (SE) (3)	综合效率 (OE) (4)	纯技术效率 (TE) (5)	规模效率 (SE) (6)
HSR	0.014*** (3.735)	0.017*** (4.062)	−0.002 (−0.866)	0.011* (1.717)	0.016** (2.152)	−0.004 (−1.109)
Economic	0.093*** (7.179)	0.083*** (5.878)	0.096*** (10.191)	0.089*** (3.454)	0.071** (2.310)	0.101*** (6.660)
I	0.044*** (2.960)	0.058*** (3.565)	−0.007 (−0.679)	0.043*** (2.913)	0.054*** (3.337)	−0.005 (−0.476)
Open	−0.104** (−2.447)	−0.189*** (−4.032)	0.128*** (3.992)	−0.232*** (−3.776)	−0.301*** (−3.652)	0.106 (1.072)
LTA	−0.070*** (−2.894)	−0.083*** (−3.184)	0.047*** (2.727)	−0.079 (−1.524)	−0.081 (−1.513)	0.042 (1.427)
Talents	−0.011 (−1.134)	−0.036*** (−3.204)	0.040*** (5.003)	−0.016* (−1.777)	−0.028** (−2.596)	0.030** (2.706)
LTAA	0.035** (2.500)	0.048*** (3.024)	−0.038*** (−3.279)	−0.007 (−0.147)	0.009 (0.243)	−0.044 (−1.576)
Cons	−0.652*** (−5.589)	−0.365*** (−2.859)	−0.334*** (−3.900)	−0.463*** (−2.945)	−0.228 (−1.164)	−0.280* (−2.006)
N	434	434	434	434	434	434
LR 检验/F 值	290.89***	198.47***	331.43***	21.05***	14.48***	50.06***

注：①括号中为 t 值；②*、**、***分别表示 10%、5%和 1%的显著性水平。

资料来源：笔者使用 STATA 计量软件 14 版估计整理得到。

其次，笔者考虑到遗漏变量偏误问题，借鉴张勋等（2018）的做法，将其他类型的交通基础设施（如公路）纳入模型，并使用面板 Tobit 模型来检验高铁对旅行社业绿色生产效率的影响，结果如表 5-14 所示。可以看出，列（1）～（3）中高铁的回归系数的显著性与符号跟面板 Tobit 模型的结果保持一致，说明高铁对旅行社业绿色生产效率的影响是稳健的。

表 5-14 将公路密度纳入模型的回归结果

被解释变量 / 解释变量	综合效率（OE）（1）	纯技术效率（TE）（2）	规模效率（SE）（3）
HSR	0.015*** (3.719)	0.018*** (4.123)	-0.002 (-0.878)
Railway	-0.008 (-0.384)	-0.043* (-1.722)	0.065*** (3.749)
Economic	0.096*** (6.502)	0.098*** (5.941)	0.072*** (6.480)
I	0.046*** (2.960)	0.068*** (3.917)	-0.019* (-1.766)
Open	-0.105** (-2.410)	-0.189*** (-3.835)	0.114*** (3.562)
LTA	-0.071*** (-2.869)	-0.082*** (-3.014)	0.039** (2.267)
Talents	-0.010 (-0.929)	-0.029** (-2.402)	0.035*** (4.385)
LTAA	0.036** (2.504)	0.050*** (3.020)	-0.036*** (-3.131)
Cons	-0.630*** (-4.497)	-0.237 (-1.519)	-0.571*** (-5.484)
N	434	434	434
sigma_ u	0.102*** (6.037)	0.126*** (6.651)	0.110*** (7.222)
sigma_ e	0.106*** (27.441)	0.116*** (27.398)	0.072*** (27.902)
Wald 检验	298.89***	249.34***	51130***
LR 检验	125.49***	184.68***	306.07***

注：①括号中为 t 值；②*、**、***分别表示 10%、5%和 1%的显著性水平。

资料来源：笔者使用 STATA 计量软件 14 版估计整理得到。

最后，笔者使用空间计量模型进一步检验高铁对旅行社业绿色生产效率的影响。王雨飞和倪鹏飞（2016）认为高铁具有突出的跨区域网络结构特征，在分析高铁的外部性时需考虑空间相关性。而且，旅行社业生产效率存在较为明显的空间正相关性（胡宇娜等，2018）。Moran's I 指数的检验结果显示旅行社业绿色生产效率，尤其是综合效率和规模效率具有明显的正的空间相关性（见表 5-15）。因此，笔者使用考虑了空间相关性的空间计量模型做进一步估计，以弥补面板 Tobit 模型进行估计存在的不足，同时使实证结果更为稳健。

表 5-15　2003~2016 年旅行社业绿色生产效率的 Moran's I 指数

年份	OE	TE	SE
2003	0.082 (0.111)	0.049 (0.103)	0.372*** (0.119)
2004	0.209** (0.109)	0.031 (0.103)	0.368*** (0.118)
2005	0.200** (0.112)	0.051 (0.109)	0.339*** (0.118)
2006	0.182** (0.109)	0.030 (0.112)	0.363*** (0.117)
2007	0.262*** (0.115)	0.080 (0.112)	0.300*** (0.116)
2008	0.370*** (0.115)	0.014 (0.110)	0.416*** (0.118)
2009	0.283*** (0.117)	0.037 (0.114)	0.413*** (0.118)
2010	0.168** (0.117)	0.066 (0.118)	0.350*** (0.116)
2011	0.266*** (0.116)	0.130* (0.116)	0.344*** (0.116)
2012	0.052 (0.107)	0.029 (0.112)	0.325*** (0.116)
2013	0.118* (0.117)	0.040 (0.117)	0.316*** (0.116)
2014	0.261*** (0.111)	0.143* (0.115)	0.421*** (0.118)

续表

年份	OE	TE	SE
2015	0.109 (0.115)	0.062 (0.116)	0.277*** (0.117)
2016	0.167** (0.111)	0.067 (0.116)	0.245*** (0.117)

注：①括号中为 sd（I）的值；②*、**、***分别表示 10%、5%和 1%的显著性水平。

资料来源：笔者使用 STATA 计量软件 14 版估计整理得到。

空间杜宾模型和空间滞后模型的回归结果如表 5-16 所示。可以看出，高铁对旅行社业绿色生产综合效率和纯技术效率的影响显著为正，对规模效率的影响为负向不显著，与之前的估计结果一致，即在考虑空间相关性时，实证结果依然稳健。

表 5-16　空间计量模型的回归结果

被解释变量 / 解释变量	空间杜宾模型			空间滞后模型		
	综合效率（OE）(1)	纯技术效率（TE）(2)	规模效率（SE）(3)	综合效率（OE）(4)	纯技术效率（TE）(5)	规模效率（SE）(6)
HSR	0.008* (1.739)	0.009* (1.799)	-0.001 (-0.298)	0.010*** (2.620)	0.011*** (2.862)	-0.002 (-0.643)
Economic	-0.012 (-0.350)	-0.031 (-0.835)	0.151*** (5.958)	0.064*** (5.010)	0.059*** (4.234)	0.081*** (7.681)
I	0.130*** (2.593)	0.103* (1.805)	-0.021 (-0.560)	0.032** (2.263)	0.044*** (2.805)	-0.008 (-0.779)
Open	-0.077 (-1.562)	-0.136** (-2.505)	0.074** (2.062)	-0.081** (-2.001)	-0.168*** (-3.719)	0.129*** (4.077)
LTA	-0.056** (-2.422)	-0.066*** (-2.608)	0.038** (2.243)	-0.062*** (-2.741)	-0.072*** (-2.910)	0.046*** (2.684)
Tatents	-0.015 (-1.558)	-0.036*** (-3.325)	0.033*** (4.323)	-0.013 (-1.323)	-0.033*** (-3.135)	0.036*** (4.515)
LTAA	0.035** (2.360)	0.051*** (3.085)	-0.039*** (-3.209)	0.038*** (2.897)	0.055*** (3.619)	-0.041*** (-3.522)
Cons	-0.406** (-2.504)	-0.068 (-0.382)	-0.668*** (-5.349)	-0.431*** (-3.745)	-0.217* (-1.766)	-0.288*** (-3.336)

续表

解释变量 \ 被解释变量	空间杜宾模型			空间滞后模型		
	综合效率（OE）(1)	纯技术效率（TE）(2)	规模效率（SE）(3)	综合效率（OE）(4)	纯技术效率（TE）(5)	规模效率（SE）(6)
rho	0.369*** (6.595)	0.362*** (6.490)	0.174*** (2.908)	0.366*** (6.632)	0.356*** (6.485)	0.152*** (2.946)
sigma2_ e	0.009*** (13.588)	0.011*** (13.747)	0.005*** (14.009)	0.010*** (13.833)	0.011*** (13.926)	0.005*** (14.103)
lgt_ theta	-1.000*** (-3.949)	-1.244*** (-5.886)	-1.786*** (-10.369)	-1.014*** (-4.803)	-1.188*** (-6.318)	-1.703*** (-10.158)
N	434	434	434	434	434	434
R-squared	0.351	0.238	0.548	0.345	0.264	0.573
Log-likelihood	349.5411	309.2083	491.7305	345.2969	303.7466	475.8254

注：①括号中为 t 值；②*、**、***分别表示 10%、5%和 1%的显著性水平。

资料来源：笔者使用 STATA 计量软件 14 版估计整理得到。

第三节　高铁对星级饭店业绿色生产效率的影响

一、星级饭店业绿色生产效率

1. 考虑碳排放与否的星级饭店业生产效率

以星级饭店实际固定资产、从业人数以及实际营业收入分别作为资本投入、劳动投入以及期望产出，笔者使用 SBM 模型测算星级饭店业生产效率，并将其与考虑了碳排放的 SBM-Undesirable 模型的测算结果进行比较分析。图 5-3 为不考虑碳排放的 SBM 模型的测算结果（生产效率）与考虑了碳排放的 SBM-Undesirable 模型的测算结果（绿色生产效率）之差。可以看出，对于星级饭店总体、二星级饭店、三星级饭店以及五星级饭店来说，两种测算结果的平均值与中位数之差在综合效率（OE）、纯技术效率（TE）以及规模效率（SE）上均大于 0。也就是说，考虑碳排放的绿色生产效率测算结果的平均值与中位数均低于不考虑碳排放测算结果的。因此，环境因素会影响星级饭店业生产效率的测算，若不考虑碳排放的负环境效应，将高估星级饭店业生产效率的水平（王恕立等，2015）。而且，五星级饭店的两种测算结果之差是最大的，说明五星级饭店生产效率受环境因素影响最大，也印证了住宿越豪华，能源消耗越多这一现象（瞿华和夏杰长，2011）。此外，对于四星级饭店来说，两种测算结果的平均值与中位数之差小于0，即考虑碳排放的绿色生产效率的测算结果的平均值与中位数均高于不考虑碳排放的测算结果的，说明环境因素对四星级饭店的影响不大，其经营模式已由粗放式向集约式转变（庞瑞芝和刘忠奇，2014）。

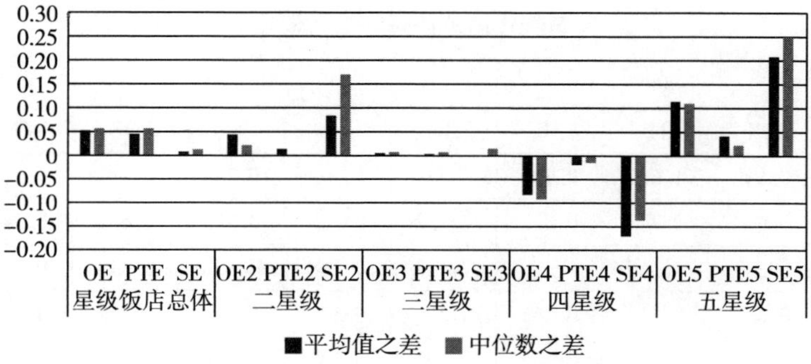

图 5-3　考虑碳排放与否的星级饭店业生产效率测算结果之差

资料来源：笔者使用 STATA 计量软件 14 版估计整理得到。

分地区来看，两种测算结果的平均值与中位数之差在东、中、西部省份均小于0，具体如图 5-4 所示。也就是说，不考虑环境因素，均会高估东、中、西部星级饭店业生产效率的测算，东、中、西部省份星级饭店业的绿色发展水平均有待提高。

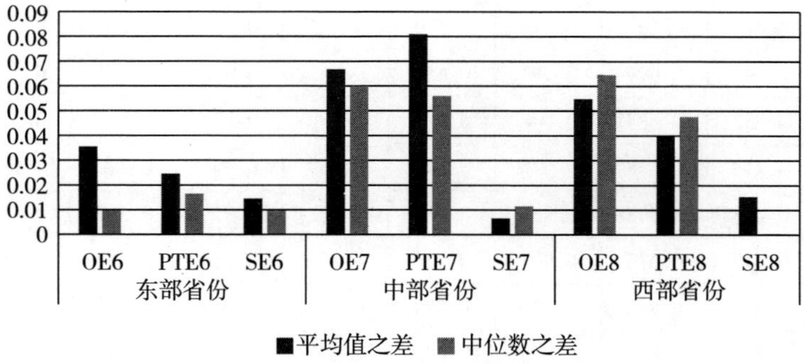

图 5-4　东、中、西部考虑碳排放与否的星级饭店业生产效率测算结果之差

资料来源：笔者使用 STATA 计量软件 14 版估计整理得到。

2. 2008 年、2012 年以及 2016 年各省份星级饭店业的绿色生产效率

从表 5-17 可以看出，随着高铁开通，从星级饭店业绿色生产综合效率上看，东部和中部地区则是呈现先上升后下降趋势，西部地区呈现下降趋势；从星级饭店业绿色生产纯技术效率上看，东部和中部地区呈现略微上升趋势，西部呈现先下降后上升趋势；从星级饭店业绿色生产规模效率上看，东部地区呈先下降后上升趋势，中部和西部地区变化不大。

表 5-17　2008 年、2012 年以及 2016 年中国 31 个省份（不含港澳台地区）星级饭店业的绿色生产效率

年份	2008			2012			2016		
被解释变量	OE	TE	SE	OE	TE	SE	OE	TE	SE
北京	0. 680	1. 000	0. 680	0. 754	1. 000	0. 754	0. 737	1. 000	0. 737
天津	0. 667	0. 748	0. 892	0. 752	0. 906	0. 829	0. 652	0. 744	0. 876
河北	0. 348	0. 366	0. 950	0. 533	0. 548	0. 972	0. 413	0. 439	0. 941
山西	0. 671	0. 712	0. 943	0. 545	0. 571	0. 955	0. 329	0. 382	0. 861
内蒙古	0. 388	0. 449	0. 864	0. 539	0. 587	0. 919	0. 367	0. 440	0. 834
辽宁	0. 386	0. 399	0. 966	0. 524	0. 540	0. 970	0. 392	0. 425	0. 924
吉林	0. 385	0. 444	0. 867	0. 514	0. 572	0. 899	0. 367	0. 463	0. 793
黑龙江	0. 370	0. 425	0. 869	0. 529	0. 588	0. 899	0. 440	0. 540	0. 815
上海	0. 675	0. 678	0. 995	1. 000	1. 000	1. 000	1. 000	1. 000	1. 000
江苏	0. 645	0. 650	0. 992	0. 773	0. 774	0. 999	0. 637	0. 641	0. 994
浙江	0. 680	0. 681	0. 999	0. 737	0. 746	0. 988	0. 648	0. 648	1. 000
安徽	0. 503	0. 536	0. 938	0. 609	0. 632	0. 963	0. 493	0. 525	0. 940
福建	0. 428	0. 448	0. 955	0. 737	1. 000	0. 737	0. 703	0. 720	0. 977
江西	0. 416	0. 463	0. 897	0. 579	0. 623	0. 930	0. 522	0. 568	0. 918
山东	0. 594	0. 599	0. 991	0. 650	0. 652	0. 998	0. 485	0. 493	0. 984
河南	0. 652	0. 687	0. 948	0. 579	0. 608	0. 954	0. 501	0. 525	0. 954
湖北	0. 443	0. 468	0. 948	0. 640	0. 669	0. 957	0. 490	0. 523	0. 937
湖南	0. 483	0. 508	0. 951	0. 733	0. 751	0. 976	0. 503	0. 525	0. 958
广东	0. 373	0. 374	0. 997	0. 734	0. 784	0. 936	0. 539	0. 548	0. 983
广西	0. 393	0. 422	0. 931	0. 579	0. 613	0. 943	0. 487	0. 524	0. 930
海南	0. 363	0. 397	0. 915	0. 633	0. 677	0. 935	0. 581	0. 635	0. 915
重庆	0. 515	0. 552	0. 932	0. 715	0. 751	0. 953	0. 552	0. 592	0. 931
四川	0. 391	0. 412	0. 949	0. 616	0. 631	0. 976	0. 479	0. 506	0. 945

续表

年份	2008			2012			2016		
被解释变量	OE	TE	SE	OE	TE	SE	OE	TE	SE
贵州	0.465	0.544	0.855	0.585	0.650	0.900	0.519	0.588	0.883
云南	0.499	0.523	0.953	0.446	0.472	0.946	0.296	0.323	0.914
西藏	0.124	1.000	0.124	0.230	0.467	0.493	0.319	1.000	0.319
陕西	0.325	0.357	0.911	0.571	0.598	0.956	0.427	0.460	0.927
甘肃	0.326	0.388	0.839	0.454	0.505	0.899	0.402	0.461	0.872
青海	0.647	1.000	0.647	0.478	0.781	0.612	0.444	0.821	0.541
宁夏	0.543	1.000	0.543	0.484	0.691	0.700	0.394	0.641	0.614

资料来源：笔者使用 STATA 计量软件 14 版估计整理得到。

二、基准回归

表 5-18 为星级饭店业绿色生产效率对高铁的回归结果。表 5-18 中的列（1）~（3）分别为总体星级饭店业绿色生产综合效率、纯技术效率以及规模效率对高铁的回归结果。Wald 值均在 1%的水平上显著，说明回归方程整体上是有效的，LR 检验结果强烈拒绝原假设，说明使用随机效应的面板 Tobit 模型是合理的。列（1）与列（2）中的高铁系数分别为 0.017 与 0.026，且均在 1%显著性水平下，说明从总体来看，高铁对星级饭店业绿色生产综合效率与纯技术效率均存在显著积极影响，且高铁建设水平每增加 1%，星级饭店业绿色生产综合效率与纯技术效率将分别提高 0.017%与 0.026%。列（3）中的高铁系数为-0.009，且在 1%显著性水平下，可见在总体上，高铁对星级饭店业绿色生产规模效率存在显著的消极影响，且高铁建设水平每增加 1%，星级饭店业绿色生产规模效率将降低 0.009%。高铁能够直接为星级饭店带来客源、劳动与资本投入等，从而促进其绿色生产综合效率的提高。综合效率可以分解为纯技术效率与规模效率。星级饭店的纯技术效率取决于饭店业的管理水平、服务与技术创新水平以及经营水平等，规模效率则取决于星级饭店的投入与业务规模（杨振山等，2015），绿色生产纯技术效率与规模效率则分别还取决于节能环保技术水平与碳排放规模。高铁通过知识溢出提升了区域创新，有助于星级饭店对新技术，尤其是节能环保技术的应用，从而促进星级饭店业绿色生产纯技术效率的提升。但星级饭店业绿色生产规模效率本身就比较低，处于规模报酬递减、投入过大的阶段（张大鹏和

舒伯阳，2018）。高铁虽然能为地区带来大量客流，但也同时存在“过道效应”，即高铁的快捷性有可能会使游客仅在沿线地区短暂停留，减少在当地入住的可能性。而且，各地在高铁开通后，大量建设星级饭店，但规模的扩大并没有带来规模效益的增加，反而是进一步促进了饭店间的恶性竞争，造成资源与能源的无谓浪费，并将旅游淡季带来的负面影响进一步扩大，从而进一步降低星级饭店业的绿色生产规模效率。

表 5-18 高铁对星级饭店业绿色生产效率的影响

被解释变量 解释变量	综合效率 （OE） （1）	纯技术效率 （TE） （2）	规模效率 （SE） （3）
HSR	0.017*** （6.188）	0.026*** （7.025）	-0.009*** （-5.608）
Economic	0.212*** （9.035）	0.148*** （4.783）	0.128*** （9.358）
Urban	-0.267** （-2.088）	-0.107 （-0.607）	-0.366*** （-4.205）
I	-0.021* （-1.817）	-0.038** （-2.457）	0.019*** （2.918）
Open	0.082*** （2.594）	0.087** （2.007）	0.005 （0.259）
TS	-0.404*** （-3.141）	-0.425** （-2.490）	-0.081 （-1.090）
ACP	-0.074*** （-5.798）	-0.064*** （-3.767）	-0.020*** （-2.834）
Cons	-1.334*** （-7.991）	-0.601*** （-2.729）	-0.309*** （-3.180）
N	434	434	434
Wald 检验	414.59***	205.53***	205.78***
LR 检验	181.78***	240.09***	834.54***

注：①括号中为 t 值；②*、**、*** 分别表示 10%、5%和 1%的显著性水平。

资料来源：笔者使用 STATA 计量软件 14 版估计整理得到。

此外，在控制变量里，地区经济发展水平系数显著为正，与张琰飞（2017）的研究结果一致；对外开放水平在绿色生产综合效率与纯技术效率中显著为正，在规模效率中为正但不显著，与张大鹏和舒伯阳（2018）的研究结果一致；反腐倡廉均显著为正，城市化水平在综合效率与规模效率中均显著为负，旅游专业化程度在综合效率与纯技术效率中显著为负，与张大鹏和舒伯阳（2018）、张琰飞（2017）的研究结果基本一致；信息化水平在绿色生产综合效率与纯技术效率中结果显著为负，与张琰飞（2017）的研究结果一致。

进一步地，笔者使用面板 Tobit 模型检验高铁对不同等级星级饭店绿色生产效率的影响，以验证假设 H2。表 5-19 为不同等级星级饭店绿色生产综合效率对高铁的回归结果。可以看出，列（1）～（3）中高铁的系数分别为 0.010、0.012 以及 0.011，且均在 1%显著性水平下显著，列（4）中高铁的系数为正但不显著。也就是说，高铁对二至四星级饭店的绿色生产综合效率存在积极影响，且高铁建设水平每增加 1%，二至四星级饭店的绿色生产综合效率将分别增加 0.010%、0.012%以及 0.011%，而高铁对五星级饭店绿色生产综合效率的积极影响还未显现出来。高铁给沿线地区带来了大量客源，但客源以中等收入为主（崔莉等，2014；赵鹏宇，2016），所以高铁促进了二至四星级饭店绿色生产综合效率的提高，对于市场定位较高的五星级饭店不存在促进作用。

表 5-19　高铁对不同等级星级饭店绿色生产综合效率的影响

被解释变量 / 解释变量	二星级 (1)	三星级 (2)	四星级 (3)	五星级 (4)
HSR	0.010*** (3.098)	0.012*** (4.474)	0.011*** (3.810)	0.001 (0.315)
Economic	0.053** (2.207)	0.149*** (6.948)	0.154*** (6.473)	0.009 (0.481)
Urban	−0.135 (−1.183)	−0.229** (−2.120)	−0.148 (−1.208)	0.117 (1.441)
I	0.036*** (2.600)	−0.022* (−1.929)	−0.021* (−1.673)	−0.011 (−1.076)
Open	0.036 (1.218)	0.059** (2.148)	0.062** (2.040)	0.047** (2.304)

续表

被解释变量 / 解释变量	二星级 (1)	三星级 (2)	四星级 (3)	五星级 (4)
TS	-0.133 (-1.057)	-0.161 (-1.405)	-0.187 (-1.449)	0.074 (0.783)
ACP	-0.009 (-0.594)	-0.038*** (-3.044)	-0.049*** (-3.640)	-0.011 (-0.926)
Cons	-0.499*** (-2.838)	-0.848*** (-5.485)	-0.917*** (-5.395)	0.055 (0.422)
N	434	434	434	434
Wald 检验	91.16***	233.35***	218.77***	49.45***
LR 检验	23.15***	70.28***	98.68***	7.99***

注：①括号中为 t 值；②*、**、***分别表示 10%、5%和 1%的显著性水平。

资料来源：笔者使用 STATA 计量软件 14 版估计整理得到。

表 5-20 为不同等级星级饭店绿色生产纯技术效率对高铁的回归结果。可以看出，列（1）中高铁的系数为正但不显著，列（2）~（4）中高铁的系数分别为 0.014、0.011 以及 0.021，且均在 1%显著性水平下，说明高铁对三至五星级饭店的绿色生产纯技术效率存在积极影响，且高铁建设水平每增加 1%，三至五星级饭店绿色生产纯技术效率将分别增加 0.014%、0.011%以及 0.021%，但高铁对二星级饭店的积极影响还未显现。高铁给沿线地区带来了知识溢出，促进了星级饭店业对低碳环保与信息智能技术的应用，使得三至五星级饭店绿色生产纯技术效率得以提高。但二星级饭店对先进技术的应用有限，使得其对高铁带来的知识溢出的吸收有限，所以其绿色生产纯技术效率未受到高铁的积极影响。

表 5-20　高铁对不同等级星级饭店绿色生产纯技术效率的影响

被解释变量 / 解释变量	二星级 (1)	三星级 (2)	四星级 (3)	五星级 (4)
HSR	0.007 (1.590)	0.014*** (3.958)	0.011*** (3.736)	0.021*** (4.369)
Economic	0.097*** (2.851)	0.140*** (4.712)	0.156*** (6.435)	0.176*** (4.636)

续表

被解释变量 解释变量	二星级 (1)	三星级 (2)	四星级 (3)	五星级 (4)
Urban	-0.089 (-0.507)	-0.352** (-2.230)	-0.131 (-1.046)	-0.147 (-0.815)
I	0.054*** (2.968)	-0.033** (-2.142)	-0.023* (-1.849)	-0.036* (-1.771)
Open	0.031 (0.693)	0.030 (0.765)	0.048 (1.525)	0.181*** (4.068)
TS	-0.610*** (-3.290)	0.015 (0.091)	-0.217 (-1.619)	0.111 (0.525)
ACP	0.015 (0.772)	-0.014 (-0.862)	-0.056*** (-4.097)	-0.086*** (-3.826)
Cons	-0.945*** (-3.840)	-0.560*** (-2.638)	-0.911*** (-5.241)	-1.103*** (-4.062)
N	434	434	434	434
Wald 检验	109.09***	125.05***	203.81***	209.24***
LR 检验	63.67***	130.31***	97.90***	29.74***

注：①括号中为 t 值；②*、**、***分别表示 10%、5%和 1%的显著性水平。

资料来源：笔者使用 STATA 计量软件 14 版估计整理得到。

表 5-21 为不同等级星级饭店绿色生产规模效率对高铁的回归结果。可以看出，列（2）与列（4）中高铁的系数分别为-0.006 与-0.018，且在 1%显著性水平下，列（1）中为正但不显著，列（3）中为负但不显著，说明高铁对二至五星级饭店绿色生产规模效率均不存在显著的积极影响，对三星级与五星级饭店绿色生产规模效率甚至存在显著消极影响，且高铁建设水平每增加 1%，三星级与五星级饭店绿色生产规模效率将分别降低 0.006%与 0.018%。高铁沿线地区三星级与五星级饭店的盲目扩张使得其绿色生产规模效率出现了明显下降，再加上五星级饭店绿色生产规模效率本身就比较低，盲目建设进一步加大了五星级饭店资源与能源的浪费，造成五星级饭店绿色生产规模效率下降幅度更大。

表 5-21 高铁对不同等级星级饭店绿色生产规模效率的影响

被解释变量 解释变量	二星级 (1)	三星级 (2)	四星级 (3)	五星级 (4)
HSR	0.006 (1.582)	-0.006*** (-4.524)	-0.001 (-0.317)	-0.018*** (-3.527)
Conomic	-0.031 (-1.070)	0.091*** (7.474)	0.049*** (3.478)	-0.074* (-1.781)
Urban	-0.101 (-0.681)	-0.118 (-1.530)	-0.466*** (-4.823)	0.052 (0.246)
I	-0.005 (-0.295)	0.017*** (2.946)	0.009 (1.402)	-0.003 (-0.150)
Open	-0.014 (-0.387)	0.041** (2.182)	0.060*** (3.082)	-0.022 (-0.443)
TS	0.690*** (4.230)	-0.042 (-0.626)	0.264*** (3.440)	-0.210 (-0.976)
ACP	-0.013 (-0.782)	-0.043*** (-6.737)	0.015** (2.020)	0.062** (2.570)
Cons	1.054*** (5.058)	-0.115 (-1.324)	0.599*** (6.172)	1.176*** (3.948)
N	434	434	434	434
Wald 检验	22.19***	202.09*	69.95***	61.11***
LR 检验	54.77***	822.69***	160.42**	48.80***

注：①括号中为 t 值；②*、**、***分别表示 10%、5%和 1%的显著性水平。

资料来源：笔者使用 STATA 计量软件 14 版估计整理得到。

三、内生性检验

上述分析并没有考虑到变量间的内生性问题，因此，笔者使用系统 GMM 做进一步检验，采用两步估计法以消除异方差的影响，内生变量的滞后项作为工具变量，Sargan 检验结果表明选取的工具变量是合适的（见表 5-22）。列（1）与列（2）中高铁的系数显著为正，列（3）中高铁的系数显著为负，这与面板 Tobit 模型的检验结果一致，说明高铁对星级饭店业绿色生产综合效率和纯技术效率有着积极的促进作用，但对规模效率存在显著消极影响。

表 5-22 系统 GMM 的回归结果

被解释变量 / 解释变量	综合效率（OE）(1)	纯技术效率（TE）(2)	规模效率（SE）(3)
L. OE	0.596*** (12.604)	—	—
L. TE	—	0.122*** (4.014)	—
L. SE	—	—	0.631*** (37.337)
HSR	0.009*** (5.799)	0.010*** (8.006)	-0.001*** (-2.696)
Economic	0.070*** (3.778)	0.240*** (22.706)	-0.056*** (-16.435)
Urban	-0.061 (-0.614)	-0.614*** (-13.167)	0.651*** (16.379)
I	-0.016*** (-4.337)	-0.041*** (-13.767)	-0.000 (-0.043)
Open	0.122*** (7.614)	0.208*** (13.497)	-0.011 (-0.494)
TS	0.342*** (3.705)	-0.216*** (-3.231)	-0.104*** (-2.602)
ACP	-0.073*** (-25.818)	-0.063*** (-11.783)	-0.014*** (-12.062)
Cons	-0.422*** (-3.151)	-1.349*** (-17.105)	0.587*** (24.725)
N	434	434	434
Wald chi^2	38708.72***	1674.05***	229805.02***
AR（1）	0.000	0.065	0.039
AR（2）	0.899	0.626	0.044
Sargan 检验	0.794	0.754	0.853

注：①括号中为 t 值；②*、**、***分别表示 10%、5%和 1%的显著性水平。

资料来源：笔者使用 STATA 计量软件 14 版估计整理得到。

四、稳健性检验

首先，借鉴李政和杨思莹（2018）的做法，笔者同时使用随机效应模型和固定效应模型来检验高铁对星级饭店业绿色生产效率的影响（见表 5-23），发现高铁的系数的符号与显著性均与面板 Tobit 模型的一致，说明面板 Tobit 模型的结果较为稳健。

表 5-23　随机效应模型和固定效应模型的回归结果

被解释变量 / 解释变量	随机效应			固定效应		
	综合效率（OE）(1)	纯技术效率（TE）(2)	规模效率（SE）(3)	综合效率（OE）(4)	纯技术效率（TE）(5)	规模效率（SE）(6)
HSR	0.017*** (6.071)	0.024*** (6.893)	-0.009*** (-6.028)	0.015*** (2.901)	0.025*** (3.880)	-0.010** (-2.644)
Economic	0.213*** (9.222)	0.153*** (5.196)	0.128*** (9.518)	0.236*** (7.416)	0.154*** (3.596)	0.132*** (5.569)
Urban	-0.269** (-2.135)	-0.107 (-0.638)	-0.364*** (-4.235)	-0.350 (-1.479)	-0.014 (-0.072)	-0.403** (-2.349)
I	-0.021* (-1.809)	-0.038** (-2.575)	0.019*** (3.014)	-0.023 (-1.501)	-0.042** (-2.477)	0.019** (2.670)
Open	0.081*** (2.596)	0.081** (1.971)	0.005 (0.253)	0.066 (1.047)	0.088 (1.337)	-0.001 (-0.029)
TS	-0.405*** (-3.195)	-0.428*** (-2.641)	-0.081 (-1.103)	-0.519** (-2.126)	-0.513* (-1.821)	-0.080 (-0.771)
ACP	-0.073*** (-5.848)	-0.062*** (-3.884)	-0.020*** (-2.814)	-0.072*** (-4.826)	-0.065*** (-3.617)	-0.019** (-2.457)
Cons	-1.347*** (-8.189)	-0.646*** (-3.093)	-0.317*** (-3.299)	-1.492*** (-6.248)	-0.666* (-1.795)	-0.337* (-1.728)
N	434	434	434	434	434	434
LR 检验/F 值	296.54***	178.02***	171.02***	53.76***	25.25***	9.12***

注：①括号中为 t 值；②*、**、***分别表示 10%、5%和 1%的显著性水平。

资料来源：笔者使用 STATA 计量软件 14 版估计整理得到。

其次，笔者考虑到遗漏变量偏误问题，借鉴张勋等（2018）的做法，将其他类型的交通基础设施（如公路）纳入模型，并使用面板 Tobit 模型来检验高铁对星级饭店业绿色生产效率的影响。表 5-24 中的列（1）~（3）为高铁和公路这两类交通基础设施对星级饭店业绿色生产效率的回归结果，列（4）~（6）为控制了其他变量后，两类交通基础设施对星级饭店业绿色生产效率的回归结果。可以看出，高铁的回归系数的显著性与符号跟面板 Tobit 模型的结果保持一致，说明高铁对星级饭店业绿色生产效率的影响是稳健的。此外，在控制了其他变量后，公路密度的纯技术效率系数为负但不显著，这与韩国圣等（2015）的研究结果一致。

表 5-24 将公路密度纳入模型的回归结果

被解释变量 / 解释变量	不控制其他变量			控制其他变量		
	综合效率（OE）(1)	纯技术效率（TE）(2)	规模效率（SE）(3)	综合效率（OE）(4)	纯技术效率（TE）(5)	规模效率（SE）(6)
HSR	0.021*** (8.370)	0.029*** (9.168)	-0.006*** (-4.336)	0.017*** (6.040)	0.027*** (7.103)	-0.009*** (-5.479)
Railway	0.084*** (6.912)	0.022 (1.341)	0.086*** (11.391)	0.034** (2.424)	-0.029 (-1.378)	0.030** (2.196)
Economic	—	—	—	0.193*** (7.996)	0.162*** (4.989)	0.109*** (6.719)
Urban	—	—	—	-0.281** (-2.261)	-0.094 (-0.541)	-0.368*** (-4.247)
I	—	—	—	-0.027** (-2.260)	-0.032** (-2.002)	0.013* (1.814)
Open	—	—	—	0.078** (2.541)	0.091** (2.128)	0.003 (0.145)
TS	—	—	—	-0.412*** (-3.250)	-0.399** (-2.330)	-0.082 (-1.101)
ACP	—	—	—	-0.070*** (-5.453)	-0.067*** (-3.908)	-0.018** (-2.432)
Cons	-0.268*** (-2.615)	0.323** (2.331)	0.154** (2.345)	-1.383*** (-8.306)	-0.546** (-2.437)	-0.333*** (-3.418)

续表

被解释变量 / 解释变量	不控制其他变量			控制其他变量		
	综合效率（OE）(1)	纯技术效率（TE）(2)	规模效率（SE）(3)	综合效率（OE）(4)	纯技术效率（TE）(5)	规模效率（SE）(6)
N	434	434	434	434	434	434
Wald 检验	251.70***	140.94***	135.48***	426.40***	208.06***	209.22***
LR 检验	201.42***	266.44***	591.00***	155.11***	212.74***	627.22***

注：①括号中为 t 值；②*、**、*** 分别表示 10%、5%和 1%的显著性水平。

资料来源：笔者使用 STATA 计量软件 14 版估计整理得到。

最后，笔者使用空间计量模型进一步估计高铁对星级饭店业绿色生产效率的影响。高铁具有突出的跨区域网络结构特征，须考虑空间相关性（王雨飞和倪鹏飞，2016）。而且，中国省际星级饭店生产效率本身就存在较强的空间相关性（方叶林等，2013），Moran's I 指数的检验结果也验证了这一点（见表 5-25）。因此，笔者使用考虑了空间相关性的空间计量模型做进一步估计，以弥补面板 Tobit 模型进行估计存在的不足，同时使得研究结果更为稳健。

表 5-25　2003~2016 年星级饭店业绿色生产效率的 Moran's I 指数

年份	OE	TE	SE
2003	0.049 (0.099)	-0.098 (0.115)	0.197** (0.108)
2004	0.126* (0.113)	-0.169 (0.115)	0.203** (0.110)
2005	0.207** (0.111)	-0.041 (0.113)	0.174** (0.107)
2006	0.194** (0.117)	-0.019 (0.117)	0.156** (0.105)
2007	0.128* (0.118)	-0.010 (0.117)	0.122* (0.103)
2008	0.162** (0.119)	0.033 (0.117)	0.103* (0.094)
2009	0.038 (0.118)	-0.138 (0.114)	0.181** (0.106)

续表

年份	OE	TE	SE
2010	0.477*** (0.113)	0.290*** (0.115)	0.123* (0.104)
2011	0.514*** (0.114)	0.341*** (0.116)	0.128* (0.099)
2012	0.444*** (0.114)	0.296*** (0.117)	0.125* (0.110)
2013	0.476*** (0.118)	0.189** (0.116)	0.138** (0.104)
2014	0.494*** (0.114)	0.257*** (0.117)	0.198** (0.109)
2015	0.367*** (0.113)	0.246*** (0.115)	0.131* (0.105)
2016	0.454*** (0.111)	0.129* (0.116)	0.221*** (0.105)

注：①括号中为 sd（I）的值；②*、**、***分别表示 10%、5%和 1%的显著性水平。

资料来源：笔者使用 STATA 计量软件 14 版估计整理得到。

表 5-26 为空间杜宾模型和空间滞后模型的回归结果。可以看出，高铁对星级饭店业绿色生产综合效率和纯技术效率的影响显著为正，对规模效率的影响显著为负，与之前的估计结果保持一致。也就是说，在考虑空间相关性的情况下，研究结果依旧是稳健的。

表 5-26 空间计量模型的回归结果

被解释变量 解释变量	空间杜宾模型			空间滞后模型		
	综合效率 (OE) (1)	纯技术效率 (TE) (2)	规模效率 (SE) (3)	综合效率 (OE) (4)	纯技术效率 (TE) (5)	规模效率 (SE) (6)
HSR	0.023*** (3.886)	0.026*** (3.502)	-0.006*** (-3.224)	0.016*** (5.707)	0.025*** (6.750)	-0.009*** (-5.538)
Economic	0.100** (2.101)	0.142** (2.306)	0.146*** (5.624)	0.201*** (7.342)	0.159*** (4.912)	0.117*** (8.093)
Urban	-0.805*** (-3.365)	-0.988*** (-3.012)	-0.283*** (-3.104)	-0.240* (-1.843)	-0.120 (-0.703)	-0.340*** (-3.943)

续表

解释变量 \ 被解释变量	空间杜宾模型			空间滞后模型		
	综合效率 (OE) (1)	纯技术效率 (TE) (2)	规模效率 (SE) (3)	综合效率 (OE) (4)	纯技术效率 (TE) (5)	规模效率 (SE) (6)
I	0.007 (0.180)	-0.023 (-0.441)	0.026 (1.098)	-0.019 (-1.632)	-0.039*** (-2.607)	0.017*** (2.612)
Open	0.019 (0.368)	-0.027 (-0.397)	-0.010 (-0.453)	0.079** (2.575)	0.081** (1.974)	0.003 (0.148)
TS	-0.298 (-1.363)	-0.531* (-1.888)	-0.037 (-0.463)	-0.395*** (-3.109)	-0.433*** (-2.663)	-0.073 (-0.995)
ACP	-0.039** (-2.571)	-0.025 (-1.300)	-0.020** (-2.391)	-0.069*** (-5.174)	-0.064*** (-3.841)	-0.018** (-2.516)
Cons	-1.039*** (-4.470)	-0.669** (-2.487)	-0.356*** (-2.837)	-1.276*** (-6.877)	-0.672*** (-3.091)	-0.312*** (-3.264)
rho	0.047 (0.767)	-0.063 (-0.974)	0.142** (2.163)	0.046 (0.816)	-0.026 (-0.425)	0.119** (1.985)
sigma2_ e	0.006*** (13.649)	0.009*** (14.080)	0.002*** (14.128)	0.006*** (14.139)	0.010*** (14.171)	0.002*** (14.177)
lgt_ theta	-0.860*** (-3.942)	-1.216*** (-6.852)	-2.437*** (-16.678)	-1.040*** (-5.467)	-1.259*** (-7.296)	-2.426*** (-16.712)
N	434	434	434	434	434	434
R-squared	0.587	0.307	0.006	0.514	0.254	0.006
Log-likelihood	471.9748	361.3667	687.0029	459.3681	347.2271	683.7545

注：①括号中为 t 值；②*、**、***分别表示 10%、5%和 1%的显著性水平。

资料来源：笔者使用 STATA 计量软件 14 版估计整理得到。

第四节　高铁对景区业绿色生产效率的影响

一、景区业绿色生产效率

1. 考虑碳排放与否的景区业生产效率

以景区实际固定资产、从业人数以及实际旅游收入分别作为资本投入、劳动投入以及期望产出，笔者使用 SBM 模型测算景区业生产效率，并将其与考虑了碳排放的 SBM-Undesirable 模型的测算结果进行比较分析。图 5-5 为不考虑碳排放的 SBM 模型的测算结果与考虑了碳排放的 SBM-Undesirable 模型的测算结果之差。可以看出，对于景区总体以及东、中、西部省份景区来说，两种测算结果的平均值与中位数之差基本上均大于 0。也就是说，考虑碳排放的景区综合效率与纯技术效率的测算结果的平均值与中位数均低于不考虑碳排放的测算结果的。因此，环境因素会影响景区生产效率的测算，若不考虑碳排放的负环境效应，将高估景区综合生产效率与纯技术效率的水平（王恕立等，2015）。

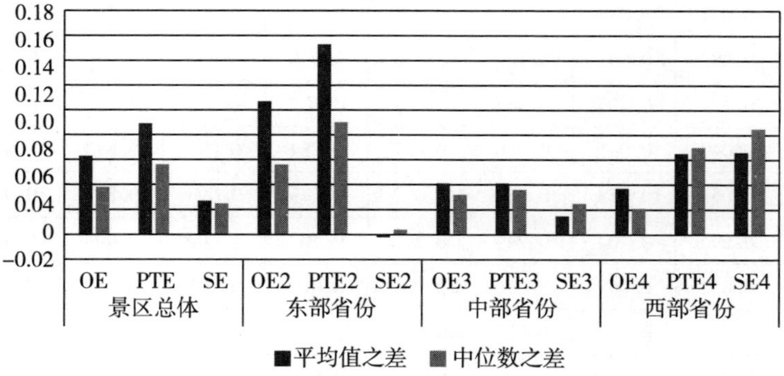

图 5-5 考虑碳排放与否的景区业生产效率测算结果之差

资料来源：笔者使用 STATA 计量软件 14 版估计整理得到。

2. 2008 年、2012 年以及 2016 年各省份景区业绿色生产效率

从表 5-27 可以看出，随着高铁开通，从景区业绿色生产综合效率与纯技术效率上看，东部地区和西部地区呈现出较为明显的逐渐上升趋势；从规模效率上看，西部地区呈现出较为明显的逐渐上升趋势，东部地区某些省份则呈现出较为明显的下降趋势。

表 5-27 2008 年、2012 年以及 2016 年中国 31 个省份（不含港澳台地区）景区业绿色生产效率

年份	2008			2012			2016		
被解释变量	OE	TE	SE	OE	TE	SE	OE	TE	SE
北京	0. 110	0. 136	0. 176	0. 140	0. 148	0. 185	0. 785	0. 919	0. 949
天津	0. 157	0. 074	0. 147	1. 000	0. 401	0. 380	0. 157	0. 185	0. 385

续表

年份	2008			2012			2016		
被解释变量	OE	TE	SE	OE	TE	SE	OE	TE	SE
河北	0.053	0.101	0.072	0.062	0.112	0.096	0.865	0.907	0.752
山西	0.060	0.109	0.250	0.060	0.109	0.262	0.997	1.000	0.954
内蒙古	0.061	0.056	0.048	0.076	0.057	0.051	0.805	0.990	0.929
辽宁	0.108	0.155	0.176	0.110	0.157	0.180	0.980	0.985	0.981
吉林	0.151	0.081	0.144	0.158	0.110	0.191	0.955	0.736	0.754
黑龙江	0.068	0.117	0.171	0.075	0.120	0.173	0.902	0.979	0.987
上海	0.051	0.088	0.085	0.071	0.110	0.107	0.717	0.800	0.792
江苏	0.082	0.091	0.162	0.085	0.096	1.000	0.964	0.947	0.162
浙江	0.361	0.405	0.937	0.361	0.405	1.000	0.998	0.999	0.937
安徽	0.043	0.081	0.086	0.051	0.084	0.091	0.843	0.960	0.953
福建	0.058	0.068	0.088	0.072	0.073	0.093	0.802	0.930	0.947
江西	0.294	0.404	0.749	0.296	0.407	1.000	0.993	0.994	0.749
山东	0.062	0.068	0.090	0.065	0.070	0.091	0.953	0.973	0.990
河南	0.050	0.079	0.073	0.056	0.083	0.075	0.897	0.951	0.976
湖北	0.025	0.055	0.106	0.030	0.058	0.109	0.835	0.954	0.975
湖南	0.045	0.109	0.136	0.048	0.111	0.137	0.934	0.979	0.995
广东	0.076	0.101	0.098	0.078	0.103	0.098	0.970	0.982	0.993
广西	0.218	0.156	0.402	0.252	0.167	0.411	0.867	0.930	0.979
海南	0.171	0.086	0.112	0.253	0.098	0.130	0.674	0.878	0.865
重庆	0.147	0.386	0.271	0.156	0.460	0.271	0.946	0.838	0.999
四川	0.190	0.444	0.400	0.196	0.446	0.401	0.972	0.995	0.998
贵州	0.073	0.148	0.307	0.095	0.195	0.347	0.763	0.759	0.885
云南	0.055	0.071	0.062	0.087	0.085	0.069	0.631	0.828	0.897
西藏	0.049	0.301	1.000	0.375	0.413	1.000	0.131	0.729	1.000
陕西	0.055	0.059	0.087	0.064	0.061	0.096	0.862	0.970	0.902
甘肃	0.014	0.016	0.020	0.029	0.025	0.030	0.507	0.627	0.687
青海	0.059	0.092	0.101	0.109	0.105	0.124	0.538	0.876	0.816
宁夏	0.052	0.029	0.047	0.175	0.043	0.077	0.297	0.663	0.618

资料来源：笔者使用 STATA 计量软件 14 版估计整理得到。

二、基准回归

表 5-28 为景区业绿色生产效率对高铁的回归结果。Wald 值均在 1%的水平上显著，说明回归方程整体上是有效的，LR 检验结果说明使用随机效应的面板 Tobit 模型是合理的。列（1）与列（2）中的高铁系数分别为 0.010 与 0.013，且均在 1%显著性水平下，说明从总体来看，高铁对景区业绿色生产综合效率与纯技术效率均存在显著积极影响，且高铁建设水平每增加 1%，景区业绿色生产综合效率与纯技术效率将分别提高 0.010%与 0.013%。列（3）为景区业绿色生产规模效率对高铁的回归结果。可以看出，高铁系数为-0.010，且在 5%显著性水平下，说明高铁对景区业绿色生产规模效率存在显著的消极影响，且高铁建设水平每增加 1%，景区业绿色生产规模效率将降低 0.010%。此外，在控制变量里，地区经济发展水平和市场化水平在综合效率与规模效率中的系数显著为正，与曹芳东等（2015）的研究结果一致；城市化水平在纯技术效率中的系数显著为正，与丁振民和黄秀娟（2016）的研究结果一致，人口密度在规模效率中的系数显著为正，与黄安胜等（2018）的研究结果一致。

表 5-28 高铁对景区业绿色生产效率的影响

被解释变量 / 解释变量	综合效率 (OE) (1)	纯技术效率 (TE) (2)	规模效率 (SE) (3)
HSR	0.010*** (2.789)	0.013*** (2.599)	-0.010** (-2.027)
Economic	0.084*** (3.378)	-0.069* (-1.878)	0.352*** (9.749)
Urban	-0.193 (-1.146)	0.854*** (3.379)	-1.154*** (-4.658)
LTA	0.074*** (3.533)	0.072** (2.355)	0.017 (0.546)
Talents	-0.004 (-1.639)	-0.006* (-1.871)	0.006* (1.685)
Marketization	0.019*** (3.036)	0.018* (1.953)	-0.006 (-0.603)
Population	-0.752** (-2.358)	-1.864*** (-3.506)	1.379** (2.024)

续表

被解释变量 解释变量	综合效率 （OE） （1）	纯技术效率 （TE） （2）	规模效率 （SE） （3）
Cons	-0.781*** （-4.142）	0.329 （1.201）	-2.177*** （-7.967）
N	434	434	434
sigma_ u	0.101*** （6.852）	0.170*** （6.746）	0.199*** （5.944）
sigma_ e	0.095*** （28.025）	0.133*** （27.473）	0.134*** （27.549）
Wald 检验	113.70***	52.91***	206.23***
LR 检验	188.75***	213.77***	257.81***

注：①括号中为 t 值；②*、**、***分别表示 10%、5%和 1%的显著性水平。

资料来源：笔者使用 STATA 计量软件 14 版估计整理得到。

三、内生性检验

考虑到变量之间存在内生性问题，笔者使用系统 GMM 做进一步检验，采用两步估计法以消除异方差的影响，内生变量的滞后项作为工具变量，Sargan 检验结果表明选取的工具变量是合适的（见表 5-29）。可以看出，列（1）与列（2）中高铁的系数显著为正，列（3）中高铁的系数显著为负，这与面板 Tobit 模型的检验结果整体上一致，说明高铁对景区业绿色生产综合效率和纯技术效率有着积极影响，但对绿色生产规模效率存在消极影响。

表 5-29　系统 GMM 的回归结果

被解释变量 解释变量	综合效率 （OE） （1）	纯技术效率 （TE） （2）	规模效率 （SE） （3）
L. OE	0.219*** （26.830）	—	—
L. TE	—	0.421*** （53.358）	—

续表

被解释变量 解释变量	综合效率 (OE) (1)	纯技术效率 (TE) (2)	规模效率 (SE) (3)
L. SE	—	—	0.364*** (10.604)
HSR	0.005*** (8.133)	0.010*** (18.865)	−0.003** (−2.069)
Economic	0.103*** (14.659)	0.082*** (10.242)	0.035*** (3.326)
Urban	−0.651*** (−8.448)	−0.510*** (−16.223)	0.388*** (3.810)
LTA	0.211*** (17.419)	0.153*** (11.997)	0.047*** (2.827)
Talents	−0.003*** (−7.373)	0.001 (1.434)	0.007*** (7.012)
Marketization	0.018*** (10.436)	0.009*** (5.293)	0.006** (2.225)
Population	0.382 (1.156)	−1.277*** (−6.539)	−1.071*** (−5.022)
Cons	−0.932*** (−18.240)	−0.636*** (−8.285)	−0.074 (−0.818)
N	434	434	434
Wald chi^2	8505.81***	27431.26***	4391.15***
AR (1)	0.156	0.057	0.080
AR (2)	0.417	0.188	0.973
Sargan 检验	0.795	0.741	0.852

注：①括号中为 t 值；②*、**、***分别表示 10%、5%和 1%的显著性水平。

资料来源：笔者使用 STATA 计量软件 14 版估计整理得到。

四、稳健性检验

首先，笔者借鉴李政和杨思莹（2018）的做法，同时使用随机效应模型和固定效应模型来检验高铁对景区业绿色生产效率的影响，结果如表 5-30 所示。可以看出，高铁的系数符号与显著性均与面板 Tobit 模型的一致，说明面板 Tobit 模型的结果较为稳健。

表 5-30 随机效应模型和固定效应模型的回归结果

被解释变量 / 解释变量	随机效应			固定效应		
	综合效率（OE）(1)	纯技术效率（TE）(2)	规模效率（SE）(3)	综合效率（OE）(4)	纯技术效率（TE）(5)	规模效率（SE）(6)
HSR	0.010*** (2.802)	0.012** (2.575)	-0.011** (-2.078)	0.008** (2.161)	0.015*** (2.939)	-0.022*** (-4.320)
Economic	0.084*** (3.379)	-0.061* (-1.730)	0.351*** (9.765)	0.055** (1.988)	-0.085** (-2.232)	0.309*** (8.164)
Urban	-0.187 (-1.121)	0.799*** (3.314)	-1.142*** (-4.627)	0.115 (0.577)	1.024*** (3.743)	-0.649** (-2.371)
LTA	0.074*** (3.529)	0.073** (2.462)	0.016 (0.514)	0.075*** (2.952)	0.037 (1.068)	0.097*** (2.774)
Talents	-0.004* (-1.659)	-0.006* (-1.901)	0.006* (1.662)	-0.005* (-1.954)	-0.007** (-1.992)	0.005 (1.410)
Marketization	0.019*** (3.026)	0.018* (1.949)	-0.007 (-0.723)	0.025*** (3.616)	0.026*** (2.657)	-0.012 (-1.292)
Population	-0.752** (-2.369)	-1.802*** (-3.494)	1.419** (2.071)	-0.259 (-0.336)	-3.627*** (-3.430)	6.801*** (6.431)
Cons	-0.777*** (-4.147)	0.276 (1.048)	-2.164*** (-7.964)	-0.693*** (-3.518)	0.459* (1.695)	-2.241*** (-8.282)
N	434	434	434	434	434	434
LR 检验/F 值	190.52***	218.64***	263.49***	14.05***	16.66***	22.59***

注：①括号中为 t 值；②*、**、***分别表示 10%、5%和 1%的显著性水平。

资料来源：笔者使用 STATA 计量软件 14 版估计整理得到。

其次，笔者考虑到遗漏变量偏误问题，借鉴张勋等（2018）的做法，将其他类型的交通基础设施（如公路）纳入模型，并使用面板 Tobit 模型来检验高铁对景区业绿色生产效率的影响，结果如表 5-31 所示。可以看出，列（1）～（3）中高铁的回归系数的显著性与符号跟面板 Tobit 模型的结果保持一致，说明高铁对景区业绿色生产效率的影响是稳健的。

表 5-31 将公路密度纳入模型的回归结果

解释变量 \ 被解释变量	综合效率 (OE) (1)	纯技术效率 (TE) (2)	规模效率 (SE) (3)
HSR	0.010*** (2.842)	0.013*** (2.610)	-0.009* (-1.902)
Railway	-0.021 (-1.061)	-0.041 (-1.412)	0.095*** (3.230)
Economic	0.099*** (3.515)	-0.038 (-0.904)	0.290*** (7.206)
Urban	-0.220 (-1.297)	0.796*** (3.107)	-1.142*** (-4.769)
LTA	0.080*** (3.692)	0.083*** (2.632)	-0.004 (-0.130)
Talents	-0.004 (-1.472)	-0.006* (-1.683)	0.005 (1.410)
Marketization	0.021*** (3.223)	0.020** (2.174)	-0.010 (-1.039)
Population	-0.680** (-2.146)	-1.653*** (-3.114)	0.791 (1.295)
Cons	-0.752*** (-3.958)	0.371 (1.349)	-2.308*** (-8.451)
N	434	434	434
sigma_ u	0.096*** (6.578)	0.158*** (6.406)	0.172*** (6.171)
sigma_ e	0.095*** (27.933)	0.134*** (27.351)	0.134*** (27.714)
Wald 检验	115.02***	55.06***	217.72***
LR 检验	158.08***	174.86***	253.48***

注：①括号中为 t 值；②*、**、***分别表示 10%、5%和 1%的显著性水平。

资料来源：笔者使用 STATA 计量软件 14 版估计整理得到。

最后，笔者使用空间计量模型进一步估计高铁对景区业绿色生产效率的影响。高铁具有突出的跨区域网络结构特征，需考虑空间相关性（王雨飞和倪鹏飞，2016）。而且，中国省际景区业生产效率本身就存在较强的空间相关性（朱磊等，2017），Moran's I 指数的检验结果也验证了这一点（见表 5-32）。因此，本书使用考虑空间相关性的空间计量模型做进一步估计，以弥补面板 Tobit 模型进行估计存在的不足，同时使得研究结果更为稳健。

表 5-32　2003~2016 年景区业绿色生产效率的 Moran's I 指数

年份	OE	TE	SE
2003	0.047*** (0.031)	0.040* (0.045)	0.136** (0.095)
2004	0.042* (0.048)	0.033* (0.048)	0.169** (0.105)
2005	0.055** (0.051)	0.063** (0.048)	0.096*** (0.053)
2006	-0.067* (0.024)	0.043* (0.048)	0.099*** (0.053)
2007	0.037* (0.044)	0.055** (0.051)	0.037* (0.052)
2008	0.029* (0.046)	0.043* (0.047)	0.061** (0.050)
2009	0.058** (0.047)	0.054** (0.050)	0.076** (0.050)
2010	0.038* (0.048)	0.042* (0.048)	0.052** (0.047)
2011	0.033* (0.047)	0.055** (0.051)	0.088*** (0.051)
2012	0.062** (0.048)	0.083* (0.051)	0.058** (0.048)
2013	0.018* (0.033)	0.060** (0.050)	0.094*** (0.049)
2014	0.043** (0.047)	0.081** (0.052)	0.056** (0.028)

续表

年份	OE	TE	SE
2015	0.030* (0.049)	0.037* (0.051)	0.092*** (0.048)
2016	0.059** (0.050)	0.060** (0.049)	0.169** (0.116)

注：①括号中为 sd（I）的值；②*、**、***分别表示10%、5%和1%的显著性水平。

资料来源：笔者使用STATA计量软件14版估计整理得到。

空间杜宾模型和空间滞后模型的回归结果如表5-33所示。可以看出，高铁对景区业绿色生产综合效率和纯技术效率的影响是正显著，对规模效率的影响是负显著，与之前的估计结果一致，即在考虑空间相关性时，实证结果依然稳健。

表 5-33 空间计量模型的回归结果

被解释变量 解释变量	空间杜宾模型			空间滞后模型		
	综合效率（OE）(1)	纯技术效率（TE）(2)	规模效率（SE）(3)	综合效率（OE）(4)	纯技术效率（TE）(5)	规模效率（SE）(6)
HSR	0.009** (2.156)	0.015*** (2.640)	-0.012** (-2.138)	0.009*** (2.677)	0.012** (2.449)	-0.010* (-1.954)
Economic	0.084 (1.637)	0.117 (1.609)	-0.006 (-0.085)	0.075*** (2.726)	-0.066* (-1.864)	0.276*** (6.198)
Urban	-0.217 (-1.273)	0.545** (2.181)	-0.759*** (-3.109)	-0.181 (-1.093)	0.787*** (3.280)	-1.003*** (-4.051)
LTA	0.074*** (3.541)	0.057* (1.917)	0.061** (2.026)	0.075*** (3.578)	0.073** (2.468)	0.024 (0.778)
Talents	-0.004 (-1.482)	-0.005 (-1.405)	0.005 (1.333)	-0.004 (-1.635)	-0.006* (-1.805)	0.004 (1.171)
Marketization	-0.002 (-0.192)	-0.022 (-1.544)	-0.004 (-0.263)	0.018*** (2.825)	0.016* (1.672)	-0.006 (-0.584)
Population	-0.599* (-1.944)	-1.627*** (-3.262)	1.554** (2.553)	-0.728** (-2.302)	-1.763*** (-3.418)	1.387** (2.100)
Cons	-0.673 (-1.081)	0.250 (0.286)	-4.535*** (-4.475)	-0.696*** (-3.264)	0.323 (1.209)	-1.738*** (-5.636)

续表

被解释变量 / 解释变量	空间杜宾模型			空间滞后模型		
	综合效率 (OE) (1)	纯技术效率 (TE) (2)	规模效率 (SE) (3)	综合效率 (OE) (4)	纯技术效率 (TE) (5)	规模效率 (SE) (6)
rho	-0.077 (-0.430)	0.116 (0.765)	-0.337** (-1.994)	0.106 (0.787)	0.132 (1.007)	0.306*** (2.807)
sigma2_ e	0.009*** (14.107)	0.016*** (13.967)	0.016*** (13.887)	0.009*** (14.119)	0.017*** (14.075)	0.017*** (13.872)
lgt_ theta	-1.036*** (-5.376)	-1.255*** (-6.175)	-1.576*** (-7.914)	-1.113*** (-5.896)	-1.342*** (-7.251)	-1.526*** (-7.454)
N	434	434	434	434	434	434
R-squared	0.195	0.038	0.108	0.129	0.018	0.074
Log-likelihood	371.672	231.136	232.156	364.870	221.586	207.797

注：①括号中为 t 值；②*、**、***分别表示 10%、5%和 1%的显著性水平。

资料来源：笔者使用 STATA 计量软件 14 版估计整理得到。

第六章　高铁对旅游业绿色生产效率异质性影响的实证结果与分析

第五章实证分析了高铁对旅游业及其主要细分行业绿色生产效率的影响，本章将实证分析高铁对旅游业及其主要细分行业绿色生产效率影响的异质性，以检验假设 H2-1 至假设 H2-9。首先，使用面板 Tobit 模型分析高铁对东、中、西部旅游业及其主要细分行业的异质性影响。其次，使用分位数回归分析高铁对旅游业及其主要细分行业绿色生产效率处于不同水平地区的异质性影响。

第一节　高铁对旅游业及其主要细分行业绿色生产效率影响的异质性分析

一、高铁对东、中、西部旅游业总体绿色生产效率影响的区域异质性

表 6-1 中的列（1）~（3）分别为东、中、西部旅游业总体绿色生产综合效率对高铁的回归结果，列（1）中高铁系数为负向不显著，列（2）和列（3）中高铁系数均显著为正，且高铁系数在西部省份回归中是最大的，中部次之，说明高铁对旅游业绿色生产综合效率的促进作用存在地区异质性，即高铁对原本经济水平较高、旅游业绿色生产综合效率较高省份的促进作用弱于原本经济水平较低、旅游业绿色生产综合效率较低的省份。

表 6-2 中的列（1）~（3）分别为东、中、西部旅游业总体绿色生产纯技术效率对高铁的回归结果，与旅游业绿色生产综合效率一样，西部省份回归中的高铁系数最大，中部次之，东部则为负向不显著，说明高铁对旅游业绿色生产纯技术效率的促进作用存在同样的地区异质性。

表 6-1 高铁对东、中、西部旅游业绿色生产综合效率的影响

被解释变量 / 解释变量	综合效率 (OE) (1)	综合效率 (OE) (2)	综合效率 (OE) (3)
HSR	-0.002 (-0.322)	0.027** (2.478)	0.044*** (3.524)
Economic	0.108* (1.660)	0.256*** (3.554)	0.201*** (3.336)
Urban	1.336*** (4.068)	0.708 (1.208)	-0.015 (-0.037)
I	-0.070** (-2.563)	-0.112*** (-3.148)	-0.031 (-0.842)
Open	-0.227*** (-3.874)	-0.220 (-0.702)	0.575** (2.295)
LTA	0.106** (2.271)	0.129** (2.066)	0.382*** (7.541)
Talents	-0.013*** (-3.362)	-0.027*** (-4.653)	-0.019** (-2.049)
Cons	-0.849 (-1.563)	-1.751*** (-3.405)	-1.740*** (-4.471)
N	126	140	168
sigma_ u	0.082*** (3.926)	0.100*** (2.791)	0.085*** (3.406)
sigma_ e	0.106*** (15.903)	0.135*** (14.860)	0.139*** (14.917)
Wald 检验	204.34***	256.28***	258.22***
LR 检验	33.41***	16.49***	19.15***

注：①括号中为 t 值；② *、**、*** 分别表示 10%、5%和 1%的显著性水平。

资料来源：笔者使用 STATA 计量软件 14 版估计整理得到。

表 6-2 高铁对东、中、西部旅游业绿色生产纯技术效率的影响

被解释变量 / 解释变量	纯技术效率（TE）(1)	纯技术效率（TE）(2)	纯技术效率（TE）(3)
HSR	-0.004 (-0.478)	0.038*** (3.180)	0.060*** (3.518)
Economic	0.067 (0.803)	0.125 (1.494)	-0.266* (-1.774)
Urban	1.703*** (4.059)	0.916 (1.538)	2.139* (1.830)
I	-0.083** (-2.332)	-0.115*** (-2.693)	0.005 (0.099)
Open	-0.356*** (-4.601)	-0.498 (-1.552)	1.175*** (3.033)
LTA	0.161*** (2.604)	0.075 (1.040)	0.327*** (3.588)
Talents	-0.014*** (-2.616)	-0.033*** (-4.659)	-0.046*** (-3.548)
Cons	-0.452 (-0.648)	-0.388 (-0.635)	1.938** (2.144)
N	126	140	168
sigma_ u	0.099*** (3.739)	0.067** (2.305)	0.326*** (3.597)
sigma_ e	0.137*** (15.445)	0.164*** (14.547)	0.180*** (13.687)
Wald 检验	141.63***	125.11***	74.19***
LR 检验	24.24***	5.33***	84.51***

注：①括号中为 t 值；②*、**、***分别表示 10%、5%和 1%的显著性水平。
资料来源：笔者使用 STATA 计量软件 14 版估计整理得到。

表 6-3 中的列（1）~（3）分别为东、中、西部旅游业总体绿色生产规模效率对高铁的回归结果。可以看出，东、中、西部省份回归结果中的高铁系数不显著，且接近于 0，说明高铁对东、中、西部旅游业绿色生产规模效率均不存在促进作用。

表 6-3　高铁对东、中、西部旅游业绿色生产规模效率的影响

被解释变量 / 解释变量	规模效率 (SE) (1)	规模效率 (SE) (2)	规模效率 (SE) (3)
HSR	-0.005 (-0.932)	0.004 (0.904)	0.008 (0.684)
Economic	0.159*** (3.350)	0.329*** (10.964)	0.279*** (4.422)
Urban	-0.016 (-0.073)	-0.982*** (-4.492)	-0.491 (-1.158)
I	-0.021 (-0.844)	-0.012 (-0.824)	-0.006 (-0.185)
Open	0.024 (0.580)	0.147 (1.035)	-0.059 (-0.259)
LTA	-0.016 (-0.464)	0.140*** (5.232)	0.278*** (4.795)
Talents	-0.021*** (-8.495)	0.003 (1.058)	0.003 (0.382)
Cons	-0.498 (-1.219)	-2.008*** (-9.095)	-2.063*** (-5.253)
N	126	140	168
sigma_ u	0.000 (1.414)	0.069*** (4.091)	0.175*** (4.009)
sigma_ e	0.112*** (16.760)	0.056*** (15.583)	0.119*** (14.944)
Wald 检验	215.48***	641.11***	221.02***
LR 检验	11.80**	71.90**	70.29***

注：①括号中为 t 值；②*、**、***分别表示 10%、5%和 1%的显著性水平。

资料来源：笔者使用 STATA 计量软件 14 版估计整理得到。

二、高铁对旅行社业绿色生产效率影响的区域异质性

表 6-4 中的列（1）~（3）分别为东、中、西部旅行社业绿色生产综合效

率对高铁的回归结果。可以看出，列（1）和列（2）中的高铁系数显著为正，列（3）中的系数为负向不显著。也就是说，高铁对东部和中部省份旅行社业绿色生产综合效率存在积极影响，而对西部省份不存在。

表 6-4 高铁对东、中、西部旅行社业绿色生产综合效率的影响

被解释变量 解释变量	东部 （1）	中部 （2）	西部 （3）
HSR	0. 014** （2. 036）	0. 012*** （2. 870）	-0. 003 （-0. 348）
Economic	0. 107*** （3. 975）	0. 035*** （2. 723）	0. 094*** （4. 306）
I	0. 058** （2. 004）	0. 054*** （3. 599）	0. 005 （0. 167）
Open	-0. 056 （-0. 969）	-0. 472*** （-3. 267）	0. 401** （2. 025）
LTA	-0. 207*** （-3. 931）	-0. 037 （-1. 435）	0. 062 （1. 449）
Talents	-0. 001 （-0. 029）	-0. 006 （-0. 617）	-0. 014 （-0. 906）
LTAA	0. 070*** （3. 998）	-0. 108*** （-2. 845）	-0. 066 （-1. 365）
Cons	-0. 895*** （-2. 919）	-0. 253** （-2. 317）	-0. 436** （-1. 974）
N	126	140	168
sigma_ u	0. 085*** （3. 748）	0. 073*** （3. 863）	0. 078*** （3. 403）
sigma_ e	0. 119*** （16. 226）	0. 053*** （15. 975）	0. 113*** （15. 719）
Wald 检验	188. 93***	163. 32***	66. 57***
LR 检验	28. 75***	56. 96***	20. 81***

注：①括号中为 t 值；②*、**、***分别表示 10%、5%和 1%的显著性水平。

资料来源：笔者使用 STATA 计量软件 14 版估计整理得到。

表 6-5 为旅行社业绿色生产纯技术效率对高铁的回归结果。可以看出，列（1）和列（2）中高铁系数均显著为正，列（3）中的系数为负向不显著，说明高铁对东、中、部省份旅行社业绿色生产纯技术效率存在积极影响，但对西部省份不存在。

表 6-5　高铁对东、中、西部旅行社业绿色生产纯技术效率的影响

被解释变量 解释变量	东部 (1)	中部 (2)	西部 (3)
HSR	0.014** (2.010)	0.015*** (3.482)	-0.002 (-0.192)
Economic	0.106*** (3.767)	0.019 (1.381)	0.089*** (3.210)
I	0.067** (2.235)	0.064*** (4.055)	0.023 (0.680)
Open	-0.110* (-1.752)	-0.411*** (-2.728)	0.153 (0.626)
LTA	-0.236*** (-4.238)	-0.043 (-1.567)	0.029 (0.569)
Talents	-0.000 (-0.005)	-0.013 (-1.292)	-0.061*** (-2.887)
LTAA	0.093*** (4.826)	-0.152*** (-3.777)	-0.080 (-1.395)
Cons	-0.903*** (-2.837)	-0.060 (-0.516)	0.084 (0.316)
N	126	140	168
sigma_ u	0.095*** (3.724)	0.067*** (3.677)	0.111*** (3.630)
sigma_ e	0.123*** (16.064)	0.056*** (15.919)	0.135*** (15.447)
Wald 检验	198.76***	136.57***	33.77***
LR 检验	30.57***	45.78***	37.37***

注：①括号中为 t 值；②*、**、***分别表示 10%、5%和 1%的显著性水平。

资料来源：笔者使用 STATA 计量软件 14 版估计整理得到。

表 6-6 为旅行社业绿色生产规模效率对高铁的回归结果。可以看出，列（1）~（3）中的高铁系数均为负向不显著，说明高铁对东、中、西部省份旅行社业绿色生产规模效率均不存在积极影响。

表 6-6　高铁对东、中、西部旅行社业绿色生产规模效率的影响

被解释变量 / 解释变量	东部 （1）	中部 （2）	西部 （3）
HSR	-0.002 (-0.373)	-0.002 (-0.500)	-0.000 (-0.059)
Economic	0.086*** (4.953)	0.118*** (11.023)	0.085*** (4.433)
I	-0.014 (-0.754)	0.021* (1.756)	-0.012 (-0.575)
Open	0.104*** (2.756)	-0.411*** (-3.554)	0.354** (2.174)
LTA	0.001 (0.034)	0.008 (0.410)	0.104*** (2.716)
Talents	0.003 (0.194)	0.024*** (2.904)	0.051*** (3.264)
LTAA	-0.040*** (-2.928)	0.059* (1.817)	0.009 (0.229)
Cons	0.259 (1.318)	-0.507*** (-5.279)	-0.501*** (-2.822)
N	126	140	168
sigma_ u	0.072*** (3.770)	0.135*** (4.316)	0.138*** (3.946)
sigma_ e	0.074*** (16.266)	0.042*** (16.088)	0.085*** (15.810)
Wald 检验	69.36***	607.53***	158.41***
LR 检验	42.65***	152.38***	76.14***

注：①括号中为 t 值；②*、**、***分别表示 10%、5%和 1%的显著性水平。

资料来源：笔者使用 STATA 计量软件 14 版估计整理得到。

三、高铁对星级饭店业绿色生产效率影响的区域异质性

表 6-7 中的列（1）~（3）分别为东、中、西部星级饭店业绿色生产综合效率对高铁的回归结果。可以看出，列（1）中的高铁系数为正不显著，列（2）和列（3）中的高铁系数显著为正。也就是说，高铁对中、西部星级饭店业绿色生产综合效率存在积极影响，而对东部不存在。

表 6-7　高铁对东、中、西部星级饭店业绿色生产综合效率的影响

被解释变量 / 解释变量	东部 （1）	中部 （2）	西部 （3）
HSR	0.008 (1.192)	0.021*** (2.938)	0.018*** (3.080)
Economic	0.329*** (7.138)	0.289*** (3.049)	0.231*** (5.823)
Urban	-1.492*** (-3.877)	-0.293 (-0.666)	-0.185 (-0.799)
I	-0.016 (-0.689)	-0.070** (-2.090)	-0.008 (-0.436)
Open	0.121 (0.558)	0.121 (1.602)	-0.091 (-0.656)
TS	-0.351 (-1.291)	-0.812 (-1.230)	-0.354* (-1.763)
ACP	-0.113*** (-4.403)	-0.080** (-2.277)	-0.139*** (-6.280)
Cons	-1.849*** (-5.550)	-1.718** (-2.233)	-1.534*** (-5.921)
N	126	140	168
sigma_ u	0.073*** (2.834)	0.090*** (3.636)	0.112*** (4.561)
sigma_ e	0.086*** (15.510)	0.116*** (14.797)	0.080*** (17.615)
Wald 检验	103.66***	74.58***	144.92***
LR 检验	16.38***	31.45***	98.11***

注：①括号中为 t 值；②*、**、***分别表示 10%、5%和 1%的显著性水平。

资料来源：笔者使用 STATA 计量软件 14 版估计整理得到。

表 6-8 为东、中、西部星级饭店业绿色生产纯技术效率对高铁的回归结果。可以看出，列（1）~（3）中高铁的系数均显著为正，说明高铁对东、中、西部星级饭店业绿色生产的纯技术效率均存在积极影响。

表 6-8　高铁对东、中、西部星级饭店业绿色生产纯技术效率的影响

被解释变量 解释变量	东部 (1)	中部 (2)	西部 (3)
HSR	0.027*** (3.133)	0.015** (2.064)	0.027*** (3.266)
Economic	0.201* (1.852)	0.226*** (4.740)	0.122** (2.195)
I	-0.067* (-1.654)	0.017 (0.579)	-0.038 (-1.370)
Urban	-0.097 (-0.204)	-1.686*** (-6.685)	0.223 (0.704)
Open	0.112 (1.260)	-0.390** (-2.285)	-0.087 (-0.430)
TS	-0.791 (-1.011)	0.108 (0.376)	-0.077 (-0.275)
ACP	-0.082* (-1.903)	-0.119*** (-3.733)	-0.145*** (-4.571)
Cons	-0.914 (-1.028)	-0.900*** (-2.588)	-0.370 (-1.023)
N	126	140	168
sigma_ u	0.080*** (3.227)	0.000 (0.000)	0.128*** (4.458)
sigma_ e	0.142*** (14.059)	0.113*** (16.733)	0.116*** (17.126)
Wald 检验	47.55***	134.90***	48.42***
LR 检验	13.96***	1.08***	71.92***

注：①括号中为 t 值；②*、**、***分别表示 10%、5%和 1%的显著性水平。

资料来源：笔者使用 STATA 计量软件 14 版估计整理得到。

表6-9为东、中、西部星级饭店业绿色生产规模效率对高铁的回归结果。可以看出，列（1）中高铁系数显著为负，列（2）与列（3）中高铁系数均为负向不显著，说明高铁对东、中、西部星级饭店业绿色生产规模效率均不存在积极影响。

表6-9　高铁对东、中、西部星级饭店业绿色生产规模效率的影响

解释变量＼被解释变量	东部 （1）	中部 （2）	西部 （3）
HSR	-0.009** (-2.290)	-0.002 (-0.359)	-0.007 (-1.022)
Economic	0.177*** (3.678)	0.158*** (4.043)	0.124*** (2.660)
Urban	-0.434** (-2.273)	-0.488* (-1.800)	-0.225 (-0.825)
I	0.003 (0.191)	-0.023 (-1.143)	0.036 (1.629)
Open	0.037 (0.987)	0.450*** (2.706)	0.051 (0.317)
TS	-0.160 (-0.433)	-0.074 (-0.332)	-0.045 (-0.195)
ACP	-0.005 (-0.268)	-0.009 (-0.420)	-0.039 (-1.519)
Cons	-0.628 (-1.565)	-0.306 (-1.063)	-0.507* (-1.685)
N	126	140	168
sigma_ u	0.024** (2.238)	0.046*** (3.006)	0.133*** (4.488)
sigma_ e	0.064*** (14.794)	0.074*** (15.782)	0.092*** (17.587)
Wald 检验	19.39***	34.56***	38.25***
LR 检验	3.68**	13.86***	97.69***

注：①括号中为t值；②*、**、***分别表示10%、5%和1%的显著性水平。

资料来源：笔者使用STATA计量软件14版估计整理得到。

四、高铁对景区业绿色生产效率影响的区域异质性

表6-10中的列（1）~（3）分别为东、中、西部景区业绿色生产综合效率对高铁的回归结果。可以看出，列（1）中的系数为负向不显著，列（2）和列（3）中的高铁的系数显著为正。也就是说，高铁对中、西部景区业绿色生产综合效率存在积极影响，而对东部不存在。

表6-10 高铁对东、中、西部景区业绿色生产综合效率的影响

被解释变量 解释变量	东部 （1）	中部 （2）	西部 （3）
HSR	-0.000 (-0.068)	0.009* (1.756)	0.019* (1.929)
Economic	0.044 (1.094)	0.178*** (3.098)	0.085* (1.698)
Urban	0.274 (0.855)	-0.750** (-2.478)	-0.218 (-0.578)
LTA	0.078** (2.013)	0.135*** (3.546)	0.069 (1.505)
Talents	-0.006* (-1.781)	0.001 (0.353)	-0.002 (-0.269)
Marketization	0.019 (1.464)	0.017* (1.666)	0.040*** (2.820)
Population	0.223 (0.120)	-0.234 (-0.657)	-5.347 (-1.203)
Cons	-0.623** (-2.200)	-1.542*** (-3.408)	-0.779** (-2.074)
N	126	140	168
sigma_ u	0.071*** (3.813)	0.088*** (4.333)	0.127*** (3.805)
sigma_ e	0.082*** (16.036)	0.086*** (16.787)	0.109*** (15.759)
Wald 检验	44.44***	45.49***	47.65***
LR 检验	34.14***	73.39***	43.11***

注：①括号中为t值；②*、**、***分别表示10%、5%和1%的显著性水平。

资料来源：笔者使用STATA计量软件14版估计整理得到。

表6-11中的列（1）~（3）分别为东、中、西部景区业绿色生产纯技术效率对高铁的回归结果，列（1）与列（2）中高铁的系数为正向不显著，列（3）中的系数为正向显著，说明高铁对西部景区业绿色生产纯技术效率存在积极影响，但对东、中部不存在。

表6-11　高铁对东、中、西部景区业绿色生产纯技术效率的影响

解释变量 \ 被解释变量	东部 (1)	中部 (2)	西部 (3)
HSR	0.004 (0.442)	0.001 (0.095)	0.033*** (2.601)
Economic	0.089 (0.961)	0.049 (0.975)	-0.214*** (-3.089)
Urban	0.183 (0.377)	0.088 (0.218)	1.743*** (3.239)
LTA	0.138** (2.223)	0.110** (2.175)	0.061 (0.979)
Talents	-0.002 (-0.422)	-0.008* (-1.666)	-0.007 (-0.760)
Marketization	0.003 (0.173)	0.024 (1.445)	0.037** (2.063)
Population	-1.100* (-1.940)	-0.783 (-0.376)	-15.291* (-1.911)
Cons	-0.911 (-1.237)	-0.601* (-1.672)	1.509*** (2.916)
N	126	140	168
sigma_ u	0.132*** (4.218)	0.071*** (3.478)	0.252*** (4.007)
sigma_ e	0.142*** (16.463)	0.108*** (15.766)	0.137*** (15.538)
Wald 检验	22.14***	27.79***	35.93***
LR 检验	63.45***	18.71***	80.07***

注：①括号中为t值；②*、**、***分别表示10%、5%和1%的显著性水平。

资料来源：笔者使用STATA计量软件14版估计整理得到。

表 6-12 中的列（1）~（3）分别为东、中、西部景区业绿色生产规模效率对高铁的回归结果。可以看出，列（2）与列（3）中的高铁系数均为负向显著，说明高铁对中、西部景区业绿色生产规模效率均存在消极影响。

表 6-12　高铁对东、中、西部景区业绿色生产规模效率的影响

解释变量 \ 被解释变量	东部 (1)	中部 (2)	西部 (3)
HSR	0.003 (0.386)	−0.026*** (−3.374)	−0.041*** (−3.119)
Economic	0.286*** (3.216)	0.182*** (3.857)	0.339*** (5.167)
Urban	−1.669*** (−3.429)	0.511 (1.340)	−0.384 (−0.813)
LTA	−0.059 (−0.985)	0.043 (0.937)	0.120** (2.043)
Talents	−0.000 (−0.055)	0.015*** (3.601)	0.009 (0.894)
Marketization	−0.013 (−0.843)	0.013 (0.867)	0.006 (0.312)
Population	2.006** (2.289)	4.497** (2.276)	8.109* (1.689)
Cons	−1.171* (−1.684)	−1.403*** (−4.163)	−2.607*** (−5.270)
N	126	140	168
sigma_ u	0.223*** (3.573)	0.071*** (3.646)	0.124*** (3.835)
sigma_ e	0.126*** (16.448)	0.100*** (16.031)	0.146*** (15.835)
Wald 检验	53.08***	139.88***	122.04***
LR 检验	132.15***	25.33***	36.30***

注：①括号中为 t 值；②*、**、***分别表示 10%、5%和 1%的显著性水平。

资料来源：笔者使用 STATA 计量软件 14 版估计整理得到。

第二节 高铁对旅游业及其主要细分行业绿色生产效率处于不同水平地区影响的异质性分析

一、高铁对旅游业总体绿色生产效率处于不同水平地区影响的异质性

为检验高铁对旅游业总体绿色生产效率处于不同水平地区的影响是否存在异质性，笔者采用分位数回归，结果如表 6-13 所示。其中，表 6-13 中的列（1）~（3）分别是在 0.2 分位、0.5 分位以及 0.8 分位处旅游业总体绿色生产综合效率对高铁的回归结果；列（4）~（6）分别为在 0.2 分位、0.5 分位以及 0.8 分位处旅游业总体绿色生产纯技术效率对高铁的回归结果。从表 6-13 中可以看出，高铁的系数始终显著为正。比较高铁系数的大小发现，无论是旅游业总体的绿色生产综合效率还是纯技术效率，随着分位数的增加，高铁系数均是先增加后减少。

表 6-13 不同分位处高铁对旅游业绿色生产效率的影响

被解释变量 / 解释变量	综合效率（OE）			纯技术效率（TE）		
	0.2 (1)	0.5 (2)	0.8 (3)	0.2 (4)	0.5 (5)	0.8 (6)
HSR	0.011** (2.475)	0.019*** (4.437)	0.014*** (3.427)	0.015*** (3.838)	0.030*** (4.139)	0.021*** (5.962)
Economic	0.100*** (3.714)	0.076*** (2.853)	0.081*** (3.329)	0.186*** (7.811)	0.261*** (5.873)	0.174*** (8.206)
Urban	0.740*** (6.031)	0.615*** (5.088)	0.848*** (7.635)	0.235** (2.164)	0.006 (0.031)	0.032 (0.336)
I	-0.070*** (-3.478)	-0.038* (-1.898)	-0.079*** (-4.358)	-0.078*** (-4.424)	-0.133*** (-4.026)	-0.061*** (-3.901)
Open	-0.073** (-2.255)	-0.054* (-1.680)	-0.066** (-2.242)	-0.103*** (-3.597)	-0.055 (-1.017)	-0.091*** (-3.551)
LTA	0.324*** (17.100)	0.275*** (14.772)	0.293*** (17.081)	0.319*** (19.087)	0.370*** (11.861)	0.278*** (18.742)

续表

被解释变量 / 解释变量	综合效率（OE）			纯技术效率（TE）		
	0.2 (1)	0.5 (2)	0.8 (3)	0.2 (4)	0.5 (5)	0.8 (6)
Talents	-0.018*** (-7.585)	-0.017*** (-7.231)	-0.020*** (-9.137)	-0.018*** (-8.698)	-0.018*** (-4.633)	-0.019*** (-9.945)
Cons	-0.650*** (-3.026)	-0.639*** (-3.019)	-0.453** (-2.329)	-1.274*** (-6.712)	-1.500*** (-4.236)	-1.199*** (-7.117)
N	434	434	434	434	434	434
R^2	0.4820	0.4159	0.4651	0.4501	0.4601	0.4017

注：①括号中为t值；②*、**、***分别表示10%、5%和1%的显著性水平。

资料来源：笔者使用STATA计量软件14版估计整理得到。

为更准确地了解旅游业总体绿色生产综合效率和纯技术效率对高铁的回归系数在不同分位处的变化趋势，笔者将不同分位数回归的系数及其95%的置信区间进行画图比较，如图6-1和图6-2所示。图6-1和图6-2中的阴影部分为分位数回归系数的95%置信区间，在条件分布的右端，95%置信区间变得宽了，这是因为系数估计值的标注误差变大了。此外，提供了OLS估计系数作为参照系，如图6-1和图6-2中的虚线所示。

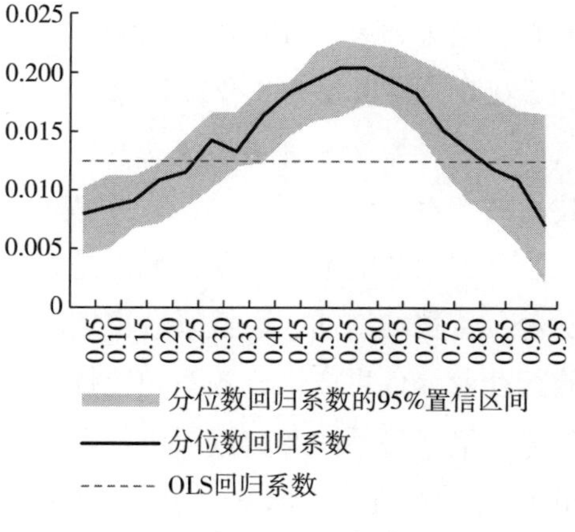

图6-1　综合效率不同分位数回归的系数比较

资料来源：笔者使用STATA计量软件14版估计整理得到。

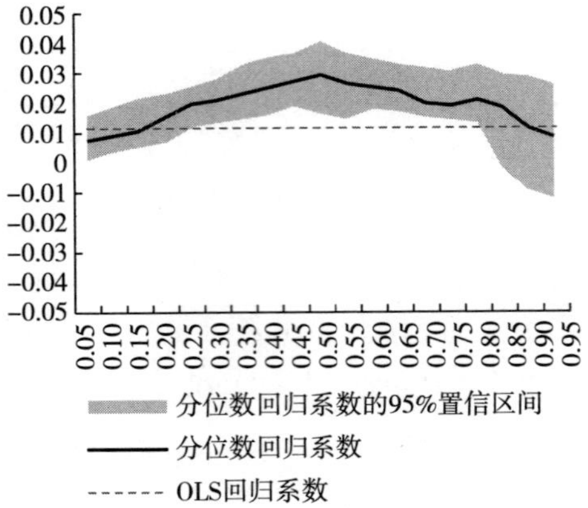

图 6-2 纯技术效率不同分位数回归的系数比较

资料来源：笔者使用 STATA 计量软件 14 版估计整理得到。

在旅游业总体绿色生产综合效率和纯技术效率不同分位处的回归系数比较中，随着分位数的增加，高铁的分位数回归系数呈现先上升后下降趋势（见图 6-1、图 6-2）。以上表明，从整体上看，高铁对旅游业总体绿色生产综合效率与纯技术效率的条件分布的两端之影响小于对其中间部分的影响。也就是说，高铁对低效率和高效率样本的影响都比较小，而最大受益者为处于中等效率水平的地区。

二、高铁对旅行社业绿色生产效率处于不同水平地区影响的异质性

为检验高铁对旅行社业绿色生产效率处于不同水平地区的影响是否存在异质性，笔者采用分位数回归，结果如表 6-14 所示。其中，表 6-14 中的列（1）~（3）分别是在 0.4 分位、0.6 分位以及 0.8 分位处旅行社业绿色生产综合效率对高铁的回归结果；列（4）~（6）分别是在 0.4 分位、0.6 分位以及 0.8 分位处旅行社业绿色生产纯技术效率对高铁的回归结果。从表 6-14 中可以看出，高铁系数始终显著为正。比较高铁系数的大小发现，无论是旅行社业绿色生产综合效率还是纯技术效率，随着分位数的增加，高铁系数也依次增加。

为更准确地了解旅行社业绿色生产综合效率和纯技术效率对高铁的回归系数在不同分位处的变化趋势，笔者将不同分位数回归的系数及其 95%的置信区间进行画图比较，如图 6-3 和图 6-4 所示。图 6-3 和图 6-4 中的阴影部分为分位数回归系数的 95%置信区间，在条件分布的右端，95%置信区间变得宽了，这是因为系数估计值的标注误差变大了。此外，提供了 OLS 估计系数作为参照系，如图 6-3 和图 6-4 中的虚线所示。

表 6-14 不同分位处高铁对旅行社业绿色生产效率的影响

被解释变量 / 解释变量	综合效率（OE）			纯技术效率（TE）		
	0.4 (1)	0.6 (2)	0.8 (3)	0.4 (4)	0.6 (5)	0.8 (6)
HSR	0.007** (2.121)	0.016*** (3.966)	0.026*** (5.191)	0.008* (1.819)	0.017*** (3.465)	0.024*** (3.335)
Economic	0.059*** (5.253)	0.055*** (4.437)	0.056*** (3.573)	0.050*** (3.599)	0.051*** (3.255)	0.073*** (3.209)
I	-0.010 (-0.646)	0.004 (0.252)	0.031 (1.460)	0.005 (0.252)	0.037* (1.743)	0.087*** (2.856)
Open	0.060** (2.507)	0.027 (1.027)	0.042 (1.247)	0.017 (0.577)	-0.008 (-0.233)	-0.026 (-0.533)
LTA	0.037** (2.409)	0.040** (2.341)	0.045** (2.084)	0.032* (1.691)	0.025 (1.180)	-0.021 (-0.680)
Talents	0.006 (1.057)	0.001 (0.171)	-0.001 (-0.152)	-0.025*** (-3.357)	-0.042*** (-5.062)	-0.076*** (-6.449)
LTAA	0.008 (1.049)	0.023*** (2.718)	0.033*** (3.093)	0.007 (0.726)	0.014 (1.264)	0.026* (1.698)
Cons	-0.343*** (-3.167)	-0.348*** (-2.898)	-0.483*** (-3.191)	-0.022 (-0.165)	-0.055 (-0.365)	-0.105 (-0.485)
N	434	434	434	434	434	434
R^2	0.2676	0.3039	0.3542	0.1799	0.2061	0.2724

注：①括号中为 t 值；②*、**、***分别表示 10%、5%和 1%的显著性水平。

资料来源：笔者使用 STATA 计量软件 14 版估计整理得到。

在旅行社业绿色生产综合效率不同分位处的回归系数比较中，随着分位数的增加，高铁的分位数回归系数呈现上升趋势（见图 6-3）。在旅行社业绿色生产纯技术效率不同分位数的系数比较中，虽然 0.95 分位处的回归系数较 0.9 分位处出现了大幅降低，但整体上，随着分位数的增加，高铁的分位数回归系数同样呈现上升趋势（见图 6-4）。以上表明，从整体上看，高铁对旅行社业绿色生产综合效率与纯技术效率的条件分布的影响随着分位数的增加而增加。也就是说，地区旅行社业绿色生产效率水平越高，高铁对其的促进作用越大。

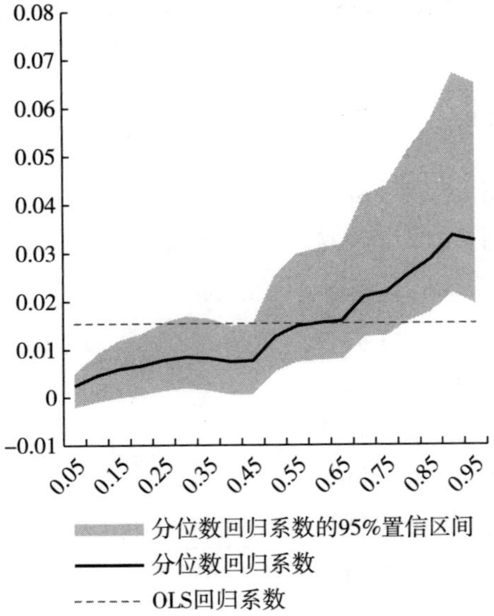

图 6-3 综合效率不同分位数回归的系数比较

资料来源：笔者使用 STATA 计量软件 14 版估计整理得到。

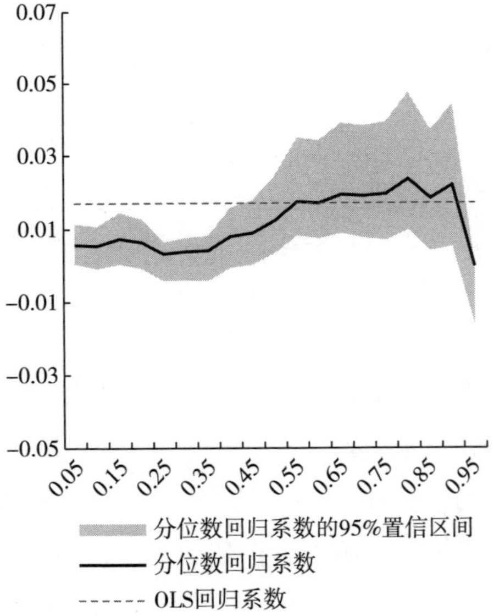

图 6-4 纯技术效率不同分位数回归的系数比较

资料来源：笔者使用 STATA 计量软件 14 版估计整理得到。

三、高铁对星级饭店业绿色生产效率处于不同水平地区影响的异质性

为检验高铁对星级饭店业绿色生产效率处于不同水平地区的促进作用是否存在异质性，笔者采用分位数回归，结果如表 6-15 所示。其中，表 6-15 中的列（1）~（4）分别是在 0.1 分位、0.3 分位、0.5 分位以及 0.7 分位处星级饭店业绿色生产综合效率对高铁的回归结果；表 6-15 中的列（5）~（8）分别是在 0.1 分位、0.3 分位、0.5 分位以及 0.7 分位处星级饭店业绿色生产纯技术效率对高铁的回归结果。从表 6-15 中可以看出，高铁的系数始终显著为正。比较高铁系数大小发现，无论是综合效率还是纯技术效率的回归结果，在 0.3 分位和 0.5 分位处的高铁的系数均大于 0.1 分位和 0.7 分位的。也就是说，在 0.3 分位和 0.5 分位处，高铁对星级饭店业绿色生产综合效率和纯技术效率的促进作用要大于在 0.1 分位和 0.7 分位的。

表 6-15 不同分位处高铁对星级饭店业绿色生产效率的影响

被解释变量 \ 解释变量	综合效率（OE）				纯技术效率（TE）			
	0.1 (1)	0.3 (2)	0.5 (3)	0.7 (4)	0.1 (5)	0.3 (6)	0.5 (7)	0.7 (8)
HSR	0.017*** (4.868)	0.023*** (5.786)	0.024*** (7.623)	0.022*** (6.463)	0.009*** (2.609)	0.024*** (5.899)	0.022*** (5.866)	0.016*** (2.928)
Economic	0.166*** (5.895)	0.132*** (4.460)	0.146*** (6.582)	0.131*** (5.377)	0.178*** (5.890)	0.120*** (5.229)	0.135*** (5.438)	0.076*** (2.897)
Urban	-0.035 (-0.297)	-0.108 (-0.914)	-0.250** (-2.528)	-0.297*** (-2.740)	-0.255** (-2.110)	-0.141* (-1.903)	-0.156 (-1.475)	-0.068 (-0.544)
I	-0.035* (-1.724)	-0.015 (-0.774)	-0.003 (-0.168)	0.002 (0.143)	-0.014 (-0.757)	-0.010 (-0.717)	-0.019 (-1.186)	0.025 (1.270)
Open	0.079** (2.422)	0.086*** (2.808)	0.093*** (3.242)	0.155*** (4.774)	0.039 (1.255)	0.077** (2.252)	0.105*** (3.593)	0.105** (2.449)
TS	-0.164 (-1.319)	-0.110 (-0.720)	0.048 (0.385)	0.177 (1.439)	0.123 (0.919)	0.066 (0.677)	0.161 (1.297)	0.178 (1.374)
ACP	-0.052** (-2.402)	-0.055*** (-2.686)	-0.075*** (-5.318)	-0.083*** (-5.879)	-0.072*** (-3.843)	-0.065*** (-3.435)	-0.074*** (-4.913)	-0.054*** (-2.779)
Cons	-1.056*** (-4.559)	-0.756*** (-3.642)	-0.877*** (-5.325)	-0.726*** (-3.835)	-1.165*** (-4.747)	-0.627*** (-4.272)	-0.660*** (-3.417)	-0.371 (-1.508)
N	434	434	434	434	434	434	434	434
R^2	0.3072	0.3082	0.3436	0.3656	0.2107	0.2130	0.2213	0.2119

注：①括号中为 t 值；②*、**、***分别表示 10%、5%和 1%的显著性水平。

资料来源：笔者使用 STATA 计量软件 14 版估计整理得到。

为更准确地了解星级饭店业绿色生产综合效率和纯技术效率对高铁的回归系数在不同分位处的变化趋势，笔者将不同分位数回归的系数及其95%的置信区间进行画图比较，如图6-5和图6-6所示。图6-5和图6-6中的阴影部分为分位数回归系数的95%置信区间，在条件分布的右端，95%置信区间变得宽了，这是因为系数估计值的标注误差变大了。此外，提供了OLS估计系数作为参照系，如图6-5和图6-6中的虚线所示。

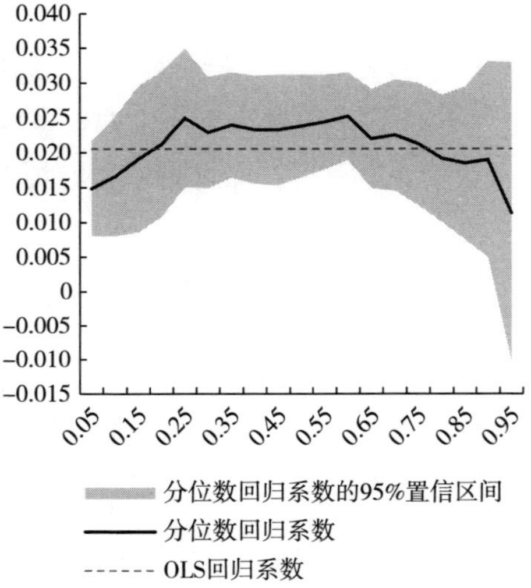

图6-5 综合效率不同分位数回归的系数比较

资料来源：笔者使用STATA计量软件14版估计整理得到。

在星级饭店业绿色生产综合效率不同分位处的回归系数比较中，随着分位数的增加，高铁的分位数回归系数呈现先升后降的趋势（见图6-5）。在星级饭店业绿色生产纯技术效率不同分位数的系数比较中，虽然0.95分位处的回归系数较0.9分位处出现了大幅提高，但整体上，随着分位数的增加，高铁的分位数回归系数同样呈现先升后降的趋势（见图6-6）。以上表明，从整体上看，高铁对星级饭店业绿色生产综合效率与纯技术效率的条件分布的两端之影响小于对其中间部分的影响。也就是说，高铁对低效率和高效率样本的影响都比较小，而最大受益者为处于中等效率水平的地区。

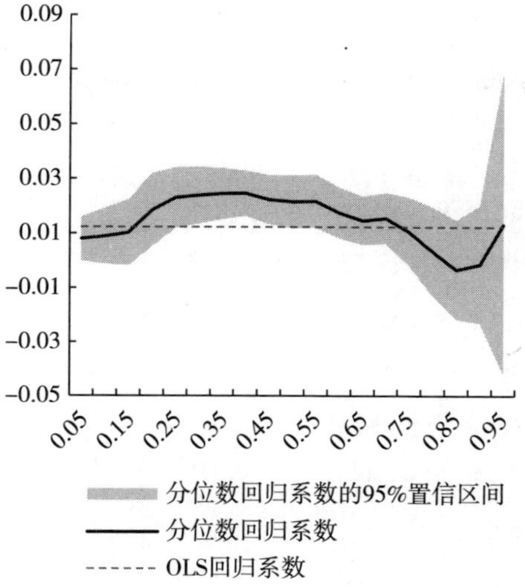

图 6-6 纯技术效率不同分位数回归的系数比较

资料来源：笔者使用 STATA 计量软件 14 版估计整理得到。

四、高铁对景区业绿色生产效率处于不同水平地区影响的异质性

为检验高铁对景区业绿色生产效率处于不同水平地区的影响是否存在异质性，笔者采用分位数回归，结果如表 6-16 所示。其中，表 6-16 中的列（1）~（3）分别是在 0.2 分位、0.5 分位以及 0.8 分位处景区业绿色生产综合效率对高铁的回归结果；列（4）~（6）分别是在 0.2 分位、0.5 分位以及 0.8 分位处景区业绿色生产纯技术效率对高铁的回归结果。从表 6-16 中可以看出，高铁系数仅在列（3）与列（6）中显著为正。

表 6-16 不同分位处高铁对景区业绿色生产效率的影响

被解释变量 / 解释变量	综合效率（OE）			纯技术效率（TE）		
	0.2 （1）	0.5 （2）	0.8 （3）	0.2 （4）	0.5 （5）	0.8 （6）
HSR	0.001 （1.129）	0.002 （1.562）	0.010* （1.791）	−0.000 （−0.040）	0.000 （0.139）	0.020*** （2.605）
Economic	0.034*** （6.017）	0.050*** （5.483）	0.103*** （3.182）	0.019*** （3.274）	0.029** （2.273）	0.092** （2.017）

续表

被解释变量 解释变量	综合效率（OE）			纯技术效率（TE）		
	0.2 (1)	0.5 (2)	0.8 (3)	0.2 (4)	0.5 (5)	0.8 (6)
Urban	-0.064** (-2.382)	-0.097** (-2.289)	-0.543*** (-3.569)	0.048* (1.743)	0.035 (0.577)	-0.126 (-0.585)
LTA	0.031*** (7.584)	0.039*** (6.043)	0.126*** (5.466)	0.037*** (8.805)	0.062*** (6.821)	0.269*** (8.280)
Talents	0.001** (2.119)	0.002** (2.062)	0.001 (0.341)	0.001** (2.485)	0.002* (1.872)	-0.003 (-0.781)
Marketization	0.004*** (3.420)	0.001 (0.682)	0.007 (1.179)	0.004*** (3.344)	-0.003 (-1.218)	-0.017* (-1.915)
Population	-0.103*** (-2.805)	-0.147** (-2.530)	-0.234 (-1.127)	-0.143*** (-3.769)	-0.127 (-1.536)	-0.628** (-2.143)
Cons	-0.307*** (-6.475)	-0.413*** (-5.502)	-0.769*** (-2.865)	-0.206*** (-4.206)	-0.247** (-2.319)	-0.753** (-1.985)
N	434	434	434	434	434	434
R^2	0.1752	0.1236	0.1452	0.1160	0.0828	0.1348

注：①括号中为 t 值；②*、**、***分别表示 10%、5%和 1%的显著性水平。

资料来源：笔者使用 STATA 计量软件 14 版估计整理得到。

为更准确地了解景区业绿色生产综合效率和纯技术效率对高铁的回归系数在不同分位处的变化趋势，笔者将不同分位数回归的系数及其 95%的置信区间进行画图比较，如图 6-7 和图 6-8 所示。图 6-7 和图 6-8 中的阴影部分为分位数回归系数的 95%置信区间，在条件分布的右端，95%置信区间变得宽了，这是因为系数估计值的标注误差变大了。此外，提供了 OLS 估计系数作为参照系，如图 6-7 和图 6-8 中的虚线所示。

在景区业绿色生产综合效率不同分位处的回归系数比较中，随着分位数的增加，高铁的分位数回归系数呈现上升趋势（见图 6-7）。在景区业绿色生产纯技术效率不同分位数的系数比较中，虽然 0.95 分位处的回归系数较 0.9 分位处出现了大幅降低，但整体上，随着分位数的增加，高铁的分位数回归系数同样呈现上升趋势（见图 6-8）。以上表明，从整体上看，高铁对景区业绿色生产综合效率与纯技术效率的条件分布的影响随着分位数的增加而增加。也就是说，景区业绿色生产效率水平越高，高铁对其的促进作用越大。

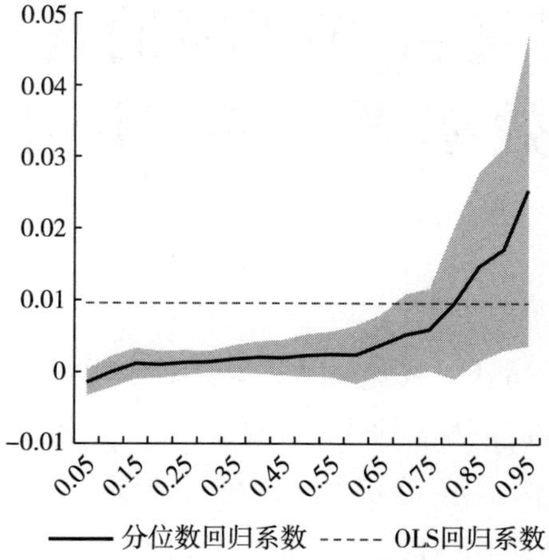

图 6-7 综合效率不同分位数回归的系数比较

资料来源：笔者使用 STATA 计量软件 14 版估计整理得到。

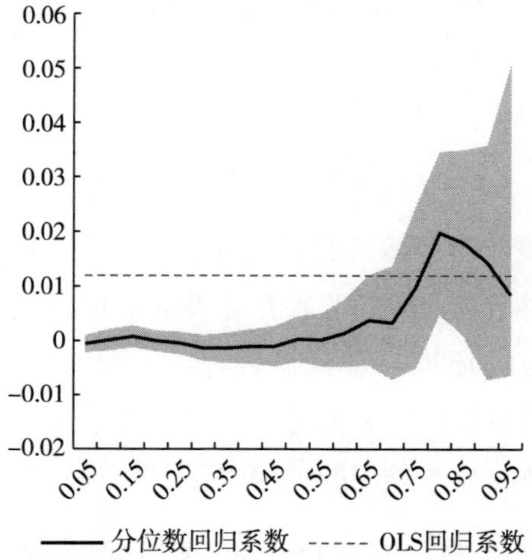

图 6-8 纯技术效率不同分位数回归的系数比较

资料来源：笔者使用 STATA 计量软件 14 版估计整理得到。

第七章　基于经营环境的高铁对旅游业绿色生产效率影响的实证结果与分析

第六章实证分析了高铁对旅游业及其主要细分行业绿色生产效率的异质性影响，本章将使用中介效应模型实证分析经营环境（包括市场环境、服务环境以及创新环境）在高铁影响旅游业及其主要细分行业绿色生产效率的过程中的作用，以检验假设 H3-1 至假设 H3-12。

第一节　基于经营环境的高铁对旅游业总体绿色生产效率的影响

一、市场环境

表 7-1 为市场环境的中介效应检验结果。列（1）和列（4）中高铁的系数显著为正，说明高铁对市场环境的改善存在着显著的促进作用。列（2）中高铁系数为正向不显著、市场环境的系数显著为正，列（3）、列（5）以及列（6）中的高铁和市场环境的系数均显著为正，说明市场环境在高铁促进旅游业总体绿色生产综合效率和纯技术效率进步的过程中存在着部分中介作用。

表 7-1　市场环境的中介效应检验结果

被解释变量 / 解释变量	Tobit 模型			2SLS 模型		
	市场环境 (1)	综合效率 (2)	纯技术效率 (3)	市场环境 (4)	综合效率 (5)	纯技术效率 (6)
HSR	0.011*** (4.214)	0.007 (1.429)	0.020*** (2.993)	0.036*** (6.426)	0.023*** (3.340)	0.020** (2.333)

续表

被解释变量 / 解释变量	Tobit 模型			2SLS 模型		
	市场环境 (1)	综合效率 (2)	纯技术效率 (3)	市场环境 (4)	综合效率 (5)	纯技术效率 (6)
Market	—	0.403*** (4.993)	0.292*** (2.576)	—	0.151** (2.485)	0.228*** (6.713)
Economic	0.647*** (31.874)	0.005 (0.077)	−0.179** (−1.972)	0.668*** (26.539)	0.129*** (2.615)	0.194*** (2.637)
Urban	1.741*** (12.418)	−0.282 (−1.233)	0.939** (2.414)	0.311*** (2.683)	−0.092 (−0.577)	−0.106 (−0.456)
I	−0.032*** (−3.100)	−0.060*** (−3.129)	−0.072*** (−2.793)	−0.017 (−0.852)	−0.095*** (−4.382)	−0.058* (−1.845)
Open	−0.237*** (−7.181)	−0.067 (−1.205)	−0.196** (−2.468)	0.015 (0.498)	−0.108*** (−2.959)	−0.095** (−2.205)
LTA	0.016 (0.942)	0.229*** (7.688)	0.178*** (4.328)	0.096*** (6.141)	0.300*** (9.130)	−0.036 (−0.411)
Talents	−0.005*** (−2.584)	−0.018*** (−5.368)	−0.024*** (−5.304)	−0.000 (−0.229)	−0.020*** (−7.298)	−0.020*** (−5.710)
Cons	2.051*** (14.114)	−2.865*** (−5.379)	−0.343 (−0.764)	2.233*** (10.362)	−1.755*** (−5.489)	−0.775* (−1.648)
N	434	434	434	434	434	434
Wald 检验	13183.18***	662.79***	224.80***	6103.72***	799.97***	181.46***
sigma_u	0.157*** (7.271)	0.112*** (6.717)	0.203*** (6.662)	—	—	—
sigma_e	0.069*** (28.238)	0.131*** (26.656)	0.172*** (25.535)	—	—	—
R-squared	—	—	—	0.939	0.604	0.284
间接效应	—	显著	显著	—	显著	显著
中介效应/总效应	—	34.10%	13.38%	—	41.82%	34.20%

注：①括号中为 t 值；②*、**、***分别表示 10%、5%和 1%的显著性水平。

资料来源：笔者使用 STATA 计量软件 14 版估计整理得到。

二、服务环境

表 7-2 为服务环境的中介效应估计结果。从表 7-2 中可以看出，列（1）和列（4）中高铁的系数显著为正，列（2）、列（3）、列（5）以及列（6）中的

高铁和服务环境的系数也均显著为正，说明服务环境在高铁促进旅游业总体绿色生产综合效率和纯技术效率进步的过程中存在着部分中介作用。

表 7-2 服务环境的中介效应检验结果

被解释变量 解释变量	Tobit 模型			一阶差分 GMM 模型		
	服务环境 (1)	综合效率 (2)	纯技术效率 (3)	服务环境 (4)	综合效率 (5)	纯技术效率 (6)
HSR	0.013*** (4.554)	0.009* (1.767)	0.021*** (3.145)	0.034*** (6.850)	0.027*** (3.790)	0.028*** (3.385)
Service	—	0.272*** (3.412)	0.202* (1.810)	—	0.310*** (9.374)	0.251*** (7.917)
Economic	0.987*** (45.728)	0.007 (0.085)	-0.188 (-1.549)	0.980*** (35.014)	0.189*** (3.365)	0.448*** (6.396)
Urban	0.673*** (4.737)	0.087 (0.404)	1.276*** (3.489)	0.186 (1.340)	-0.053 (-0.340)	-0.064 (-0.263)
I	0.005 (0.438)	-0.074*** (-3.837)	-0.082*** (-3.202)	0.007 (0.347)	-0.098*** (-4.437)	-0.055* (-1.767)
Open	-0.118*** (-3.407)	-0.119** (-2.219)	-0.235*** (-3.033)	-0.052 (-1.630)	-0.104*** (-2.711)	-0.111** (-2.552)
LTA	0.022*** (5.898)	0.219*** (6.934)	0.168*** (3.948)	0.093*** (4.513)	0.041 (0.746)	-0.284*** (-3.855)
Talents	-0.004* (-1.825)	-0.018*** (-5.375)	-0.025*** (-5.399)	-0.005*** (-2.875)	-0.020*** (-7.082)	-0.021*** (-6.063)
Cons	-1.341*** (-8.577)	-1.732*** (-6.228)	0.521 (1.277)	-1.106*** (-4.604)	-1.373*** (-4.904)	-1.168*** (-2.906)
N	434	434	434	434	434	434
Wald 检验	17654.95***	628.12***	219.97***	9266.58***	693.71***	272.29***
sigma_u	0.127*** (7.488)	0.116*** (6.567)	0.216*** (6.552)	—	—	—
sigma_e	0.076*** (28.335)	0.133*** (26.594)	0.172*** (25.461)	—	—	—
R-squared	—	—	—	0.956	0.596	0.300
间接效应	—	显著	显著	—	显著	显著
中介效应/总效应	—	27.20%	10.94%	—	81.08%	35.56%

注：①括号中为 t 值；②*、**、***分别表示 10%、5%和 1%的显著性水平。

资料来源：笔者使用 STATA 计量软件 14 版估计整理得到。

三、创新环境

表 7-3 为创新环境的中介效应检验结果。从表 7-3 中可以看出，列（1）和列（4）中高铁的系数显著为正，列（2）中高铁系数为正向不显著、创新环境的系数显著为正，列（3）、列（5）以及列（6）中的高铁和创新环境的系数均显著为正，说明创新环境在高铁促进旅游业绿色生产综合效率和纯技术效率的过程中同样存在着部分中介作用。

表 7-3　创新环境的中介效应检验结果

被解释变量 / 解释变量	Tobit 模型			一阶差分 GMM 模型		
	创新环境 (1)	综合效率 (2)	纯技术效率 (3)	创新环境 (4)	综合效率 (5)	纯技术效率 (6)
HSR	0.054*** (4.711)	0.008 (1.456)	0.016** (2.384)	0.183*** (7.535)	0.023*** (3.241)	0.026*** (2.839)
Innovation	—	0.064*** (3.036)	0.095*** (3.091)	—	0.030* (1.820)	0.233*** (7.029)
Economic	1.362*** (10.122)	0.187*** (4.092)	−0.124* (−1.821)	1.325*** (10.129)	0.190*** (4.240)	0.226*** (4.203)
Urban	3.849*** (4.697)	0.112 (0.526)	1.226*** (3.447)	−0.085 (−0.148)	−0.043 (−0.267)	−0.121 (−0.541)
I	−0.074* (−1.683)	−0.070*** (−3.565)	−0.073*** (−2.872)	0.019 (0.224)	−0.098*** (−4.489)	−0.057* (−1.788)
Open	−0.468*** (−3.750)	−0.144*** (−2.730)	−0.228*** (−2.967)	0.442*** (3.460)	−0.119*** (−3.142)	−0.077* (−1.686)
LTA	0.242*** (3.236)	0.229*** (7.287)	0.156*** (3.686)	0.193*** (2.923)	0.308*** (9.537)	−0.042* (−1.859)
Talents	0.012 (1.384)	−0.019*** (−5.525)	−0.025*** (−5.498)	−0.029*** (−3.226)	−0.019*** (−6.874)	−0.021*** (−5.791)
Cons	−14.606*** (−13.416)	−1.179*** (−2.983)	1.599*** (2.793)	−13.217*** (−11.320)	−1.024** (−2.566)	−1.409*** (−2.896)
N	434	434	434	434	434	434
Wald 检验	2473.08***	618.77***	230.49***	1944.20***	763.71***	190.80***
sigma_u	0.615*** (7.371)	0.111*** (6.403)	0.223*** (6.505)	—	—	—

续表

解释变量 \ 被解释变量	Tobit 模型			一阶差分 GMM 模型		
	创新环境 (1)	综合效率 (2)	纯技术效率 (3)	创新环境 (4)	综合效率 (5)	纯技术效率 (6)
sigma_e	0.241*** (22.480)	0.134*** (26.588)	0.170*** (25.441)	—	—	—
R-squared	—	—	—	0.828	0.602	0.285
间接效应	—	显著	显著	—	显著	显著
中介效应/总效应	—	26.58%	21.38%	—	42.23%	177.66%

注：①括号中为 t 值；②*、**、***分别表示 10%、5%和 1%的显著性水平。

资料来源：笔者使用 STATA 计量软件 14 版估计整理得到。

第二节　基于经营环境的高铁对旅行社业绿色生产效率的影响

一、市场环境

表 7-4 为市场环境的中介效应检验结果。可以看出，列（1）~（6）中高铁的系数显著为正，列（2）、列（3）、列（5）以及列（6）中的市场环境的系数均显著为正，说明高铁对市场环境存在着显著的积极影响，同时，市场环境在高铁影响旅行社业绿色生产综合效率与纯技术效率的过程中存在着显著的部分中介作用。

表 7-4　市场环境的中介效应检验结果

解释变量 \ 被解释变量	Tobit 模型			2SLS 模型		
	市场环境 (1)	综合效率 (2)	纯技术效率 (3)	市场环境 (4)	综合效率 (5)	纯技术效率 (6)
HSR	0.014*** (4.236)	0.013*** (3.200)	0.015*** (3.532)	0.027*** (5.230)	0.016** (2.248)	0.017** (2.109)

续表

被解释变量 / 解释变量	Tobit 模型			2SLS 模型		
	市场环境 （1）	综合效率 （2）	纯技术效率 （3）	市场环境 （4）	综合效率 （5）	纯技术效率 （6）
Market	—	0.122** （2.255）	0.108* （1.778）	—	0.104** （2.432）	0.094* （1.885）
Economic	0.572*** （49.438）	0.023 （0.697）	0.023 （0.621）	0.521*** （37.575）	0.007 （0.260）	0.014 （0.445）
I	-0.014 （-1.044）	0.047*** （3.074）	0.062*** （3.676）	0.012 （0.641）	0.040* （1.775）	0.056** （2.110）
Open	-0.073* （-1.741）	-0.102** （-2.420）	-0.193*** （-4.039）	0.118*** （4.816）	0.000 （0.004）	-0.032 （-0.850）
LTA	-0.019 （-0.863）	-0.068*** （-2.732）	-0.084*** （-3.123）	-0.077*** （-5.094）	0.045** （2.045）	0.010 （0.391）
Talents	0.010 （1.003）	-0.014 （-1.359）	-0.038*** （-3.326）	0.053*** （8.236）	-0.007 （-0.796）	-0.062*** （-5.422）
LTAA	0.013 （0.939）	0.036** （2.530）	0.050*** （3.094）	-0.011 （-1.251）	0.028** （2.183）	0.026* （1.887）
Cons	4.772*** （44.882）	-1.238*** （-4.384）	-0.892*** （-2.825）	4.587*** （28.808）	-1.093*** （-4.126）	-0.556* （-1.881）
N	434	434	434	434	434	434
Wald 检验	7909.68***	306.68***	250.18***	8407.11***	269.12***	172.47***
sigma_u	0.123*** （6.647）	0.098*** （6.310）	0.122*** （6.819）	—	—	—
sigma_e	0.090*** （28.068）	0.105*** （27.580）	0.116*** （27.464）	—	—	—
R-squared	—	—	—	0.939	0.463	0.356
间接效应	—	显著	显著	—	显著	显著
中介效应/总效应	—	12.2%	10.05%	—	14.78%	12.69%

注：①括号中为 t 值；②*、**、***分别表示 10%、5%和 1%的显著性水平。

资料来源：笔者使用 STATA 计量软件 14 版估计整理得到。

二、服务环境

表 7-5 为服务环境的中介效应检验结果。可以看出列（1）~（6）中高铁的系数均显著为正，服务环境的系数在列（2）、列（3）以及列（5）中显著为正，但列（6）中为正向不显著，说明在考虑了内生性后，服务环境在高铁影响旅行社业绿色生产综合效率的过程中存在着显著的部分中介作用，而这种中介作用在高铁影响旅行社业绿色生产纯技术效率的过程中则不存在。

表 7-5　服务环境的中介效应检验结果

被解释变量 / 解释变量	Tobit 模型			2SLS 模型		
	服务环境 (1)	综合效率 (2)	纯技术效率 (3)	服务环境 (4)	综合效率 (5)	纯技术效率 (6)
HSR	0.005*** (4.613)	0.012*** (3.094)	0.014*** (3.313)	0.009*** (4.819)	0.017** (2.322)	0.019** (2.255)
Service	—	0.410** (2.438)	0.483** (2.542)	—	0.264* (1.879)	0.140 (0.835)
Economic	0.022*** (5.898)	0.085*** (6.385)	0.075*** (4.990)	−0.001 (−0.102)	0.061*** (3.426)	0.063*** (2.895)
I	−0.001 (−0.363)	0.046*** (3.035)	0.061*** (3.665)	0.004 (0.625)	0.040* (1.793)	0.057** (2.134)
Open	−0.020 (−1.600)	−0.100** (−2.355)	−0.194*** (−4.020)	−0.016* (−1.763)	0.016 (0.536)	−0.018 (−0.524)
LTA	0.025*** (3.742)	−0.082*** (−3.295)	−0.100*** (−3.653)	0.024*** (3.262)	0.031 (1.473)	−0.000 (−0.020)
Talents	−0.005* (−1.680)	−0.011 (−1.133)	−0.035*** (−3.063)	0.016*** (5.950)	−0.006 (−0.625)	−0.060*** (−4.976)
LTAA	−0.002 (−0.512)	0.038*** (2.670)	0.052*** (3.178)	0.005 (1.299)	0.026** (2.025)	0.024* (1.782)
Cons	0.227*** (6.740)	−0.745*** (−6.073)	−0.483*** (−3.534)	0.142*** (2.868)	−0.653*** (−4.546)	−0.144 (−0.788)
N	434	434	434	434	434	434
Wald 检验	260.37***	308.35***	256.20***	231.22***	271.89***	169.32***
sigma_u	0.047*** (7.315)	0.099*** (6.311)	0.126*** (6.759)	—	—	—

续表

被解释变量 / 解释变量	Tobit 模型			2SLS 模型		
	服务环境 (1)	综合效率 (2)	纯技术效率 (3)	服务环境 (4)	综合效率 (5)	纯技术效率 (6)
sigma_e	0.028*** (28.282)	0.105*** (27.575)	0.116*** (27.430)	—	—	—
R-squared	—	—	—	0.331	0.462	0.352
间接效应	—	显著	显著	—	显著	不显著
中介效应/总效应	—	14.64%	14.21%	—	12.51%	—

注：①括号中为 t 值；②*、**、*** 分别表示 10%、5%和 1%的显著性水平。

资料来源：笔者使用 STATA 计量软件 14 版估计整理得到。

三、创新环境

表 7-6 为创新环境的中介效应检验结果。可以看出，列（1）~（6）中高铁的系数均显著为正，列（5）与列（6）中创新环境的系数也均显著为正，说明在考虑了内生性后，创新环境在高铁影响旅行社业绿色生产综合效率与纯技术效率的过程中存在着显著的部分中介作用。

表 7-6　创新环境的中介检验结果

被解释变量 / 解释变量	Tobit 模型			2SLS 模型		
	创新环境 (1)	综合效率 (2)	纯技术效率 (3)	创新环境 (4)	综合效率 (5)	纯技术效率 (6)
HSR	0.042*** (3.513)	0.013*** (3.049)	0.016*** (3.419)	0.134*** (6.163)	0.013* (1.763)	0.013* (1.647)
Innovation	—	0.023 (1.456)	0.018 (0.969)	—	0.046*** (2.821)	0.049*** (2.823)
Economic	1.324*** (27.635)	0.068*** (3.087)	0.066*** (2.688)	0.964*** (17.318)	0.017 (0.732)	0.016 (0.603)
I	0.001 (0.025)	0.046*** (3.004)	0.061*** (3.617)	0.148** (2.094)	0.034 (1.534)	0.050* (1.906)
Open	-0.230* (-1.760)	-0.107** (-2.546)	-0.198*** (-4.127)	0.922*** (8.061)	-0.030 (-0.851)	-0.065* (-1.707)
LTA	0.283*** (3.645)	-0.074*** (-2.996)	-0.090*** (-3.306)	-0.043 (-0.757)	0.039* (1.762)	0.005 (0.194)

续表

被解释变量 / 解释变量	Tobit 模型			2SLS 模型		
	创新环境 (1)	综合效率 (2)	纯技术效率 (3)	创新环境 (4)	综合效率 (5)	纯技术效率 (6)
Talents	0.089** (2.283)	-0.013 (-1.312)	-0.038*** (-3.279)	0.204*** (7.485)	-0.011 (-1.344)	-0.067*** (-6.154)
LTAA	0.096* (1.803)	0.037*** (2.621)	0.051*** (3.158)	-0.269*** (-6.212)	0.040*** (2.702)	0.038** (2.526)
Cons	-10.654*** (-18.615)	-0.464*** (-2.598)	-0.236 (-1.181)	-9.716*** (-16.075)	-0.172 (-0.919)	0.348 (1.484)
N	434	434	434	434	434	434
Wald 检验	2266.69***	301.73***	246.71***	3240.16***	279.70***	187.53***
sigma_u	0.676*** (6.971)	0.097*** (6.217)	0.121*** (6.764)	—	—	—
sigma_e	0.251*** (22.261)	0.106*** (27.543)	0.117*** (27.447)	—	—	—
R-squared	—	—	—	0.868	0.474	0.369
间接效应	—	不显著	不显著	—	显著	显著
中介效应/总效应	—	—	—	—	32.44%	32.83%

注：①括号中为 t 值；②*、**、***分别表示 10%、5%和 1%的显著性水平。

资料来源：笔者使用 STATA 计量软件 14 版估计整理得到。

第三节　基于经营环境的高铁对星级饭店业绿色生产效率的影响

一、市场环境

表 7-7 为市场环境的中介效应检验结果。可以看出，列（1）~（6）中高铁的系数均显著为正，列（5）与列（6）中的市场环境的系数均不显著，说明市场环境在高铁促进星级饭店业绿色生产综合效率和纯技术效率进步的过程中均不存在中介作用。

表 7-7　市场环境的中介效应检验结果

解释变量＼被解释变量	Tobit 模型			系统 GMM		
	市场环境（1）	综合效率（2）	纯技术效率（3）	市场环境（4）	综合效率（5）	纯技术效率（6）
L. Market	—	—	—	0.187*** （5.821）	—	—
L. OE	—	—	—	—	0.543*** （11.337）	—
L. TE	—	—	—	—	—	0.224*** （3.963）
HSR	0.013*** （6.010）	0.015*** （5.118）	0.022*** （5.802）	0.187*** （5.821）	0.010*** （5.426）	0.009*** （4.534）
Market	—	0.192*** （3.220）	−0.024 （−0.430）	—	0.051 （0.214）	0.057 （0.792）
Economic	0.561*** （31.298）	0.100** （2.378）	0.304*** （3.750）	0.169*** （16.874）	0.146*** （7.179）	0.167*** （4.867）
Urbar	1.359*** （11.909）	−0.466*** （−3.343）	−0.465** （−2.341）	0.777*** （32.560）	0.105*** （4.157）	−0.525*** （−3.098）
I	0.005 （0.562）	−0.023** （−1.964）	−0.041*** （−2.678）	−0.005*** （−3.499）	−0.021*** （−5.435）	−0.032*** （−6.770）
Open	−0.145*** （−5.446）	0.104*** （3.329）	0.125*** （2.832）	−0.113*** （−13.069）	−0.094 （−1.613）	0.186*** （5.608）
TS	0.466*** （4.737）	−0.491*** （−3.792）	−0.586*** （−3.385）	−0.002*** （−3.475）	0.348*** （4.406）	−0.169 （−1.408）
ACP	0.115*** （12.117）	−0.098*** （−6.641）	−0.101*** （−5.203）	−0.002* （−1.652）	−0.072*** （−19.001）	−0.071*** （−11.572）
Cons	2.727*** （21.621）	−1.830*** （−8.061）	−1.425*** （−4.616）	0.747*** （18.872）	−0.321 （−1.227）	−1.300*** （−5.597）
N	434	434	434	434	434	434
Wald chi2	—	—	—	29.481***	25.137***	25.692***
AR（1）	—	—	—	0.000	0.000	0.024
AR（2）	—	—	—	0.331	0.899	0.962
F 检验	19974.03***	437.29***	226.27***	—	—	—

续表

被解释变量 / 解释变量	Tobit 模型			系统 GMM		
	市场环境 (1)	综合效率 (2)	纯技术效率 (3)	市场环境 (4)	综合效率 (5)	纯技术效率 (6)
Sargan 检验	387.29***	141.80***	249.78***	37904.15***	30925.40***	4621.23***
中介效应	—	显著	不显著	—	不显著	不显著
中介效应/总效应	—	14.68%	—	—	—	—

注：①括号中为 t 值；②*、**、*** 分别表示 10%、5%和 1%的显著性水平。

资料来源：笔者使用 STATA 计量软件 14 版估计整理得到。

二、服务环境

表 7-8 为服务环境的中介效应估计结果。从表 7-8 中可以看出，列（1）~（6）中高铁的系数均显著为正，列（2）、列（5）以及列（6）中服务环境的系数也均显著为正，列（3）中的服务环境的系数为正向不显著，说明服务环境在高铁促进星级饭店业绿色生产综合效率与纯技术效率的过程中存在着部分中介作用。

表 7-8 服务环境的中介效应检验结果

被解释变量 / 解释变量	Tobit 模型			系统 GMM		
	服务环境 (1)	综合效率 (2)	纯技术效率 (3)	服务环境 (4)	综合效率 (5)	纯技术效率 (6)
L. Service	—	—	—	0.833*** (30.463)	—	—
L. OE	—	—	—	—	0.566*** (10.095)	—
L. TE	—	—	—	—	—	0.151*** (3.572)
HSR	0.025*** (3.076)	0.016*** (5.868)	0.025*** (6.751)	0.149*** (3.746)	0.009*** (5.715)	0.010*** (7.397)
Service	—	0.032** (2.148)	0.030 (1.432)	—	0.116*** (5.665)	0.202*** (11.507)
Economic	1.049*** (15.033)	0.179*** (6.440)	0.119*** (3.218)	0.020 (0.352)	0.072*** (2.837)	0.229*** (16.160)

续表

被解释变量 / 解释变量	Tobit 模型			系统 GMM		
	服务环境 (1)	综合效率 (2)	纯技术效率 (3)	服务环境 (4)	综合效率 (5)	纯技术效率 (6)
Urban	0.705 (1.601)	-0.311** (-2.455)	-0.146 (-0.816)	1.159*** (6.496)	-0.174* (-1.894)	-0.589*** (-5.465)
I	0.110*** (3.348)	-0.024** (-2.084)	-0.041*** (-2.656)	-0.011 (-0.927)	-0.026*** (-5.349)	-0.039*** (-12.143)
Open	0.435*** (4.163)	0.065** (2.057)	0.071 (1.598)	0.004 (1.632)	0.016 (1.256)	0.008 (0.779)
TS	-0.162 (-0.428)	-0.389*** (-3.044)	-0.424** (-2.494)	0.417*** (3.448)	0.383*** (3.549)	-0.163** (-2.076)
ACP	-0.239*** (-6.558)	-0.065*** (-4.926)	-0.056*** (-3.181)	-0.197*** (-16.143)	-0.078*** (-15.141)	-0.066*** (-7.761)
Cons	-7.142*** (-14.582)	-1.101*** (-5.597)	-0.399 (-1.525)	0.113 (0.314)	-0.379** (-2.115)	-1.314*** (-10.947)
N	434	434	434	434	434	434
Wald chi2	—	—	—	54748.04***	18117.03***	2832.89***
AR (1)	—	—	—	0.000	0.000	0.035
AR (2)	—	—	—	0.566	0.861	0.758
F 检验	2065.43***	423.88***	208.03***	—	—	—
Sargan 检验	586.19***	158.02***	242.14***	28.146***	24.273***	27.239***
中介效应	—	显著	不显著	—	显著	显著
中介效应/总效应	—	4.71%	—	—	101.67%	115.76%

注：①括号中为 t 值；②*、**、***分别表示 10%、5%和 1%的显著性水平。

资料来源：笔者使用 STATA 计量软件 14 版估计整理得到。

三、创新环境

表 7-9 为创新环境的中介效应检验结果。可以看出，列（1）~（6）中高铁的系数显著为正，列（2）中的创新环境的系数为正向不显著，列（3）、列（5）以及列（6）中的创新环境的系数均显著为正，说明高铁对创新环境与星级饭店业绿色生产效率均存在着显著的促进作用，并且创新环境在高铁促进星级饭店业纯技术效率进步的过程中存在着部分中介作用。

表 7-9 创新环境的中介效应检验结果

被解释变量 / 解释变量	Tobit 模型			系统 GMM		
	创新环境 (1)	综合效率 (2)	纯技术效率 (3)	创新环境 (4)	综合效率 (5)	纯技术效率 (6)
L. Innovation	—	—	—	1. 019*** (479. 702)	—	—
L. OE	—	—	—	—	0. 545*** (9. 091)	—
L. TE	—	—	—	—	—	-0. 177** (-2. 148)
HSR	0. 001*** (3. 051)	0. 017*** (5. 990)	0. 025*** (6. 625)	0. 002** (2. 184)	0. 011*** (5. 723)	0. 011*** (7. 960)
Innovation	—	0. 347 (0. 722)	1. 482** (2. 249)	—	0. 106*** (9. 380)	0. 213*** (12. 705)
Economic	-0. 000 (-0. 188)	0. 214*** (9. 083)	0. 155*** (5. 009)	0. 001*** (3. 646)	0. 068*** (3. 414)	0. 240*** (22. 731)
I	-0. 000 (-0. 224)	-0. 021* (-1. 830)	-0. 038** (-2. 492)	-0. 001*** (-17. 670)	-0. 021*** (-4. 820)	-0. 040*** (-13. 108)
Urban	0. 001 (0. 059)	-0. 283** (-2. 180)	-0. 163 (-0. 922)	0. 005*** (3. 023)	0. 163 (1. 389)	-0. 612*** (-12. 601)
Open	-0. 004 (-1. 232)	0. 080** (2. 520)	0. 080* (1. 849)	0. 001*** (4. 577)	-1. 812** (-2. 053)	-0. 260 (-0. 469)
TS	-0. 014 (-1. 209)	-0. 404*** (-3. 146)	-0. 412** (-2. 431)	0. 000*** (7. 304)	0. 237** (2. 411)	-0. 177** (-2. 148)
ACP	0. 004*** (3. 568)	-0. 075*** (-5. 850)	-0. 069*** (-4. 043)	-0. 001*** (-17. 698)	-0. 076*** (-26. 245)	-0. 066*** (-10. 848)
Cons	0. 015 (0. 970)	-1. 347*** (-8. 041)	-0. 646*** (-2. 940)	-0. 006*** (-3. 354)	-0. 427*** (-2. 998)	-1. 355*** (-17. 109)
N	434	434	434	434	434	434
Wald chi2	—	—	—	377. 07***	1063. 07***	1727. 82***
AR (1)	—	—	—	0. 054	0. 000	0. 065
AR (2)	—	—	—	0. 114	0. 976	0. 634
F 检验	66. 86***	414. 96***	211. 30***	—	—	—

续表

被解释变量 / 解释变量	Tobit 模型			系统 GMM		
	创新环境 (1)	综合效率 (2)	纯技术效率 (3)	创新环境 (4)	综合效率 (5)	纯技术效率 (6)
Sargan 检验	618.93***	174.51***	240.76***	27.615***	25.854***	26.894***
间接效应	—	不显著	显著	—	显著	显著
中介效应/总效应	—	—	5.70%	—	1.25%	1.64%

注：①括号中为 t 值；②*、**、***分别表示 10%、5%和 1%的显著性水平。

资料来源：笔者使用 STATA 计量软件 14 版估计整理得到。

第四节　基于经营环境的高铁对景区业绿色生产效率的影响

一、市场环境

表 7-10 为市场环境的中介效应检验结果。可以看出，列（1）~（4）与列（6）中高铁的系数显著为正，列（2）、列（5）以及列（6）中的市场环境的系数显著为正，说明高铁对市场环境存在着显著的积极影响，同时，市场环境在高铁影响景区业绿色生产综合效率与纯技术效率的过程中存在着显著的中介作用。

表 7-10　市场环境的中介效应检验结果

被解释变量 / 解释变量	Tobit 模型			系统 GMM 模型		
	市场环境 (1)	综合效率 (2)	纯技术效率 (3)	市场环境 (4)	综合效率 (5)	纯技术效率 (6)
L. Market	—	—	—	0.774*** (86.235)	—	—
L. OE	—	—	—	—	0.181*** (21.493)	—

续表

被解释变量 / 解释变量	Tobit 模型			系统 GMM 模型		
	市场环境（1）	综合效率（2）	纯技术效率（3）	市场环境（4）	综合效率（5）	纯技术效率（6）
L. TE	—	—	—	—	—	0. 393*** (52. 317)
HSR	0. 008*** (2. 963)	0. 007* (1. 952)	0. 012** (2. 338)	0. 002*** (4. 036)	0. 001 (1. 111)	0. 004*** (4. 431)
Market	—	0. 131** (2. 342)	0. 042 (0. 515)	—	0. 333*** (9. 478)	0. 324*** (12. 719)
Economic	0. 626*** (32. 026)	−0. 005 (−0. 113)	−0. 097 (−1. 471)	0. 124*** (19. 585)	−0. 160*** (−6. 385)	−0. 183*** (−8. 814)
Urban	1. 868*** (13. 042)	−0. 334* (−1. 957)	0. 804*** (2. 992)	0. 673*** (19. 052)	−0. 826*** (−7. 201)	−0. 712*** (−17. 850)
LTA	0. 037** (2. 064)	0. 075*** (3. 649)	0. 072** (2. 374)	0. 012* (1. 945)	0. 184*** (11. 542)	0. 149*** (19. 729)
Talents	−0. 005*** (−2. 852)	−0. 003 (−1. 443)	−0. 006* (−1. 820)	−0. 001*** (−3. 641)	−0. 002*** (−4. 197)	0. 002*** (2. 655)
Marketization	0. 009* (1. 929)	0. 018*** (2. 827)	0. 018* (1. 905)	0. 003*** (3. 325)	0. 012*** (7. 829)	0. 006*** (8. 008)
Population	3. 788*** (6. 371)	−0. 714** (−2. 333)	−1. 855*** (−3. 489)	−1. 054*** (−5. 242)	0. 341 (0. 835)	−0. 688*** (−3. 606)
Cons	1. 668*** (10. 742)	−0. 997*** (−4. 794)	0. 260 (0. 852)	0. 575*** (14. 671)	−1. 176*** (−9. 924)	−0. 826*** (−9. 452)
N	434	434	434	434	434	434
Wald 检验	14273. 19***	120. 37***	53. 44***	313173. 69***	33812. 37***	112632. 70***
LR 检验	354. 18***	169. 56***	214. 02***	—	—	—
sigma_u/AR（1）	0. 399*** (6. 312)	0. 093*** (6. 831)	0. 168*** (6. 715)	0. 000	0. 153	0. 057
sigma_e/AR（2）	0. 066*** (27. 808)	0. 095*** (28. 043)	0. 133*** (27. 461)	0. 208	0. 404	0. 193
Sargan 检验	—	—	—	0. 723	0. 910	0. 708
间接效应	—	显著	不显著	—	显著	显著
中介效应/总效应	—	10. 48%	—	—	6. 66%	4. 98%

注：①括号中为 t 值；②*、**、***分别表示 10%、5%和 1%的显著性水平。

资料来源：笔者使用 STATA 计量软件 14 版估计整理得到。

二、服务环境

表 7-11 为服务环境的中介效应检验结果。可以看出，列（1）~（6）中高铁的系数均显著为正，服务环境的系数在列（5）与列（6）中显著为正，在列（2）中为正向不显著，但通过 Bootstrap 检验，结果是显著的，说明在考虑了内生性后，服务环境在高铁影响景区业绿色生产综合效率与纯技术效率的过程中存在着显著的部分中介作用。

表 7-11　服务环境的中介效应检验结果

解释变量 \ 被解释变量	Tobit 模型			系统 GMM		
	服务环境 (1)	综合效率 (2)	纯技术效率 (3)	服务环境 (4)	综合效率 (5)	纯技术效率 (6)
L. Service	—	—	—	0.680*** (41.676)	—	—
L. OE	—	—	—	—	0.203*** (20.281)	—
L. TE	—	—	—	—	—	0.421*** (68.585)
HSR	0.015*** (4.962)	0.009** (2.490)	0.013** (2.555)	0.008*** (24.182)	0.003*** (3.718)	0.009*** (13.571)
Service	—	0.042 (0.747)	-0.013 (-0.165)	—	0.313*** (11.294)	0.114*** (4.870)
Economic	1.004*** (47.319)	0.042 (0.677)	-0.055 (-0.616)	0.228*** (15.365)	-0.237*** (-7.471)	-0.044* (-1.715)
Urban	0.539*** (3.596)	-0.212 (-1.252)	0.859*** (3.368)	0.688*** (8.508)	-0.682*** (-17.466)	-0.484*** (-15.423)
LTA	0.068*** (3.752)	0.071*** (3.358)	0.073** (2.346)	-0.019** (-2.482)	0.187*** (14.863)	0.147*** (11.081)
Talents	-0.003 (-1.426)	-0.004 (-1.586)	-0.007* (-1.878)	0.001*** (2.771)	-0.002*** (-2.705)	0.002** (2.563)
Marketization	0.003 (0.516)	0.019*** (2.981)	0.018* (1.958)	-0.005*** (-7.474)	0.017*** (9.843)	0.009*** (5.777)
Population	0.093 (0.231)	-0.735** (-2.306)	-1.866*** (-3.514)	-2.303*** (-5.531)	0.364** (2.433)	-1.251*** (-6.693)

续表

被解释变量 解释变量	Tobit 模型			系统 GMM		
	服务环境 (1)	综合效率 (2)	纯技术效率 (3)	服务环境 (4)	综合效率 (5)	纯技术效率 (6)
Cons	-1.454*** (-9.186)	-0.720*** (-3.510)	0.310 (1.036)	0.440*** (9.409)	-0.292*** (-3.428)	-0.396*** (-4.708)
N	434	434	434	434	434	434
Wald 检验	17140.91***	114.32***	52.93***	424296.18***	13248.61***	19768.79***
LR 检验	384.36***	184.65***	210.76***	—	—	—
sigma_u/AR (1)	0.137*** (6.347)	0.100*** (6.843)	0.169*** (6.734)	0.004	0.154	0.058
sigma_e/AR (2)	0.077*** (27.890)	0.095*** (28.024)	0.133*** (27.468)	0.008	0.361	0.199
Sargan 检验	—	—	—	0.726	0.809	0.774
间接效应	—	显著	不显著	—	显著	显著
中介效应/总效应	—	6.3%	—	—	25.04%	7.02%

注：①括号中为 t 值；②*、**、***分别表示 10%、5%和 1%的显著性水平。

资料来源：笔者使用 STATA 计量软件 14 版估计整理得到。

三、创新环境

表 7-12 为创新环境的中介效应检验结果。可以看出，列（1）~（6）中高铁的系数均显著为正，列（2）、列（3）、列（5）以及列（6）中创新环境的系数均不显著，说明创新环境在高铁影响景区业绿色生产效率的过程中不存在着显著中介作用。

表 7-12 创新环境的中介效应检验结果

被解释变量 解释变量	Tobit 模型			系统 GMM 模型		
	创新环境 (1)	综合效率 (2)	纯技术效率 (3)	创新环境 (4)	综合效率 (5)	纯技术效率 (6)
L. Innovation	—	—	—	0.557*** (18.685)	—	—
L. OE	—	—	—	—	0.217*** (27.063)	—

续表

被解释变量 / 解释变量	Tobit 模型			系统 GMM 模型		
	创新环境（1）	综合效率（2）	纯技术效率（3）	创新环境（4）	综合效率（5）	纯技术效率（6）
L. TE	—	—	—	—	—	0.417*** (40.184)
HSR	0.078*** (6.595)	0.009** (2.429)	0.015*** (2.895)	0.037*** (8.812)	0.004*** (6.305)	0.010*** (13.406)
Innovation	—	0.005 (0.329)	-0.029 (-1.276)	—	0.599 (1.353)	0.006 (0.905)
Economic	1.532*** (11.561)	0.077** (2.269)	-0.027 (-0.560)	0.933*** (13.160)	0.062*** (4.635)	0.065*** (4.122)
Urban	1.708** (2.036)	-0.197 (-1.172)	0.884*** (3.466)	-1.593*** (-3.405)	-0.693*** (-7.714)	-0.487*** (-14.454)
LTA	0.230*** (3.045)	0.073*** (3.414)	0.079** (2.551)	0.030 (1.444)	0.202*** (23.257)	0.168*** (9.639)
Talents	0.012 (1.420)	-0.004 (-1.629)	-0.007* (-1.901)	0.013*** (3.784)	-0.002*** (-5.010)	0.001*** (2.743)
Marketization	0.137*** (6.352)	0.019*** (2.863)	0.021** (2.190)	0.039*** (10.520)	0.016*** (8.786)	0.009*** (7.221)
Population	-1.596 (-1.188)	-0.747** (-2.341)	-1.884*** (-3.560)	-0.977** (-2.383)	0.020*** (4.077)	-1.295*** (-6.701)
Cons	-16.702*** (-16.549)	-0.702** (-2.299)	-0.107 (-0.244)	-8.464*** (-12.190)	-0.501*** (-4.404)	-0.497*** (-3.247)
N	434	434	434	434	434	434
Wald 检验	2567.54***	113.81***	54.57***	14536.68***	10759.76***	58606.08***
LR 检验	314.46***	187.56***	212.59***	—	—	—
sigma_u/AR（1）	0.525*** (6.822)	0.100*** (6.852)	0.169*** (6.729)	0.002	0.157	0.060
sigma_e/AR（2）	0.235*** (22.328)	0.095*** (28.025)	0.133*** (27.472)	0.844	0.424	0.202
Sargan 检验	—	—	—	0.670	0.865	0.792
间接效应	—	不显著	不显著	—	不显著	不显著
中介效应/总效应	—	—	—	—	—	—

注：①括号中为 t 值；②*、**、***分别表示 10%、5%和 1%的显著性水平。

资料来源：笔者使用 STATA 计量软件 14 版估计整理得到。

第八章　结论

本书采用2003~2016年中国31个省份（不含港澳台地区）的面板数据，实证检验了高铁对旅游业及其主要细分行业绿色生产效率的影响及其异质性，以及经营环境在高铁影响旅游业及其主要细分行业绿色生产效率过程中的作用机制，并得到以下结论。

一、不考虑环境因素将影响旅游业生产效率的测算

通过比较考虑碳排放与否的旅游业生产效率测算结果发现，考虑碳排放的测算结果要低于不考虑碳排放的，说明不考虑环境因素会高估旅游业生产效率的测算结果，即忽略环境因素将不能反映旅游业的真实绩效。当不考虑环境因素时，旅游业生产效率已经存在整体较低、规模报酬递减等问题；考虑了碳排放后，中国旅游业生产效率变得更低了，说明在旅游业粗放式发展过程中，不仅存在产能过剩、资源浪费现象，也存在环境污染问题。环境污染是当今中国面临的重要问题，以低碳环保为主的绿色发展是旅游业的必然发展趋势，所以在衡量旅游业生产效率时应将环境因素考虑在内。

分地区来看，东、中、西部地区与全国总体结果基本一致，但东部地区考虑碳排放的绿色生产规模效率高于不考虑碳排放的。一方面是因为东部旅游产业集聚程度最高（高俊和张琳林，2017），而规模经济效应使得东部地区碳排放贡献率最低（王凯等，2019）；另一方面是因为经济发达地区不仅环保意识更强，而且拥有充足的客源、良好的经营环境以及坚实的发展基础，在旅游业转型升级内外动力的驱使下率先尝试旅游业集约式发展，并略有成效。

分行业来看，三个主要细分行业与旅游业总体基本一致。其中，景区业的测算结果受环境因素影响最大，说明景区业在能源浪费与环境污染问题上最为突出。在不同等级的星级饭店测算结果中，五星级饭店生产效率测算结果受环境因

素影响最大，且绿色生产综合效率与规模效率相对于其他星级饭店较低，说明相比其他星级，五星级饭店的能源浪费与环境污染现象最为严重。但是四星级饭店考虑碳排放的效率测算结果要略高于不考虑碳排放的结果，说明无论是在投入要素配置还是环境保护上，四星级饭店已初步实现了集约式发展。

二、高铁对旅游业绿色生产综合效率与纯技术效率存在积极影响，但对规模效率不存在积极影响

通过实证分析高铁对旅游业绿色生产效率的影响发现：高铁对旅游业及其主要细分行业绿色生产综合效率和纯技术效率的影响显著为正，对绿色生产规模效率则不存在显著积极影响，对星级饭店业与景区业绿色生产规模效率的影响甚至显著为负。旅游业绿色生产纯技术效率取决于旅游业的管理水平、服务与技术创新水平以及经营水平等，规模效率则取决于旅游产业的投入与业务规模。高铁建设不仅为地区旅游业带来客源、就业以及投资等诸多积极影响，而且通过促进知识溢出提升地区旅游业的技术创新水平，尤其是节能环保与信息智能技术，从而促进地区旅游业绿色生产综合效率与纯技术效率水平的提高。高铁对旅游业绿色生产规模效率不存在促进作用的原因包括以下四个方面：一是高铁给地区旅游业带来了大量客流的同时，也导致了旅游业碳排放的增加，而且高铁带来的这种环境负效应已超过了其在自身运营层面、旅游交通系统层面、旅游业绿色发展层面对减少旅游业碳排放的积极效应。二是“过度竞争”。各地在高铁开通后，沿线地区积极发展旅游业，大幅度提高要素投入、扩大规模，但规模的扩大并没有带来规模效益的增加，反而进一步促进了企业间的恶性竞争，将旅游淡季带来的负面影响进一步扩大，从而进一步降低旅游业的绿色生产规模效率。三是“错配效应”。高铁是一种新型的交通基础设施，原先的旅游产业规划中一般较少考虑高铁可能带来的影响，再加上中、西部地区本来的基础设施及服务配套设施较差，便不可避免地存在一定的不匹配。如高铁对西部地区旅游交通衔接能力、基础设施承载能力以及相应的配套服务体系等带来了严峻考验，直接影响旅游接待的能力和质量。四是“过道效应”。高铁虽然能为地区带来大量客流，但也存在“过道效应”，即高铁的快捷性有可能会使游客仅在沿线地区短暂停留，减少在当地入住的可能性。

因此，在高铁时代下，旅游业应更加注重提质增效，而非盲目建设。各地旅游业应改变重人力与资本而轻技术的观念，应追求适度规模，注意提质增效与节能环保，而非盲目建设。同时，应进一步促进高铁的节能减排，如持续完善再生制动系统，促进高效牵引电机和智能耗电记录仪等先进节能设备的广泛应用，完善路网布局，加快新型节能减排客站建设，建立节能减排的统计、监测、考核和激励体系等。

三、高铁对不同等级的星级饭店绿色生产效率的影响存在差异

首先，高铁对五星级饭店绿色生产综合效率的促进作用还未显现出来，且对其规模效率存在消极影响。这说明高铁的乘客主要以中等收入群体为主，较少会选择五星级饭店。并且，高铁沿线地区对五星级饭店的客源市场前景过于乐观，出现了五星级饭店的投资热潮，尤其是不发达地区积极建设高档饭店，造成了供给过剩。这不仅促进了企业之间的恶性竞争，加大了资源与能源的浪费，而且由于市场供求规律导致的高星级房价下滑，使得绿色规模效益下降。其次，高铁对四星级饭店绿色生产规模效率不存在消极影响，说明高铁沿线地区的四星级饭店规模投入较好满足了高铁带来的市场需求，使得其规模报酬得到提高。再次，高铁对三星级饭店的绿色生产规模效率存在显著的消极影响，说明高铁的建设也造成了其规模报酬递减。最后，高铁对二星级饭店绿色生产纯技术效率的促进作用尚未显现出来，主要原因在于二星级饭店对节能环保等先进技术的应用有限，这也表现在二星级饭店绿色生产纯技术效率相对其他星级饭店较低。高铁对二星级饭店绿色生产规模效率不存在消极影响，主要是因为投资者认为高铁带来的客源多为中高等收入群体，所以较少扩大较低级别饭店的建设。

因此，面对高铁建设，不同等级星级饭店应采取差异化对策。面对高铁带来的大量客流，应谨慎扩大五星级与三星级饭店规模或投入，控制好企业数量。对于五星级饭店，尽量在原有发展的基础上对其进行升级改造，提升服务质量，促进节能环保相关技术与设备的运用，加快向集约式转型，实现绿色发展。对于三星级饭店，在提升其投入规模的同时，应积极提高其投入质量，注重差异化发展与绿色营销，避免恶性价格竞争导致的生产经营收益下降。

四、高铁对东、中、西部地区旅游业绿色生产效率的影响存在差异

高铁对中、西部旅游业绿色生产效率存在积极促进作用，但对东部地区不存在。一方面是高铁对东部地区旅游业绿色生产效率的促进作用已出现边际效益递减。这是因为东部地区经济较为发达，交通基础设施水平原本就较好，交通条件

已不再是影响旅游业绿色生产效率提高的重要因素。另一方面是高铁使得东部地区的部分客源市场与产业要素转移到了中、西部地区。在客源市场上，高铁促使人们在双休日进行中远程旅游、小长假进行远程旅游的意愿加强，使得东部地区的客源更多转移到了中、西部地区的旅游目的地。在产业要素上，高铁使得要素转移成本大幅度降低，促使旅游产业要素向生产或运营成本较低的地方集聚，即促进旅游产业要素由东部向中、西部转移，使得东部地区难以维持原来的规模经济。此外，高铁对东、中、西部的这种异质性影响有利于缩小地区间旅游业绿色生产综合效率和纯技术效率的差距，说明从旅游业绿色生产综合效率和纯技术效率来看，高铁达到了缩小地区间发展差异的目标。

分行业来看，高铁对东、中、西部星级饭店业和景区业的异质性影响与对旅游业总体的影响基本一致，但旅行社业的实证结果显示，高铁对其东、中部绿色生产综合效率与纯技术效率存在积极影响，但对西部地区不存在。胡宇娜等（2018）在研究旅行社业生产效率的影响因素时发现，交通动力对旅行社业生产效率的影响程度存在明显的由西部向东部依次递减的趋势，并指出这是因为东部的交通水平已经大为发达，交通的优化对其旅行社业生产效率的促进作用较小。然而，在本书的研究结果中，高铁对交通较为发达的东部地区旅行社业绿色生产效率的促进作用较大，这说明与以往交通发展水平的提高不同，高铁的发展对旅行社业发展的影响是突破式的。同时，高铁能够促进东部与中部地区旅行社业绿色生产效率的提高，而对西部地区却不存在促进作用。一方面是因为高铁开通主要是对组团社有影响，而且是市场环境较为良好地区的组团社。相对于地接社，组团社主要负责旅游者中长途的运输工作，高铁对其运营过程的影响更大。而且，组团社主要对接客源市场，所在地的市场环境对其生产效率至关重要。东、中部地区经济较为发达（王雨飞和倪鹏飞，2016b），旅游需求水平较高，高铁将为当地旅行社业带来大量客源，并进一步促进其生产效率的提高。另一方面是因为高铁对东部和中部地区旅行社业发展环境的优化存在促进作用，而对西部地区不存在。如高铁对东部和中部地区创新存在显著的积极影响，对西部地区则不存在（徐旭等，2019）；同样地，高铁对东部和中部地区的就业促进作用显著，对西部地区的影响反而显著为负（董艳梅和朱英明，2016b）。所以高铁对于东、中部旅行社业来说是机遇，对于西部旅行社业来说是挑战。

因此，高铁时代下，东、中、西部地区应更加因地制宜地发展旅游业。东部地区应进一步加强高铁与旅游业的融合发展，利用高铁优势，充分挖掘旅游业的发展潜能，在旅游业绿色生产效率的提升上，争取在全国范围内乃至国际上起到创新引领作用。东部地区应尽快实现旅游业的转型升级，由原来“以量取胜”的发展战略转变为“以质取胜”。中、西部地区应紧抓高铁带来的客源市场规模的扩大、要素流动成本的大幅降低等方面的机遇，从产品、服务以及运营等方面提升旅游业绿色生产效率，如在高铁沿线区域对旅游产品与相关服务设施进行提档升级，并进一步加强区域旅游协作等。此外，应在建设运营高铁的基础上，对区域内旅游交通网络进行全面升级，尽快打造立体化旅游交通体系，完善高铁与高速公路、机场以及港口等其他交通方式的衔接，进一步促进旅游业绿色生产效率的提高。西部地区应针对高铁开通带来的新变化，合理规划旅游业，使旅游业供给侧通过调整和升级来适应这种变化。如随着可达性的改善，应积极提升西部省份作为旅游目的地和旅游客源集散地的水平，重组与改良包括旅游资源开发、接待与服务配套设施、投融资水平、人力资源等在内的各供给侧要素。在此过程中，政府应积极发挥宏观调控作用，对各供给要素进行调节，对旅游业绿色生产效率较低地区给予政策扶持。此外，西部地区应格外注重完善旅行社业的发展环境，如积极引进人才与投资、拉动居民消费以及完善旅游相关配套设施等。

五、高铁对旅游业绿色生产效率处于不同水平地区的影响存在差异

从旅游业总体上看，高铁对旅游业处于中等效率水平的促进作用较大，对低效率水平与高效率水平的促进作用较小。也就是说，高铁的建设对旅游业绿色生产效率处于中等效率水平的地区是机遇，对于低效率水平与高效率水平的地区是挑战。因为，低效率水平的地区要面对高铁带来的“极化效应”，这将进一步拉大低效率水平与中等效率水平之间的差距。同时，值得注意的是，高铁对旅游业处于高效率水平地区的促进作用小于中等效率水平地区的。也就是说，高效率水平的地区要面对被中等效率水平赶超的风险。造成这种局面的原因主要在于旅游业发展处于“瓶颈”期，即使是高铁也无法带来突破性变化。近年来，低迷的国际经济形势导致入境旅游市场增长乏力，使得旅游业处于“巧妇难为无米之炊”的处境。同时，在国内旅游投资上，企业普遍追求大规模、高消费，投资项目趋同现象严重，影响了旅游项目的可持续发展。一些影视城、高尔夫球场等都在亏本经营，旅游房地产项目也难以收回投资。在经营模式上，散客服务体系仍无法满足日益个性化与多元化的旅游市场需求。以上这些问题使得开通高铁也没有给原本绿色生产效率水平较高的地区带来突破性变化。

分行业来看，星级饭店业与旅游业总体基本一致，但旅行社业与景区业的高铁系数则在绿色生产综合效率上，随着分位数的增加整体呈上升趋势，在绿色生产纯技术效率上，是先上升后下降。也就是说，从绿色生产综合效率来看，高铁的建设给旅行社业与景区业带来的影响是突破性的，对其绿色生产综合效率处于较高水平的地区是难得的机遇。但也应注意到高铁给旅行社业与景区业绿色生产综合效率处于较低水平地区带来的挑战，因为它们要面对高铁带来的“极化效应”，这可能进一步拉大它们与处于较高水平地区之间的差距。同时，旅游业三个主要细分行业均面临技术“瓶颈”。旅行社，尤其是传统中小旅行社，长期以来对技术的轻视以及缺少相关资金，使得它们在互联网时代始终无法实现线上产品的实时更新与资源整合。星级饭店业一方面是对信息技术的应用依然有限，另一方面是低碳技术（节水、节电以及污染治理等）覆盖率较低。景区业对信息技术，尤其是无障碍旅游支持技术的普及度较低，多数景区也尚未形成低碳环保、低碳能源、低碳减排以及低碳节能等低碳技术应用的综合体系。此外，在旅游业的绿色转型中，各细分行业仍然缺乏相应配套的相关技术研发、转让以及应用的技术创新体系，缺乏具有专业化技术的绿色旅游产品设计人才。

因此，一方面针对高铁的“极化效应”与自身发展“瓶颈”，旅游业绿色效率处于不同水平的地区应采取差异化措施。旅游业绿色生产低效率水平地区应注意查找自身问题，改善经营管理模式，优化经营环境以及积极扩大对先进技术，尤其是低碳环保技术的应用。高效率水平地区应努力在管理模式、先进技术的应用上实现突破式创新，从而摆脱边际效用递减规律与自身发展“瓶颈”的束缚。另一方面各地区要充分利用高铁的“时空压缩”效应，建立地区间协作体系。进一步促进区域之间在旅游产业信息、技术、人才等要素上的交流与合作，形成可持续的区域旅游协作体系，实现地区之间在旅游业人才、技术与管理水平以及其他生产要素的共享，从而促进旅游业绿色生产效率的提升。

六、高铁可以通过对经营环境的改善来提高旅游业绿色生产效率

在旅游业总体上，高铁可以通过对经营环境（包括市场环境、服务环境以及创新环境）的改善来提高旅游业绿色生产效率。分行业来看，三个主要细分行业的实证结果与旅游业总体基本一致，但也存在以下三点不同，值得重视。一是服务环境在高铁影响旅行社业绿色生产效率的过程中不存在中介作用。高铁对服务环境的改善存在显著的促进作用，但服务环境对旅行社业绿色生产效率不存在影

响，原因在于旅行社的收回扣操作造成其为客户提供的就餐与购物服务质量不高，严重者甚至存在“餐饮或购物陷阱”，最典型的便是“零负团费”现象，这使得旅行社业并不能很好地与当地餐饮与服务业融合发展，因此高铁并没有通过对地区服务环境的改善来促进旅行社业绿色生产效率的提高。二是市场环境在高铁影响星级饭店业绿色生产效率的过程中不存在中介作用。有研究发现，高铁的乘客主要是中等收入群体，且近60%的高铁乘客在住宿上更倾向于选择汉庭、如家等经济型酒店（崔莉等，2014），尤其不会选择价格较低的二星级饭店与价格较高的五星级饭店。因此，市场环境在高铁影响星级饭店业绿色生产效率的过程中所起的作用没有显现出来。三是创新环境在高铁影响景区业绿色生产效率的过程中不存在中介作用。原因主要在于景区的技术水平（包括信息技术与低碳环保技术等）仍然存在普遍较低的问题，与地区科技发展融合欠佳。

因此，各地可以从改善经营环境着手来把握住高铁带来的机遇。首先，各地应根据市场环境变化趋势优化旅游产品与服务。高铁促进了沿线区域居民收入的提高，使得人们的生活与消费方式发生变化，各地区也应相应调整旅游业供给结构，尽快实现旅游产品与服务的转型升级。在旅游产品上，加强开发与设计创新，加快实现功能升级，即实现由单一的观光式产品向高端的休闲体验式产品转变。在旅游服务上，注重游客体验与满足游客日益凸显的个性化需求，着力于旅游服务的提档升级，使其变成在居民收入不断提高、对美好生活向往不断加强的新时代下区域旅游发展的核心竞争力，从而提高旅游经济效益。分行业来看，旅行社应根据旅游者日益凸显的个性化需求，进一步实现业务的细分，注重产品和服务的差异化和创新，注重绿色或环境友好型产品的开发与推广，从而提升自身竞争力以提高绿色生产效率。星级饭店与景区应注重客人体验，注重提供个性化服务，实现产品和服务的差异化和创新，实现服务与功能的升级，从而提升综合实力和竞争力，提高经营绩效。其次，充分利用高铁对服务环境的优化作用，进一步加强旅游业与相关服务的融合发展。政府应充分利用高铁对餐饮业与零售业的促进作用，注重提高与地区服务环境相关产业的发展质量，尤其是特色餐饮业与特色零售业，并积极引导地区餐饮业与零售业的绿色发展，优化旅游者的住宿与购物环境，提升地区接待与服务能力，最终提升旅游者的旅游体验以增强地区旅游业的竞争力；加强旅游业与餐饮业、零售业的融合，从而进一步强化地区服务环境在高铁促进旅游业绿色生产效率中的中介作用。此外，政府应加强对旅行社业的监管，营造健康的行业环境，促进旅行社业与购物、餐饮业的高质量融合，从业态创新与市场融合上增强服务环境对旅行社业绿色生产效率的促进作用。最后，各地应加强旅游业与科技发展的融合。作为知识流、人才流以及信息流的载体，高铁在区域创新合作中发挥着重要作用，各地区应充分利用这点，加强旅游企业对外部知识的吸纳能力，加强区域旅游业的创新合作与交流，促进旅游业技术进步，并最终实现旅游业绿色生产效率的提升。如促进旅游业对物联网、人工智能、大数据、虚拟现实以及生物能源等方面先进技术的应用，致力于旅游大数据、旅游智能服务、旅游金融科技、旅游行业节能减排等方面的技术创新，大力推进“智造+科技+旅游”，通过技术创新最大程度地提高旅游业绿色生产效率。

七、不足之处与进一步研究的建议

一是由于旅游业固定投资、细分行业的相关数据等没有城市层面的，而这些数据对研究非常重要、必不可少，因此本书使用了省份层面的数据，这也使得本书的研究难以深入，不够细致。二是与已有研究一样，由于受《中国旅游统计年鉴》（2004~2017 年）中旅游业数据的相关指标数量所限，笔者在选取控制变量时多为地区层面的环境变量，这使得本书实证模型并非最为理想的选择，如若旅游业相关数据将来能够得到完善，实证模型也将能得以进一步优化。三是高铁对经济型连锁酒店、民宿以及精品酒店等旅游住宿业的影响很大，但由于相关数据缺失，本书仅研究了星级饭店。近些年来，经济型连锁酒店、民宿以及精品酒店等发展迅猛，在旅游住宿业中的比重逐渐增大，而且，高铁对这些住宿行业的影响很大。但由于这些类型住宿行业的数据暂时不可获得，而 2016 年星级饭店的企业数量、从业人数以及营业收入在住宿业中的比重分别为 50.61%、64.22%以及 56.42%①，依然在 50%以上，且相比经济型连锁酒店，星级饭店无论是在国际化、服务规范还是产品质量稳定性方面，依然是住宿业的代表，所以现有相关研究也依然以星级饭店为主（张大鹏和舒伯阳，2018；张广海和高俊，2018；地方产业发展课题组，2016）。但考虑到已有研究对经济型连锁酒店、民宿以及精品酒店等旅游住宿行业的忽略以及它们在旅游住宿业中日益重要的地位，笔者接

---

① 2016 年星级饭店业的企业数量、从业人数以及营业收入分别为 9861 家、1196564 人以及 2027.26 亿元，住宿业的企业数量、从业人数以及营业收入分别为 19496 家、1863303 人以及 3693.70 亿元。星级饭店业的相关数据来自《中国旅游统计年鉴（2017）》，住宿业的相关数据来自《中国统计年鉴（2017）》。

下来将更关注这些类型酒店的绿色生产率问题与高铁对其的影响。四是由于《中国旅游统计年鉴》（2004~2017年）中的旅游景区相关数据存在前后统计口径不一致及数据缺失的情况，本书景区数据使用了森林公园数据作为替代。虽然森林公园是景区业绿色发展中的重要领域，但本书的研究结果依然无法避免在一定程度上有所偏颇，不能完全反映高铁对景区业绿色生产效率的真实影响。

参考文献

［1］ Aboelmaged M. Direct and Indirect Effects of Eco-innovation, Environmental Orientation and Supplier Collaboration on Hotel Performance: An Empirical Study ［J］. Journal of Cleaner Production, 2018, 184: 537-549.

［2］ Adeola A, Kumar P, Anthony E J. CO_2/SO_2 Emission Reduction in CO_2 Shipping Infrastructure ［J］. International Journal of Greenhouse Gas Control, 2019, 88: 57-70.

［3］ Albalate D, Campos J, Jiménez JL. Tourism and High Speed Rail in Spain: Does the AVE Increase Local Visitors? ［J］. Annals of Tourism Research, 2017, 65 (4): 71-82.

［4］ Albalate D, Fageda X. High Speed Rail and Tourism: Empirical Evidence from Spain ［J］. Transportation Research Part A Policy and Practice, 2016, 85 (3): 174-185.

［5］ Alkheder S A. Transportation and Tourism Sustainability in Major Jordanian Tourism Cities ［J］. Tourism Planning and Development, 2016, 3 (13): 1-21.

［6］ Arbelo A, Arbelo-Pérez M, Pérez-Gómez P. Estimation of Profit Efficiency in the Hotel Industry Using a Bayesian Stochastic Frontier Model ［J］. Cornell Hospitality Quarterly, 2018, 59 (4): 364-375.

［7］ Arbelo P M, Arbelo A, Pérez-Gómez P. Impact of Quality on Estimations of Hotel Efficiency ［J］. Tourism Management, 2017 (61): 200-208.

［8］ Assaf A G, Agbola F W. Modelling the Performance of Austra lian Hotels: A DEA Double Bootstrap Approach ［J］. Tourism Economics, 2011, 17 (17): 73-89.

［9］ Assaf A G, Josiassen A, Woo L, et al. Destination Characteristics That

Drive Hotel Performance: A State-of-the-art Global Analysis [J]. Tourism Management, 2017 (60): 270-279.

[10] Assaf A G. Benchmarking the Asia Pacific Tourism Industry: A Bayesian Com Bination of DEA and Stochastic Frontier [J]. Tourism Management, 2012, 33 (5): 1122-1127.

[11] Balezentis T, Kriščiukaitien I, Baležentis A, et al. Rural Tourism Development in Lithuania (2003-2010): A Quantitative Analysis [J]. Tourism Management Perspectives, 2012, 15 (6): 1-6.

[12] Baron R M, Kenny D A. The Moderator-mediator Variable Distinction in Social Psychological Research: Conceptual, Strategic, and Statistical Considerations [J]. Journal of Personality and Social Psychology, 1986 (51): 1173-1182.

[13] Barros C P, Botti L, Peypoch N. A Framework to Analyze Productivity Changes: Theoretical Aspects and Application to the Portuguese Travel Agencies Sector [J]. Tourism Analysis, 2009, 14 (3): 325-335.

[14] Barros C P, Dieke P U C. Analyzing the Total Productivity Change in Travel Agencies [J]. Tourism Analysis, 2007, 12 (1-2): 27-37.

[15] Barros C P, Matias A. Assessing the Efficiency of Travel Agencies with a Stochastic Cost Frontier: A Portuguese Case Study [J]. International Journal of Tourism Research, 2006, 8 (5): 367-379.

[16] Becken S, Patterson M. Measuring National Carbon Dioxide Emissions from Tourism as a Key Step towards Achieving Sustainable Tourism [J]. Journal of Sustainable Tourism, 2006, 14 (4): 323-338.

[17] Bohdanowicz P. Environmental Awareness and initiatives in the Swedish and Polish Hotel Industries-survey Results [J]. International Journal of Hospitality Management, 2006, 25 (4): 662-682.

[18] Brida J G, Deidda M, Garrido N, et al. Analyzing the Performance of the South Tyrolean Hospitality Sector: A Dynamic Approach [J]. International Journal of Tourism Research, 2015, 17 (2): 196-208.

[19] Brida J G, Scuderi R. Determinants of Tourist Consumption: A Review of Microeconometric Models [J]. Tourism Management Perspectives, 2013, 6 (6): 28-40.

［20］ Campa J L, López L M E, Guirao B. High Speed Rail Effects on Tourism: Spanish Empirical Evidence Derived from China's Modelling Experience ［J］. Journal of Transport Geography, 2016, 57 (7): 44-54.

［21］ Carlos P B, Peter U C D. Technical Efficiency of African Hotel ［J］. International Journal of Hospitality Management, 2008, 27 (3): 438-447.

［22］ Carteni A, Pariota L, Henke I. Hedonic Value of High-speed Rail Services: Quantitative Analysis of the Students' Domestic Tourist Attractiveness of the Main Italian cities ［J］. Transportation Research Part A Policy and Practice, 2017, 100 (6): 348-365.

［23］ Chaabouni S. China's Regional Tourism Efficiency: A Two-stage Double Bootstrap Data Envelopment Analysis ［J］. Journal of Destination Marketing and Management, 2019, 11 (3): 183-191.

［24］ Chen M. The Economy, Tourism Growth and Corporate Performance in the Taiwanese Hotel Industry ［J］. Tourism Management, 2010 (5): 665-675.

［25］ Chen Z, Haynes K E. Impact of High-speed Rail on International Tourism Demand in China ［J］. Applied Economics Letters, 2015, 22 (1): 57-60.

［26］ Chen Z, Haynes K E. Tourism Industry and High Speed Rail-Is There a Linkage: Evidence from China's High Speed Rail Development ［J］. SSRN Electronic Journal, 2012 (8): 37-45.

［27］ Cheng Y S, Loo B P, Vickerman R. High-Speed Rail Networks, Economic Integration and Regional Specialisation in China and Europe ［J］. Journal of Environmental Sciences, 2015, 2 (1): 171-176.

［28］ Chung Y, Fare R. Productivity and Undesirable Outputs: A Directional Distance Function Approach ［J］. Microeconomics, 1995, 51 (3): 229-240.

［29］ Coelli T J, Rao D S P. Total Factor Productivity Growth in Agriculture: A Malmquist Index Analysis of 93 Countries, 1980-2000 ［J］. Agricultural Economics, 2005, 32 (1): 115-134.

［30］ Corne A. Benchmarking and Tourism Efficiency in France ［J］. Tourism Management, 2015, 51 (12): 91-95.

［31］ Dong X F. High-speed Railway and Urban Sectoral Employment in China ［J］. Transportation Research Part A: Policy and Practice, 2018 (116): 603-621.

[32] Doomernik J E. Performance and Efficiency of High-speed Rail Systems [J] . Transportation Research Procedia, 2015 (8): 136-144.

[33] Díaz Pérez F J, Chinarro D, Mouhaffel A G, et al. Comparative Study of Carbon Footprint of Energy and Water in Hotels of Canary Islands Regarding Mainland Spain [J] . Environment, Development and Sustainability, 2018 (2): 1-18.

[34] Fernald J G. Roads to Prosperity? Assessing the Link between Public Capital and Productivity [J] . The American Economic Review, 1999, 3 (89) : 619-638.

[35] Fridh O. Perspectives for a Future High-speed Train in the Swedish Domestic Travel Market [J] . Journal of Transport Geography, 2008, 16 (4): 268-277.

[36] Fuentes R, Alvarez S A. Productivity of Travel Agencies in Spain: The Case of Alicante [J] . The Service Industries Journal, 2012, 32 (16): 2623-2640.

[37] Fuentes R, Efficiency of travel agencies: A Case Study of Alicante, Spain [J] . Tourism Management, 2011, 32 (1): 75-87.

[38] Garciapozo A, Sanchezollero J L, Marchantelar A M. Eco-innovation and Management: An Empirical Analysis of Environmental Good Practices and Labor Productivity in the Spanish Hotel Industry [J] . Innovation, 2015, 17 (1): 58-68.

[39] Ghani E, Goswami A G, Kerr W R. Highway to Success: The Impact of the Golden Quadrilateral Project for the Location and Performance of Indian Manufacturing [J] . The Economic Journal, 2016, 126 (591): 317-357.

[40] Gibbons S, Lyytikinen T, Overman H G, Sanchis-Guarner R. New Road Infrastructure: The Effects on Firms [J] . CEPR Discussion Papers, 2012 (117): 1-65.

[41] Givoni M. Development and Impact of the Modern High-speed Train: A Review [J] . Transport Reviews, 2006, 26: 593-611.

[42] Gossling S, Peeters P, Ceron J P, et al. The Eco-efficiency of Tourism [J] . Ecological Economics, 2005, 54 (4): 417-434.

[43] Gossling S, Scott D, Michael H C. Challenges of Tourism in a Low-carbon Economy [J] . Wiley Interdisciplinary Reviews Climate Change, 2013, 4 (6): 525-538.

[44] Guirao B, Campa J L, López-Lambas M E. The Assessment of the HSR Impacts on Spanish Tourism: An Approach Based on Multivariate Panel Data Analysis

[J] . Transportation Research Procedia, 2016, 18 (7): 197-204.

[45] Hadad S, Hadad Y, Malul M, et al. The Economic Efficiency of the Tourism Industry: A Global Comparison [J] . Tourism Economics, 2012, 18 (5): 931-940.

[46] Hailu A, Veeman T S. Environmentally Sensitive Productivity Analysis of the Canadian Pulp and Paper Industry, 1959-1994: An Input Distance Function Approach [J] . Journal of Environmental Economics and Management, 2000, 40 (3): 251-274.

[47] Halenur S K. Measuring Tourism Efficiency of European Countries by Using Data Envelopment Analysis [J] . European Scientific Journal, 2017, 13 (10): 31-49.

[48] Hama S, Kimb W G, Jeong S. Effect of Information Technology on Performance in Upscale Hotels [J] . International Journal of Hospitality Management, 2005, 24: 281-294.

[49] Hiroyasu I, Kentaro N, Yukiko S. The Impact of the Opening of High-Speed Rail on Innovation [Z] . Discussion Papers, 2017.

[50] Holl A. Highways and Productivity in Manufacturing Firms [J] . Journal of Urban Economics, 2016, 93: 131-151.

[51] Howitt O J A, Revol V G N, Smith I J, et al. Carbon Emissions from International Cruise Ship Passengers' Travel to and from New Zealand [J] . Energy Policy, 2010, 38 (5): 2552-2560.

[52] Huang C W. Assessment of efficiency of Manual and Non-manual Human Resources for Tourist Hotel Industry: An Application of the Hybrid DEA Model [J] . International Journal of Contemporary Hospitality Management, 2017, 29 (4): 1074-1095.

[53] Hulten C R, Bennathan E, Srinivasan S. Infrastructure, Externalities, and Economic Development: A Study of the Indian Manufacturing Industry [J] . World Bank Economic Review, 2006, 20 (2): 291-308.

[54] Immergluck D. Large Redevelopment Initiatives, Housing Values and Gentrification: The Case of the Atlanta Beltline [J] . Urban Studies, 2009 (8): 1723-1745.

[55] Intan S M, Marthandan G, Daud Norzaidi M, et al. Ecommerce Usage and

Business Performance in the Malaysian Tourism Sector: Empirical Analysis [J]. Information Management and Computer Security, 2009, 17 (2): 166-185.

[56] Iris M. The Impact of Information and Communication Technology (ICT) as a Key Factor of Tourism Development on the Role of Croatian Travel Agencies [J]. International Journal of Business and Social Science, 2012, 3 (24): 151-159.

[57] Jia S, Zhou C, Qin C. No Difference in Effect of High-speed Rail on Regional Economic Growth Based on Match Effect Perspective? [J]. Transportation Research Part A Policy and Practice, 2017, 106: 144-157.

[58] John G. Roads to Prosperity? Assessing the Link Between Public Capital and Productivity [J]. The American Economic Review, 1999, 3 (89): 619-638.

[59] Kamga C. Emerging Travel Trends, High-speed Rail, and the Public Reinvention of U. S. Transportation [J]. Transport Policy, 2015, 37: 111-120.

[60] Kelly J, Williams P W. Modelling Tourism Destination Energy Consumption and Greenhouse Gas Emissions: Whistler, British Columbia, Canada [J]. Journal of Sustainable Tourism, 2007, 15 (1): 67-90.

[61] Kilipiris F, Zardava S. Developing Sustainable Tourism in a Changing Environment: Issues for the Tourism Enterprises (Travel Agencies and Hospitality Enterprises) [J]. Procedia-Social and Behavioral Sciences, 2012, 44: 44-52.

[62] Kim Y J, Kim W G, Choi H M, et al. The Effect of Green Human Resource Management on Hotel Employees' Eco-friendly Behavior and Environmental Performance [J]. International Journal of Hospitality Management, 2019, 76: 83-93.

[63] Ksal C D, Aksu A. Efficiency Evaluation of A-group Travel Agen-cies with Data Envelopment Analysis: A Case Study in the Antalya Region, Turkey [J]. Tourism Management, 2007, 28 (3): 830-834.

[64] Lee W H, Cheng C C. Less is More: A New Insight for Measuring Service Quality of Green Hotels [J]. International Journal of Hospitality Management, 2018, 68: 32-40.

[65] Li H, Li Z. Road Investments and Inventory Reduction: Firm Level Evidence from China [J]. Journal of Urban Economics, 2013, 76 (1): 43-52.

[66] Liu J, Feng T, Yang X. The Energy Requirements and Carbon Dioxide E-

missions of Tourism Industry of Western China: A case of Chengdu City [J]. Renewable and Sustainable Energy Reviews, 2011, 15 (6): 2887-2894.

[67] Manfred L, Sun Y Y, Faturay F, et al. The Carbon Footprint of Global Tourism [J]. Nature Climate Change, 2018, 8: 522-528.

[68] Marcello M M, Visani F. Embedding eWOM into Efficiency DEA Modelling: An Application to the Hospitality Sector [J]. International Journal of Hospitality Management, 2019, 80: 1-12.

[69] Martins L F, Yi G, Ferreira-Lopes A. An Empirical Analysis of the Influence of Macroeconomic Determinants on World Tourism Demand [J]. Tourism Management, 2017, 61: 248-260.

[70] Masson S, Petiot R. Can the High Speed Rail Reinforce Tourism Attractiveness? The Case of the High Speed Rail between Perpignan (France) and Barcelona (Spain) [J]. Technovation, 2009, 29 (9): 611-617.

[71] Merkert R, Hensher D A. The Impact of Strategic Management and Fleet Planning on Airline Efficiency—A Random Effects Tobit Model based on DEA Efficiency Scores [J]. Transportation Research Part A, 2011, 45 (7): 686-695.

[72] Oliveira R, Pedro M I, Marques R C, Efficiency and Its Determinants in Portuguese Hotels in the Algarve [J]. Tourism Management, 2013 (36): 641-649.

[73] Otsuka A, Goto M. Regional Policy and the Productive Efficiency of Japanese Industries [J]. Regional Studies, 2013, 49 (4): 518-531.

[74] Ozden M. Environmental Awareness and Attitudes of Student Teachers: An Empirical Research [J]. International Research in Geographical and Environmental Education, 2008, 17 (1): 40-55.

[75] Pace L A. How do Tourism Firms Innovate for Sustainable Energy Consumption? A Capabilities Perspective on the Adoption of Energy Efficiency in Tourism Accommodation Establishments [J]. Journal of cleaner production, 2016, 111: 409-420.

[76] Pagliara F, Delaplace M, Vassallo M, et al. High-speed Rail Systems and Tourists' Destination Choice: The Case Studies of Paris and Madrid [J]. International Journal of Sustainable Development and Planning, 2015a, 10 (3): 399-410.

[77] Pagliara F, Pietra AL, Gomez J, et al. High Speed Rail and the Tourism

Market: Evidence from the Madrid Case Study [J]. Transport Policy, 2015b, 37 (1): 187-194.

[78] Perch N S, Sesartic A, Stucki M. The Greenhouse Gas Intensity of the Tourism Sector: The Case of Switzerland [J]. Environmental Science and Policy, 2010, 13 (2): 131-140.

[79] Pulina M, Santoni V. A Two-stage DEA Approach to Analyse the Efficiency of the Hospitality Sector [J]. Tourism Economics, 2018, 24 (3): 352-365.

[80] Qiu X, Fang Y, Yang X, et al. Tourism Eco-Efficiency Measurement, Characteristics, and Its Influence Factors in China [J]. Sustainability, 2017, 9 (9): 1-19.

[81] Robaina A M, Moutinho V, Costa R. Change in Energy-related CO_2 (carbon dioxide) Emissions in Portuguese Tourism: A Decomposition Analysis from 2000 to 2008 [J]. Journal of Cleaner Production, 2016, 3 (1): 520-528.

[82] Rosario R S M D, Sanchez M P S, Rene D P. Eco-innovation and Organizational Culture in the Hotel Industry [J]. International Journal of Hospitality Management, 2017, 65: 71-80.

[83] Sellers R R, Casado-Díaz A B. Analyzing Hotel Efficiency from a Regional Perspective: The Role of Environmental Determinants [J]. International Journal of Hospitality Management, 2018, 75: 75-85.

[84] Sellers R R, Nicolau-Gonzalbez J L. Assessing Performance in Services: The Travel Agency Industry [J]. The Service Industries Journal, 2009, 29 (5): 653-667.

[85] Shao S, Tian Z, Yang L. High Speed Rail and Urban Service Industry Agglomeration: Evidence from China's Yangtze River Delta Region [J]. Journal of Transport Geography, 2017, 64 (10): 174-183.

[86] Sharma C, Sehgal S. Impact of Infrastructure on Output, Productivity and Efficiency [J]. Indian Growth and Development Review, 2010, 3 (2): 5-6.

[87] Sun F Y, Yuri S M. Economic Impact of High-Speed Rail on Household Income in China [J]. Transportation Research Record, 2016, 2581 (1): 71-78.

[88] Sun S, Lu W M. Evaluating the Performance of the Taiwanese Hotel Industry Using a Weight Slacks Based Measure [J]. Asia-Pacific Journal of Operational

Research, 2005, 42 (3): 487-512.

[89] Taner G. Renewable Energy, Non-renewable Energy and Sustainable Development [J] . The International Journal of Sustainable Development and World Ecology, 2019 (3): 1-9.

[90] Thomas R, Wood E. Innovation in Tourism: Re-conceptualising and Measuring the Absorptive Capacity of the Hotel Sector [J] . Tourism Management, 2014, 45 (1): 39-48.

[91] Tone K. A slacks-based Measure of Efficiency in Data Envelopment Analysis [J] . European Journal of Operational Research, 2001, 130 (3): 498-509.

[92] Topolšek D, Mrnjavac E, KovačićN. Integration of Travel Agen-cies with Transport Providers [J] . Tourism Management Perspec - tives, 2014, 9 (2): 14-23.

[93] Tsui W H K, Fung M K Y. Causality between Business Travel and Trade Volumes: Empirical Evidence from Hong Kong [J] . Tourism Management, 2016, (52): 395-404.

[94] Wang D G, Y Niu, J Qian. Evolution and Optimization of China's Urban Tourism Spatial Structure: A High Speed Rail Perspective [J] . Tourism Management, 2018, 64 (2): 218-232.

[95] Wang D, Qian J, Chen T, et al. Influence of the High-speed Rail on the Spatial Pattern of Regional Tourism-taken Beijing-Shanghai High-speed Rail of China as Example [J] . Asia Pacific Journal of Tourism Research, 2014, 19 (8): 890-912.

[96] Wang X, Huang S, Zou T, et al. Effects of the High Speed Rail Network on China's Regional Tourism Development [J] . Tourism Management Perspectives, 2012, 1 (1): 34-38.

[97] Xu J , We J C, Zhao D T. Influence of Social Media on Operational Efficiency of National Scenic Spots in China Based on Three-stage DEA model [J] . International Journal of Information Management, 2016, 3 (36): 374-388.

[98] Yang Y, Liu Z H, Qi Q. Domestic Tourism Demand of Urban and Rural Residents in China: Does Relative Income Matter? [J] . Tourism Management, 2014, 40: 193-202.

［99］ Yang Z，Xia L，Cheng Z. Performance of Chinese Hotel Segment Markets：Efficiencies Measure Based on Both Endogenous and Exogenous Factors ［J］. Journal of Hospitality and Tourism Management，2017（32）：12-23.

［100］ Yeaple S R，Golub S S. International Pro-ductivity Differences，Infrastructure，and Comparative Ad-vantage ［J］. Review of International Economics，2007，15（2）：223-242.

［101］ Zhang H Q，Luo J M，Xiao Q. The Impact of Urbanization on Hotel Development：Evidence from Guangdong Province in China ［J］. International Journal of Hospitality Management，2013，34（6）：92-98.

［102］ Zheng S Q，Kahn M E. China's Bullet Trains Facilitate Market Integration and Mitigate the Cost of Mega City Growth ［J］. Science Foundation in China，2013，110（1）：1248-1253.

［103］ 卞元超，吴利华，白俊红. 高铁开通、要素流动与区域经济差距［J］. 财贸经济，2018，39（6）：147-161.

［104］ 曹芳东，黄震方，吴江，等. 城市旅游发展效率的时空格局演化特征及其驱动机制——以泛长江三角洲地区为例［J］. 地理研究，2012，31（8）：1431-1444.

［105］ 曹芳东，黄震方，徐敏，等. 风景名胜区旅游效率及其分解效率的时空格局与影响因素——基于 Bootstrap-DEA 模型的分析方法［J］. 地理研究，2015，34（12）：2395-2408.

［106］ 曹芳东，黄震方，余凤龙，等. 国家级风景名胜区旅游效率空间格局动态演化及其驱动机制［J］. 地理研究，2014，33（6）：1151-1166.

［107］ 曹妍雪，李树民. 中国旅游经营效率的空间差异及其驱动因素［J］. 统计与决策，2018，34（3）：99-103.

［108］ 查建平，贺腊梅，郭海峰. 旅游景区碳排放绩效及边际减排成本估算［J］. 地域研究与开发，2017，36（2）：145-150.

［109］ 查建平，王挺之. 环境约束条件下景区旅游效率与旅游生产率评估［J］. 中国人口·资源与环境，2015，25（5）：92-99.

［110］ 查建平. 改革开放 40 年中国旅游产业效率演变及规律［J］. 旅游学刊，2019，34（1）：5-6.

［111］ 查建平. 旅游业能源消费、CO_2 排放及低碳效率评估［J］. 中国人

口·资源与环境，2016，26（1）：47-54.

［112］程占红，徐娇．五台山景区酒店碳排放效率的典范对应分析［J］．地理研究，2018，37（3）：577-592.

［113］崔莉，厉新建，张芳芳．郑西高铁乘客行为偏好与旅游发展分析［J］．地域研究与开发，2014，33（2）：94-98.

［114］戴学锋．改革开放 40 年：旅游业的市场化探索［J］．旅游学刊，2019，34（2）：8-10.

［115］邓涛涛，闫昱霖，王丹丹．高速铁路对中国城市人口规模变化的影响［J］．财贸研究，2019，30（11）：1-13.

［116］邓涛涛，赵磊，马木兰．长三角高速铁路网对城市旅游业发展的影响研究［J］．经济管理，2016，38（1）：137-146.

［117］地方产业发展课题组．中国饭店业运行效率的区域性评价［J］．经济管理，2016，38（5）：143-152.

［118］丁振民，黄秀娟．资本投入对中国森林公园旅游效率的影响研究［J］．资源科学，2016，38（7）：1363-1372.

［119］董艳梅，朱英明．高速铁路建设能否重塑中国的经济空间布局——基于就业、工资和经济增长的区域异质性视角［J］．中国工业经济，2016a（10）：92-108.

［120］董艳梅，朱英明．高铁建设的就业效应研究——基于中国 285 个城市倾向匹配倍差法的证据［J］．经济管理，2016b，38（11）：26-44.

［121］杜兴强，彭妙薇．高铁开通会促进企业高级人才的流动吗？［J］．经济管理，2017，39（12）：89-107.

［122］方叶林，黄震方，王芳，等．中国大陆省际旅游效率时空演化及其俱乐部趋同研究［J］．地理科学进展，2018，37（10）：1392-1404.

［123］方叶林，黄震方，王坤，等．中国星级酒店相对效率集聚的空间分析及提升策略［J］．人文地理，2013，28（1）：121-127.

［124］方叶林，娜塔莎，张天逸．考虑非期望产出的中国大陆星级饭店效率测度及其演化［J］．旅游科学，2019，33（1）：84-94.

［125］冯英杰，吴小根，刘泽华．高速铁路对城市居民出游行为的影响研究——以南京市为例［J］．地域研究与开发，2014，33（4）：121-125.

［126］高俊，张琳林．中国旅游产业集聚、全要素生产率与旅游经济关系研

究［J］．资源开发与市场，2017，33（8）：1005-1010.

［127］高翔，龙小宁，杨广亮．交通基础设施与服务业发展——来自县级高速公路和第二次经济普查企业数据的证据［J］．管理世界，2015（8）：81-96.

［128］关伟，孟庆娜，张梦飞，等．基于 DEA 模型的辽宁沿海经济带城市旅游效率研究［J］．资源开发与市场，2018，34（3）：439-444.

［129］郭峦，杨志红．基于 DEA 方法的西部地区旅行社经营效率研究［J］．企业经济，2013（6）：105-109.

［130］郭悦，钟廷勇，安烨．产业集聚对旅游业全要素生产率的影响——基于中国旅游业省级面板数据的实证研究［J］．旅游学刊，2015（5）：18-26.

［131］韩国圣，李辉，Alan Lew. 成长型旅游目的地星级饭店经营效率空间分布特征及影响因素：基于 DEA 与 Tobit 模型的实证分析［J］．旅游科学，2015，29（5）：51-64.

［132］韩瑛，史庆斌，冯文勇，等．山西省旅游业效率时空差异及影响因素研究［J］．干旱区资源与环境，2019，33（7）：187-194.

［133］郝金磊，尹萌．我国丝绸之路经济带旅游业效率及影响因素研究［J］．资源开发与市场，2017，33（4）：494-497.

［134］何俊阳，贺灵，邓淇中．泛珠三角区域入境旅游发展效率评价及影响因素［J］．经济地理，2016，36（2）：195-201.

［135］何俊阳，贺灵．中部地区旅游全要素生产率评价及其影响因素分析［J］．湘潭大学学报（哲学社会科学版），2015，39（3）：85-90.

［136］贺腊梅，于萌，查建平．基于 BML 生产率指数的中国旅游业能源效率评价与影响因素研究［J］．长江流域资源与环境，2017，26（12）：1991-2002.

［137］胡鞍钢，郑京海，高宇宁，等．考虑环境因素的省级技术效率排名（1999—2005）［J］．经济学，2008，7（3）：933-960.

［138］胡亚光．基于 DEA 扩展模型的江西旅游产业效率研究［J］．江西社会科学，2017（3）：87-97.

［139］胡宇娜，梅林，陈妍．中国三大旅游行业效率时空差异分析［J］．地理科学，2017，37（3）：386-393.

［140］胡宇娜，梅林，魏建国．基于 GWR 模型的中国区域旅行社业效率空间分异及动力机制分析［J］．地理科学，2018，38（1）：107-113.

［141］胡志毅．基于 DEA-Malmquist 模型的中国旅行社业发展效率特征分析［J］．旅游学刊，2015，30（5）：23-30.

［142］黄爱莲．高速铁路对区域旅游发展的影响研究——以武广高铁为例［J］．华东经济管理，2011，25（10）：47-49.

［143］黄安胜，兰思仁，邹惠冰．多重产出目标下中国省域森林公园技术非效率的影响因素分析［J］．资源科学，2018，40（8）：1595-1607.

［144］黄和平，乔学忠，张瑾，等．绿色发展背景下区域旅游业碳排放时空分异与影响因素研究：以长江经济带为例［J］．经济地理，2019a，39（11）：214-224.

［145］黄和平，乔学忠，张瑾．长江经济带旅游业碳排放时空演变分析［J］．贵州社会科学，2019b（2）：143-152.

［146］黄泰，查爱欢，应南茜，等．高铁对都市圈城市旅游服务力格局演变的影响——以长三角都市圈为例［J］．经济地理，2014，34（11）：158-165.

［147］黄泰，席建超，葛全胜．高铁影响下城市群旅游空间的竞争格局分异［J］．经济地理，2017a，37（8）：182-191.

［148］黄泰，席建超，葛全胜．高铁对长三角区域旅游一体化影响计量研究［J］．长江流域资源与环境，2017b，26（9）：1311-1322.

［149］黄秀娟，黄福才．中国省域森林公园技术效率测算与分析［J］．旅游学刊，2011，26（3）：25-30.

［150］黄秀娟．基于 DEA 方法的福建省国家级森林公园旅游效率测算［J］．福建论坛（人文社会科学版），2014（11）：128-131.

［151］蒋海兵，刘建国，蒋金亮．高速铁路影响下的全国旅游景点可达性研究［J］．旅游学刊，2014，29（7）：58-67.

［152］蒋丽芹，张丹，张丹丹．高速铁路建设与长三角地区旅游一体化发展［J］．商业研究，2012（12）：159-163.

［153］金春雨，程浩，宋广蕊．基于三阶段 DEA 模型的我国区域旅游业效率评价［J］．旅游学刊，2012，27（11）：56-65.

［154］瞿华，夏杰长．积极推进我国旅游业绿色转型［J］．宏观经济研究，2011（8）：37-41+66.

［155］李保超，王朝辉，李龙，等．高速铁路对区域内部旅游可达性影响——以皖南国际文化旅游示范区为例［J］．经济地理，2016，36（9）：

182-191.

［156］李兰冰，阎丽，黄玖立．交通基础设施通达性与非中心城市制造业成长：市场势力、生产率及其配置效率［J］．经济研究，2019，54（12）：182-197.

［157］李磊，陆林，穆成林，等．高铁网络化时代典型旅游城市旅游流空间结构演化——以黄山市为例［J］．经济地理，2019，39（5）：207-216+225.

［158］李磊，陆林．合福高铁沿线旅游地合作网络与模式［J］．自然资源学报，2019，34（9）：1917-1932.

［159］李淑娟，周珊．滨海城市旅游发展效率时空分异与驱动因素研究——以山东半岛蓝色经济区为例［J］．中国海洋大学学报（社会科学版），2015（4）：8-15.

［160］李向农，延军平，薛东前．中国旅行社业生产效率影响因素研究——基于数据包络和灰色关联方法［J］．资源开发与市场，2014，30（7）：870-873.

［161］李占风，叶银丹，高嘉男．我国旅游业效率评价和集聚特征分析［J］．统计与决策，2017（1）：139-141.

［162］李政，杨思莹．财政分权、政府创新偏好与区域创新效率［J］．管理世界，2018，34（12）：29-42+110+193-194.

［163］李志勇．旅游景区服务提供效率评价方法——一个低碳经济视角［J］．软科学，2013，27（6）：140-144.

［164］刘佳，陆菊，刘宁．基于DEA-Malmquist模型的中国沿海地区旅游产业效率时空演化、影响因素与形成机理［J］．资源科学，2015，37（12）：2381-2393.

［165］刘佳，宋秋月．中国旅游产业绿色创新效率的空间网络结构与形成机制［J］．中国人口·资源与环境，2018，28（8）：127-137.

［166］刘嘉毅，赵磊．中国五星级酒店区位布局：特征与影响因素［J］．旅游学刊，2013，28（8）：87-93.

［167］刘建国，刘宇．2006—2013年杭州城市旅游全要素生产率格局及影响因素［J］．经济地理，2015，35（7）：190-197.

［168］刘强，杨东．高铁网络对西北城市旅游经济联系的空间影响［J］．地域研究与开发，2019，38（1）：95-99.

［169］刘曙光，尚英仕．我国海岛县旅游效率动态变化及空间差异研究［J］．资源开发与市场，2018，34（12）：119-124.

［170］刘振滨，林丽梅，郑逸芳．中国森林公园经营效率及其资源投入冗余分析［J］．干旱区资源与环境，2017，31（2）：74-78.

［171］龙小宁，高翔．交通基础设施与制造业企业生产率——来自县级高速公路和中国工业企业数据库的证据［J］．华中师范大学学报（人文社会科学版），2014，53（5）：43-52.

［172］龙玉，赵海龙，张新德，李曜．时空压缩下的风险投资——高铁通车与风险投资区域变化［J］．经济研究，2017，52（4）：195-208.

［173］逯建，杨彬永，孙楚仁．铁路建设与中国出口企业生产率省际分布［J］．世界经济研究，2016（10）：89-99+136.

［174］路小静，时朋飞，邓志伟，等．长江经济带旅游业绿色生产率测算与时空演变分析［J］．中国人口·资源与环境，2019，29（7）：19-30.

［175］马慧强，刘嘉乐，弓志刚．山西省旅游交通碳排放测度及其演变机理［J］．经济地理，2019，39（4）：223-231.

［176］马晓龙．2000—2011年中国主要旅游城市全要素生产率评价［J］．资源科学，2014，36（8）：1626-1634.

［177］毛焱．高铁时代武汉市旅行社服务质量评价和游客满意度提升研究［J］．湖北社会科学，2011（8）：62-66.

［178］穆成林，陆林．京福高铁对旅游目的地区域空间结构的影响——以黄山市为例［J］．自然资源学报，2016，31（12）：2122-2136.

［179］倪维秋，廖茂林．高速铁路对中国省会城市旅游经济联系的空间影响［J］．中国人口·资源与环境，2018，28（3）：160-168.

［180］宁坚．高铁沿线城市旅游产业链共建研究——以成绵乐高铁沿线城市为例［J］．经济体制改革，2012（2）：177-180.

［181］潘植强，梁保尔．旅游业碳排放强度分布及其驱动因子的时空异质研究——基于30个省（市、区）2005—2014年的面板数据分析［J］．人文地理，2016，31（6）：152-158.

［182］庞瑞芝，邓忠奇．服务业生产率真的低吗？［J］．经济研究，2014（12）：86-99.

［183］庞世明．中国旅行社业增长的要素贡献与空间分异［J］．旅游学刊，

2019，34（5）：51-61.

［184］彭磊义．基于 DEA 的浙江省饭店企业效率分析［J］．旅游科学，2009，23（5）：39-43.

［185］彭小辉，王静怡．高铁建设与绿色全要素生产率——基于要素配置扭曲视角［J］．中国人口·资源与环境，2019，29（11）：11-19.

［186］任毅，刘婉琪，赵珂，等．中国旅游上市公司经营效率的测度与评价——基于混合 DEA 模型的实证分析［J］．旅游学刊，2017，32（7）：27-36.

［187］邵琪伟．中国建设成世界旅游强国需要解决的十个问题［J］．旅游学刊，2014，29（9）：3-5.

［188］申亮，董千里，李毅斌，等．交通基础设施门槛、对外开放与制造业生产效率［J］．经济与管理，2015，29（1）：60-65.

［189］申鹏鹏，周年兴，张允翔，等．基于 DEA-Malmquist 指数二次分解模型的江苏省旅游产业效率时空演变及影响因素［J］．长江流域资源与环境，2018，27（1）：53-62.

［190］生延超，钟志平．规模扩张还是技术进步：中国饭店业全要素生产率的测度与评价——基于非参数的曼奎斯特（Malmquist）生产率指数研究［J］．旅游学刊，2010，25（5）：25-32.

［191］施震凯，邵军，浦正宁．交通基础设施改善与生产率增长：来自铁路大提速的证据［J］．世界经济，2018，41（6）：127-151.

［192］宋瑞．我国旅游业全要素生产率研究：基于分行业数据的实证分析［J］．中国社会科学院研究生院学报，2017（6）：72-80.

［193］孙景荣，张捷，章锦河，等．中国城市酒店业效率的空间特征及优化对策［J］．经济地理，2012，32（8）：155-159.

［194］孙景荣，张捷，章锦河，等．中国区域旅行社业效率的空间分异研究［J］．地理科学，2014，34（4）：430-437.

［195］孙盼盼，夏杰长．中国省际旅游产业效率的空间格局与空间效应——基于质量产出的视角［J］．经济与管理研究，2017，38（10）：61-70.

［196］谭华云，许春晓，董雪旺．旅游业碳排放效率地区差异分解与影响因素探究［J］．统计与决策，2018，34（16）：51-55.

［197］唐宜红，俞峰，林发勤，等．中国高铁、贸易成本与企业出口研究［J］．经济研究，2019，54（7）：158-173.

［198］陶玉国，黄震方．区域旅馆业碳排放分类测度研究——以长三角为例［J］．经济管理，2013，35（12）：111-120.

［199］汪德根，牛玉，王莉．高铁对旅游者目的地选择的影响——以京沪高铁为例［J］．地理研究，2015a，34（9）：1770-1780.

［200］汪德根，牛玉，陈田，等．高铁驱动下大尺度区域都市圈旅游空间结构优化——以京沪高铁为例［J］．资源科学，2015b，37（3）：581-592

［201］汪德根．京沪高铁对主要站点旅游流时空分布影响［J］．旅游学刊，2014，29（1）：75-82.

［202］汪德根．武广高速铁路对湖北省区域旅游空间格局的影响［J］．地理研究，2013，32（8）：1555-1564.

［203］王恩旭，吴荻，匡海波．基于标准离差-G1-DEA 的旅游机场竞争力与效率差异性评价的对比研究［J］．科研管理，2016，37（2）：152-160.

［204］王虹，胡胜德．基于 Tobit 模型的“一带一路”旅游产业效率投资影响因素及策略研究［J］．中国软科学，2017（12）：62-70.

［205］王劲柳，刘丛红．高铁站房空间与形式的节能潜力调研分析［J］．建筑节能，2019，47（2）：41-49.

［206］王景波，安伯超，马国超，等．省域旅游业碳排放强度测算及影响因素研究［J］．统计与决策，2019，35（18）：99-102.

［207］王凯，杨亚萍，张淑文，等．中国旅游产业集聚与碳排放空间关联性［J］．资源科学，2019，41（2）：362-371.

［208］王凯，易静，肖燕，等．中国旅游产业集聚与产业效率的关系研究［J］．人文地理，2016，31（2）：120-127.

［209］王坤，黄震方，陶玉国，等．区域城市旅游效率的空间特征及溢出效应分析——以长三角为例［J］．经济地理，2013，33（4）：161-167.

［210］王少华．河南省旅游产业效率测度分解与时空演变［J］．经济经纬，2019，36（3）：9-16.

［211］王绍博，罗小龙，郭建科，等．高铁网络化下东北地区旅游空间结构动态演变分析［J］．地理科学，2019，39（4）：568-577.

［212］王恕立，滕泽伟，刘军．中国服务业生产率变动的差异分析——基于区域及行业视角［J］．经济研究，2015，50（8）：73-84.

［213］王松茂，邓峰，瓦哈甫·哈力克．新疆旅游产业全要素生产率的时空

演变［J］．经济地理，2016，36（5）：202-207.

［214］王晓玲，陈浩，方杏村．交通运输、政府作用对服务业效率的影响及区域差异测算［J］．统计与决策，2015（22）：90-93.

［215］王欣，邹统钎．高速铁路网对我国区域旅游产业发展与布局的影响［J］．经济地理，2010，30（7）：1189-1194.

［216］王永刚．中国旅游业全要素生产率增长的实证研究［J］．经济问题探索，2012（3）：175-180.

［217］王雨飞，倪鹏飞．高速铁路影响下的经济增长溢出与区域空间优化［J］．中国工业经济，2016（2）：21-36.

［218］王兆峰，刘庆芳．长江经济带旅游生态效率时空演变及其与旅游经济互动响应［J］．自然资源学报，2019，34（9）：1945-1961.

［219］王兆峰，徐赛．不同交通方式对旅游效率的影响与评价——以张家界为例［J］．地理科学，2018，38（7）：1148-1155.

［220］王兆峰，杨显．基于DEA-Malmquist模型的中部城市群旅游产业效率评价研究［J］．旅游科学，2018，32（3）：31-42.

［221］魏俊，胡静，朱磊，等．鄂皖两省旅游发展效率时空演化及影响机理［J］．经济地理，2018（8）：187-195.

［222］魏丽，卜伟，王梓利．高速铁路开通促进旅游产业效率提升了吗？——基于中国省级层面的实证分析［J］．经济管理，2018，40（7）：72-90.

［223］魏丽，卜伟．国家自主创新示范区经济增长促进效应研究［J］．科技进步与对策，2018，35（18）：48-56.

［224］魏敏．基于低碳经济视角的绿色旅游发展模式研究［J］．经济管理，2011，33（2）：102-108.

［225］温忠麟，叶宝娟．中介效应分析：方法和模型发展［J］．心理科学进展，2014，22（5）：731-745.

［226］文嫮，韩旭．高铁对中国城市可达性和区域经济空间格局的影响［J］．人文地理，2017，32（1）：99-108.

［227］吴昌南，陈小兰．我国服务业生产效率区域差异的实证研究——基于高速公路密度和改革力度的视角［J］．经济地理，2014，34（8）：118-124.

［228］吴国琴．论旅游业绿色转型的困境及其路径［J］．河南师范大学学

报（哲学社会科学版），2015，42（5）：186-188.

［229］武瑞杰．我国省际旅行社全要素生产率波动的测算［J］．统计与决策，2013（11）：98-101.

［230］夏杰长，徐金海．中国旅游业改革开放40年：回顾与展望［J］．经济与管理研究，2018，39（6）：3-14.

［231］夏杰长．如何把旅游业打造成幸福产业［N］．经济日报，2018-01-25（14）.

［232］向鹏成，谢怡欣，李宗煜．低碳视角下建筑业绿色全要素生产率及影响因素研究［J］．工业技术经济，2019，38（8）：57-63.

［233］肖明．科技进步对张家界地区旅游经济增长的影响［J］．经济地理，2014，34（7）：188-192.

［234］谢春山，王恩旭，朱易兰．基于超效率DEA模型的中国五星级酒店效率评价研究［J］．旅游科学，2012，26（1）：60-71.

［235］谢慧明，沈满洪，李中海．中国城市居民旅游需求函数的实证研究［J］．旅游学刊，2014，29（9）：24-34.

［236］辛大楞，李建萍．高铁开通与地区旅游业发展——基于中国287个地级及以上城市的实证研究［J］．山西财经大学学报，2019，41（6）：57-66.

［237］修新田，陈秋华．中国国家级森林公园效率测度及其影响因素研究［J］．东南学术，2016（4）：111-119.

［238］徐冬，黄震方，胡小海，等．浙江省县域旅游效率空间格局演变及其影响因素［J］．经济地理，2018，38（5）：197-207.

［239］徐旭，俞峰，钟昌标．人力资本流动视角下高铁与城市创新关系的研究［J］．软科学，2019，33（5）：1-5+28.

［240］薛漫天．基础设施对各行业生产率的影响研究［J］．工业技术经济，2011，30（11）：51-55.

［241］杨莎莎，邓闻静．高铁网络下的中国十大城市群旅游交通格局及其经济联系的比较研究［J］．统计与信息论坛，2017，32（4）：102-110.

［242］杨莎莎，邓闻静．我国城市群旅游经济与高铁交通网络格局关系比较实证［J］．统计与决策，2019，35（3）：133-136.

［243］杨思莹，李政．高铁开通与城市创新［J］．财经科学，2019（1）：87-99.

［244］杨振山，夏岚，钟林生，等．我国饭店业地区运行效率评价与提升途径［J］．旅游学刊，2015，30（5）：31-44.

［245］姚治国，陈田．旅游生态效率模型及其实证研究［J］．中国人口·资源与环境，2015，25（11）：113-120.

［246］殷平，杨寒胭，张同颢．高速铁路网与京津冀旅游：空间作用与结构演化［J］．旅游学刊，2019，34（3）：102-112.

［247］殷平．高速铁路与区域旅游新格局构建——以郑西高速铁路为例［J］．旅游学刊，2012，27（12）：47-53.

［248］游诗咏，林仲源，韩兆洲．广东省城市旅游效率的时空特征及其增长机制［J］．资源科学，2017，39（8）：1545-1559.

［249］于秋阳，杨斯涵．高速铁路对节点城市旅游业发展的影响研究——以西安市为例［J］．人文地理，2014，29（5）：142-148.

［250］袁宇杰．中国旅游间接能源消耗与碳排放的核算［J］．旅游学刊，2013，28（10）：81-88.

［251］曾玉华，陈俊．高铁开通对站点城市旅游发展的异质性影响——基于双重差分方法的研究［J］．旅游科学，2018，32（6）：79-92.

［252］张大鹏，舒伯阳．中国星级饭店经营效率及其影响因素的实证研究——基于随机前沿分析方法（SFA）［J］．经济管理，2018，40（9）：138-154.

［253］张广海，高俊．中国星级酒店业 TFP 时空特征与影响因素研究［J］．旅游学刊，2018，33（12）：66-75.

［254］张广海，汪立新．我国旅游产业集聚与全要素生产率关系研究［J］．商业研究，2016（11）：186-192.

［255］张汉斌．我国高速铁路的低碳比较优势研究［J］．宏观经济研究，2011（7）：17-19.

［256］张洪，吕倩．“一带一路”沿线省份旅游效率演进研究［J］．统计与决策，2018，34（16）：61-65.

［257］张华，冯烽．绿色高铁：高铁开通能降低雾霾污染吗？［J］．经济学报，2019，6（3）：114-147.

［258］张辉，范梦余，王佳莹．中国旅游 40 年治理体系的演变与再认识［J］．旅游学刊，2019，34（2）：7-8.

［259］张军扩，侯永志，刘培林，等．高质量发展的目标要求和战略路径

［J］．管理世界，2019，35（7）：1-7.

［260］张丽峰．基于 DEA-Malmquist 指数模型的旅游业全要素生产率研究［J］．干旱区资源与环境，2014，28（7）：183-187.

［261］张凌云．景区门票价格与门票经济问题的反思［J］．旅游学刊，2019，34（7）：17-24.

［262］张梦婷，俞峰，钟昌标，等．高铁网络、市场准入与企业生产率［J］，中国工业经济，2018（5）：137-156.

［263］张明志，余东华，孙婷．高铁开通对城市生产体系绿色重构的影响［J］．中国人口·资源与环境，2019，29（7）：41-49.

［264］张茜，赵鑫．交通基础设施及其跨区域溢出效应对旅游业的影响——基于星级酒店、旅行社、景区的数据［J］．经济管理，2018（4）：118-133.

［265］张睿，张勋，戴若尘．基础设施与企业生产率：市场扩张与外资竞争的视角［J］．管理世界，2018，34（1）：88-102.

［266］张书明，王晓文，王树恩．高速铁路影响区域旅游产业发展的机制与效果分析［J］．东岳论丛，2013，34（10）：177-180.

［267］张舒宁，李勇泉，阮文奇．成渝经济区旅游发展效率测度及其影响因素研究［J］．资源开发与市场，2017（12）：117-122.

［268］张新生．传统旅游景区面临的问题及解决途径——以句容茅山景区为例［J］．城市问题，2013（11）：91-97.

［269］张勋，王旭，万广华，等．交通基础设施促进经济增长的一个综合框架［J］．经济研究，2018，53（1）：50-64.

［270］张琰飞．基于 DEA-Malmquist 模型的中国星级饭店经营效率时空演化研究［J］．地理科学，2017，37（3）：406-415.

［271］张志，周浩．交通基础设施的溢出效应及其产业差异——基于空间计量的比较分析［J］．财经研究，2012，38（3）：124-134.

［272］赵金金．环境约束下中国旅游业生产率的变动差异及影响机制［J］．山西财经大学学报，2016，38（10）：61-74.

［273］赵磊．中国旅游全要素生产率差异与收敛实证研究［J］．旅游学刊，2013，28（11）：12-23.

［274］赵立禄，段文军．我国旅行社业全要素生产率的测算与分析［J］．干旱区资源与环境，2012，26（8）：180-183.

［275］赵鹏宇．大西高铁乘客行为偏好与旅游发展分析［J］．城市学刊，2016，37（6）：22-26.

［276］周新军．高速铁路与能源可持续发展［J］．中国能源，2009，31（3）：24-27.

［277］周杨．高速铁路沿线旅游目的地协同发展及其实现路径研究［J］．经济管理，2013，35（3）：119-129.

［278］朱承亮，岳宏志，严汉平，等．基于随机前沿生产函数的我国区域旅游产业效率研究［J］．旅游学刊，2009，24（12）：19-23.

［279］朱磊，胡静，周葆华，等．中国省域森林公园旅游发展效率测度及其时空格局演化［J］．长江流域资源与环境，2017，26（12）：2003-2011.

［280］朱立新．上海旅馆业的现状调查与发展对策研究［J］．旅游科学，2007（1）：28-34.

［281］邹薇，陈亮恒．高速铁路开通对企业生产率的影响：传导机制与实证检验［J］．武汉大学学报（哲学社会科学版），2020，73（1）：102-119.

后　记

旅游业对乡村振兴具有重要的促进作用，但实现旅游业的高质量发展面临着“低效率”与“高碳排”两大阻碍。以客运为主的高铁对地区旅游业的影响最为显著，引起了国内学者的广泛关注。然而，已有研究较少关注高铁对旅游业生产效率或绿色发展的影响。因此，本书将生产效率与绿色发展相结合，研究高铁对旅游业绿色生产效率的影响。

研究经历了从旅游业总体到细分行业、从一般性到异质性、从直接影响到间接影响这样一个逐渐深入的过程，希望得出的结论能对今后相关研究有一定的启发。同时，遗憾的是，受数据因素的限制，目前仍难以做更加深入、细致、精确的研究。

最后，感谢北京交通大学的卜伟教授、冯华教授、欧国立教授、林晓言教授、李卫东教授、李文兴教授，北京工业大学的吴国蔚教授，北京科技大学的何维达教授，中国社会科学院财经战略研究院的夏杰长研究员、魏翔研究员等在本书写作过程中给予的宝贵指导。

魏　丽

2022 年 6 月